Expressive Therapies Continuum :
A Framework for Using Art in Therapy-2nd Edition

アートセラピー実践ガイド
クライエントに合わせた素材の選択から活用まで

Expressive Therapies Continuum:
A Framework for Using Art in Therapy-2nd Edition

アートセラピー
実践ガイド

クライエントに合わせた素材の選択から活用まで

リサ・ハインツ 著　市来百合子 監訳

誠信書房

Expressive Therapies Continuum:
A Framework for Using Art in Therapy, Second Edition
by Lisa D. Hinz

日本の読者のみなさまへ

このたびは，日本の読者のみなさまに Expressive Therapies Continuum（以下 ETC と称す）の理論とその実践についてご紹介する機会をいただき，ありがとうございます。本書では，セラピーでアートを用いる場合に共有できる理論についてご紹介しています。が，その前に「アート」という名の持つ意味が人によって異なるので，ここで扱う「アート」が何を指すかについて明確にしておきたいと思います。

読者の中には，これまで，さまざまな場面でアートを用いる仕事をされている方がいらっしゃるのではないかと思います。地域活動としてのアートを使ったプロジェクトや，アート・イン・ヘルス（医療等の分野での健康改善のためのアート活動）に携わったことがある方，また臨床心理の分野で日常的に投映的な描画テストを用いている方など，いろいろな立場の方がおられると思います。そしていずれの場合も，人が絵を描くところを見たり，できた作品を眺めることで，ずいぶん多くのことが学べることをご存知のはずです。特に，描画テストを実施する方は，そこから収集した情報が，クライエントが話した言葉以上の多くの情報を示すことをご承知でしょう。

本書のテーマである ETC は，アートといっても，いわゆる伝統的な美術分野での理論ではなく，クライエントが言葉では伝えられないことを線，形，色を使って伝えていく上記のような場面（地域貢献としてのアートや健康促進としてのアート，そして心理査定としてのアート等）において有効に活用される理論です。

アートをセラピーの目的で使われる方に，この ETC 理論をご紹介できるのは本当に光栄なことです。この理論では，人がどのように素材を扱い，創作のプロセスを進めていくかが，日常，その人がどのように考え，感じ，行動するのかといった特徴を反映していると考えます。すなわちクライエントが一体どのような素材（絵画や粘土）に惹かれ，どのようにアートを創作するかに注目することが重要であり，そういった情報が，セラピーの有用な出発点となります。

ETC では最初のアセスメントが終わると，次に素材次元変数（Media Dimension Variables：課題の複雑さと構成度，そして素材の特性）を，クライエントに応じて変えていき，治療的な働きが生じるように調整していきます。例をあげると，描画テストを施行する心理士が投映描画法の 1 つである HTP（家木人）を実施するとします。通常の HTP で使われる素材と課題の特徴は，コントロールしやすい黒鉛筆でコピー用紙上に描くもので，そこでは慎重さと認知的な機能が求められます。それが色彩 HTP，すなわちクレヨンで描くとなると，そのコントロールはより薄れ，情緒を引き出し，より深層に触れることになるでしょう（Hammer, 1980）。

このように同じ課題を行うとしても，異なる素材を使っていくと，違う情報を得られるという考え方がETC であり，素材や創作プロセスのありかたを変えていければ，その人にとって必要な治療的経験につながると考えます。本書は，クライエントに対して提供する素材や課題を注意深く選んでいく方法が示されていますので，それによってクライエントの利益に資することになるはずです。

本書についてただ読むだけでなく，ぜひ読者のみなさまがご自身でアートの体験を試してみていただき，さまざまな素材やプロセスの中にある偉大な力に気づいていただければと思います。

2023 年 6 月

リサ・ハインツ

（博士，米国資格認定委員会登録・認定アートセラピスト）

文献：Hammer, E. (1980). The clinical application of projective drawings. Charles C. Thomas Publisher.

監訳者まえがき——ETC とはなにか

　Expressive Therapies Continuum（エクスプレッシブセラピー・コンティニュアム：以下 ETC と称す）は邦訳すると，「表現療法スペクトラム」や「表現療法連続体」となるのかと思いますが，あえてそのままの英語を用い，その理論の枠組み全体を「ETC」と呼んでいきたいと思います。

　もともとこの言葉は，Kagin と Lusebrink（1978）の論文の中で発表され，そこではアートセラピーだけでなく，ダンス・ムーブメントセラピーや音楽療法などの他の芸術療法も想定して理論化されました。しかし次第にアートセラピーのみの領域における理論として確立し，今では米国のアートセラピーの大学院教育のなかで身につけるべき素材選択やその活用に関する理論の例としてあげられるほど一般的になっています。

　ETC とは，アートの素材を用いて何かを作る際，あるいは描く際，どのような情報処理が用いられているかについての見立てを行い，支援に役立てるための理論モデルです。ETC 理論における情報処理は，運動感覚（kinesthetic）／感覚（Sensory），知覚（Perceptual）／感情（Affective），認知（Creative）／象徴（Symbolic），創造（Creative）に大きく分けられます。本書では ETC の枠組みのなかでこれらの情報処理の要素を示す用語は，太字になっていることにご注意ください。また文中の〔　〕は邦訳を適切なものにするために訳者が挿入したものです。

　この情報処理について，ひとつの素材の使用や創作行為が，どれか単独の情報処理の要素に当てはまるということではありません。粘土＝「感覚（Sensory）」ではないということです。いかなる創作プロセスでも，常にこれらの情報処理が往来し，複合的に使われています。そしてクライエントのセラピーの目標や課題に沿って，必要な情報処理に移行し介入するのがアートセラピストの役割になります。

　ETC の理論を使って，その人の素材選択や創作（描画）行為等を観察すると，その人特有の情報処理というものがみえてきます。そしてその人特有の情報処理の特徴が，大きくバランスを欠いている場合，つまり偏っている場合，日常的な生き方の障害となり得るのではないかと考えます。

　ETC ではバランスをとりながら生きていくこと，すなわちいろいろな情報処理を自在に扱えることを，より適応的な姿と捉えています。したがってクライエントの困り事や問題の解決のためには，どの情報処理の要素が過剰に使用されていて，どの要素の開発が必要かを考えなければならず，ETC はセラピストにそのヒントを与えてくれます。

　ETC のアセスメントでは，いろいろな画材（素材）の中から 3 〜 5 つの作品を作ってもらうことを通して上記の情報処理の個性を見立てていきます。1 枚絵を描くだけではなく，潤沢な創作としての空間をまず提供してからアセスメントする点が，心理臨床における描画テスト等の視点と少し異なるのかもしれません。

　ETC の理論は，人間の多様性を認めることを基本にしています。人はそれぞれ違うので，その人の強み・弱みを見立て，目指すところをセラピストとクライエントで共有しながら，ともに進んでいきます。本書を手にとられた方々が，ご自身のそれぞれの臨床現場で有効に活用いただくことを祈念しております。

監訳者　市来百合子

目　次

第Ⅰ部

アートセラピーにおける素材の選択と活用
—— ETC の基礎 ——

第Ⅱ部

アートの活用における各構成要素
—— クライエントの情報処理を見極める ——

第Ⅲ部

アートセラピーの臨床的アセスメント

第 I 部

アートセラピーにおける 素材の選択と活用
―ETC の基礎 ―

第1章 ETCの概要

1. はじめに

　アートを用いるセラピストは必ずクライエントを前にして自問する。まるでアーティストが真っ白のキャンバスに向かって創作を始めたり，粘土の塊から何かを作り出そうとするのと同じように，その状況に対峙するのである。クライエントがこれまで触れていなかった心の奥底を脅かさないように，どんな風にセラピーを始めればよいのだろうか？　そこからどの方向に進んでいけばよいのだろう？　そこにある時間と資源を最善の方法で使うにはどうすればよいのだろうか？　そしてセラピーのプロセスがいったん終結するならば，それをどう見極めればいいのかだろうか？

　アートやアートセラピーには，厳密で速攻性のあるルールが存在するわけではないし，上記の疑問に対して単純な答えがあるわけではない。本書の中では，エクスプレッシブ・セラピー・コンティニュアム（Expressive Therapies Continuum：ETC）のモデルがそれに答え，難しいセラピー上の決断場面に1つの枠組みを与えてくれる。ギリシャ神話の女神（ミューズ）は，アーティストにインスピレーションを吹き込んでくれはするけれど，それによって何をどう創作するかを教えてくれるわけではないように，ETCはセラピーを活性化したり，方向づけてはくれるけれど，決して治療の方法を直接指示してくれるわけではない。ETCは，人間の複雑な心を対象とするにあたって，人は本当にそれぞれ個人差があるということを真に理解すべきであり，ETCの枠組みはそのための重要な背景理論である。

　アートセラピーの文献では，ある症状に対しては，特定の画材や方法を使うのがよいと主張するものもあれば，異なる画材や方法がよいとする場合もある。つまりクライエントのさまざまな症状に対して，いろいろな画材や方法が奏効することが示されているのである。例えば，CoxとPrice（1990）は，薬物依存の人に対して，12の支援段階のはじめから，テンペラ絵具で描いてもらうことが彼らの抵抗を打ち破り，自身の力のなさを自覚することにつながることを示した。テンペラ絵具を使った理由として，絵具は描く時にコントロールするのが難しく，アルコホーリクス・アノニマス（Alcoholics Anonymous：AA）の12段階のはじめのステップにあたる「どうにもコントロールできない気持ち」を反映したものだからである。同じく依存症のクライエントに対して，Horay（2006）はコラージュとクレヨンを使って，現状の良い点，悪い点を考えさせ，同時に今の気持ちの状態をきちんと把握した上で将来に向かって具体的に行動していけるように，認知的な側面にアプローチした。またFeen-Calligan（1995）は，依存症からの回復の中で，クライエントにスピリチュアルな旅路を経験してもらう方法として，目を閉じて，利き手ではない方の手を空中で動かし，それを絵にするように教示した。Feen-Calliganはこのような方法を使って，こう見えないといけないといった凝り固まったイメージを解放させ，自分の内側から直感的に起こってくる治癒的なイメージを発現させるように試みた。これらの臨床家たちのアートを用いた方法は，依存という同じ

3

症状を持つクライエントに対してなされたものであるが，それぞれ異なった画材やアプローチが用いられており，クライエントにとって明らかに違った治療的経験を喚起させるものである。

どのような状況でどの画材を使えばより治療的なのかということが，これまでアートセラピーの中で大きな議論のテーマであり，それはアートセラピーという領域の定義に関わる問題でもあった（Junge, 2016; Malchiodi, 2012c; Wadeson, 2010）。Wadeson（2010）が言うには，アートセラピーを学ぶ学生はたいてい，どんな場合にどのようなタイプの技法を使うべきかを知りたがる。しかし望ましいのは技法を単独で学ぶのではなく，どの状況でどのような方法を用いるかについての理論的枠組みを学ぶことである。Ulman（1975a）は，さらに必要なことは理論的な基盤に加え，それが経験に深く根付いたものであること，そしてそれは治療的に有効であるという「即断的な閃き」を伴うことについて述べている。

KaginとLusebrink（1978a, 1978b）が考案し，のちにLusebrink（1990, 1991b, 2004, 2010, 2014, 2016; Mārtinsone, & Dzilna-Šilova, 2013）が発展させたETCモデルは，上記のような基本的な枠組みを提供している。それはさまざまな表現体験や創造的行為による回復力についての治療的な構造について説明するものであり，どのようなクライエントに，どのような状況下においてどの画材を使うべきかといった理論的かつ実践的なガイドである。さらにETCは，次の図1.1にあるような包括的で視覚的な枠組みを用いるので，視覚優位の実践家にとっては，刻々と変わるセラピー場面でどのように判断していけばよいのかについての考えを取り入れやすく提供している。

2. ETC を概観する

ETCは，クライエントが情報を処理しイメージを形成するために，どのように画材と関わって創作を経験するのかについて，分類する手段を提供するものである（Kagin & Lusebrink, 1978b; Lusebrink, 1990, 2016）。クライエントの画材との相互作用を発達的に捉え，情報処理とイメージ形成について，「単純」から「複雑」に向かって発達していくさまを述べている。イメージ形成と情報処理は，例えば，単純な**運動感覚**的（Kinesthetic）体験から，複雑な**象徴**（Symbolic）の形成に至るまで，階層的に分類される。ETCは4つのレベルでだんだん処理様式が複雑になっていく。

図1.1にあるように，初めの3つのレベルは対極的で，かつ互いに相補的である。3つのレベルは連続体でそれぞれの両端には異なる情報処理様式がある。両極の一番端に位置づく場所は，視覚表現として病理の可能性を持つ場所である（Lusebrink, 2016）。4番目のレベルは，**創造的**（Creative）レベルであり，それは各々のレベル，あるいは1つの要素で最適な作用が生じている時か，その他すべての要素が統合的に機能した場合に現れる。したがって1つの単純なアートの体験が創造的なものにもなり得るし，逆に多様な体験の組み合わせでもそうなり得るのである。この**創造的**レベルがETCの最も「高い」位置に定位されてはいるのだが，かといってセラピーのゴールということではない。アートセラピストはクライエントがセッションのほとんどの時間でこのような創造的で，豊かな経験をすることを願うのである。

まず図1.1の下段において，情報処理は**運動感覚と感覚**（Sensory）という前言語的な段階から始まっている。この通路を通る情報処理は言葉を必要としない。つまりそれはリズム感覚や触覚で感知できるものであり，肉体的な感覚でもある。発達的には赤ちゃんが初めて取り組む情報処理の様式である。18カ月までの乳幼児は感覚を通して情報を受け取り，自分の身体の動きや身体の内側と外側に感じる感覚を通してそのフィードバックを理解する。そのため，**運動感覚／感覚レベル**は，子どものセラピーには欠かせないものとなる。子どもは自分の中からわき上がったイメージを形にするために，自分の身体を操作して画材を使いこなす必要がある（Lusebrink, 1991a）。**運動感覚／感覚レベル**は最も単純な情報処理と言える。

ETCレベルが1つ進むと，**知覚**（Perceptual）／**感情**（Affective）レベルとなる。ここでの情報処理は，言葉を必要とする場合もしない場合も

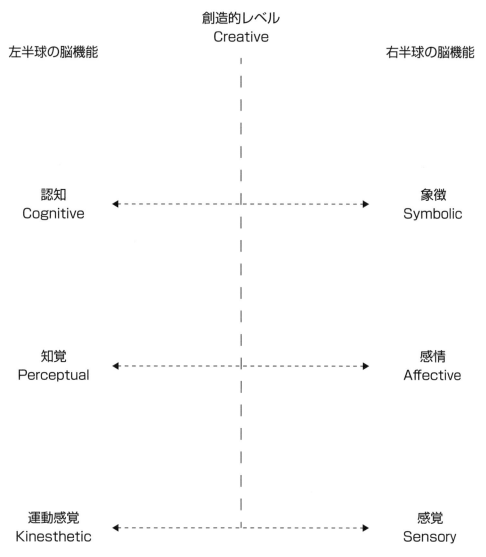

創造的レベル
Creative

左半球の脳機能　　　　　　　　　　　　　　　右半球の脳機能

認知　　　　　　　　　　　　　　　　　　　象徴
Cognitive　　←----------------|------------→　Symbolic

知覚　　　　　　　　　　　　　　　　　　　感情
Perceptual　　←----------------|------------→　Affective

運動感覚　　　　　　　　　　　　　　　　　感覚
Kinesthetic　　←----------------|------------→　Sensory

図 1.1　The Expressive Therapies continuum（Hinz,L.D., 2008. Walking the line between passion and caution:using the Expreessive Therapies Continuum to avoid therapist errors . Art therapy, 25（1）39-40. the American art therapy Association の許諾を得て掲載

ある。**知覚**的な要素では，形を認識し，そのイメージを創作する。知覚的に影響を受けたイメージや表現は，視覚的な表現の形式的要素に注意が向くのが一般的である。もう一方の**感情**的な要素においては，情報処理は情緒的で生の感情に近い作用であり，このような情報処理が行われている時は，形はむしろ無視され，鮮やかな色のイメージで表現される場合が多い。

　ETC の 3 番目のレベルにおいて示される機能は**認知**（Cognitive）／**象徴**（Symbolic）レベルである。ここで処理される情報とは，計画性など

の認知的な行為および直感的な認識に必要な，より複雑で洗練された思考である。そこでの言語は，複雑な認知的作用やこのレベルで起こる多次元的なシンボルの意味を収集するために使われることもあるが，必ずしも常に必要なわけではない。

　ETC の各要素[訳注1]やレベル[訳注2]は，それぞれ別々に独立した作用として概念化されるわけだ

訳注 1 ）図 1.1 の軸の左右の極にある各情報処理の様式を要素と呼ぶ。

訳注 2 ）図 1.1 にあるように K-S, P-A, C-S, C（各要素の頭文字）の横軸をレベルと呼ぶ。

が，実際は常に1つの要素だけが純粋に経験されることはない。高い段階に進むにつれて，創造的な行為の積み重ねを通して複雑な機能が出現してくることを，創発機能（emergent function）訳注3）と呼ぶ（Lusebrink, 1990）。各々の要素における創発機能の詳細は後の章に記すこととする。ETC の低いレベルでの経験は，より高いレベルの経験に情報を与えながら組み込まれていくことがある。

ETC の図の左右にある要素は，脳の2つの半球の機能に準えている（Lusebrink, 2004, 2016）。左脳は，構成的で連続的，直線的な様式で情報を処理する。言語情報もまた左脳で処理され，論理的思考やラベリング，分類化などがここで行われる（Cozolino, 2017; McGilchrist, 2009）。ETC の左側に示されている**運動感覚，知覚，認知**の要素は主に左脳で生起する情報処理であると仮定される。同様に，図 1.1 の ETC の右側に位置する**感覚，感情，象徴**の要素は主に右脳で起こる情報処理であると考えることができる。右脳は，情緒的で概念的な情報を処理する場所であり，そこでスピリチュアルな連結もなされると言われている（Edwards, 2012; Riley, 2004）。一番上の創造的な経験は両半球からの情報を統合する可能性を持っている（Jung et al., 2013; Riley, 2004; McNamee, 2004）。ETC の**創造的な**レベルは統合的な機能を持つと考えられているのである（Lusebrink, 1990）。

先に述べたように，ETC の**創造的**レベルの創作は他のすべてのレベルでも現れ得る。例えばフィンガーペインティングを例にあげると，活動自体はゆったりした感覚と落ち着きをもたらすことができるものである。そこで適度に指を動かしたり感じたりすることで，単純な体験が創造的なものになる。つまり指の感覚を使うだけで，そこには新しい体験，すなわちリラックスした状態を作り出せるのである。人は実際にイメージを描いたりしなくても，落ち着ける状態を意図的に作り出すことができる。素材の体験そのものだけで，心の安らぎに導く状態を作ることができるのである。

それに加えて，1つの創作体験は ETC の全てのレベルの体験を統合させる。例えばフィンガーペインティングにおいて，最初は感覚を使った単純な経験であったとしても，それがのちに統合的で豊かな創造行為に発展することがある。絵具のついた指が紙の上を動き回るにつれて，絵具のついていない白い線が生まれ，それが形となって背景に現れる。**運動感覚**と**感覚**的な活動の中に，形体が見つかっていくと，次の**知覚**的な段階に展開していく。さらに見つけた形体が何らかの意味を持っていたり，個人的なシンボルを生み出したりすると，その次の**象徴**的な段階の活動となる。このように1つの創作行為（例えばフィンガーペインティング）がすべてのレベルを示すことがある。このようなレベルの共存の詳細については9章の**創造的**レベルのところで詳しく見ていくことにしよう。

ETC の線上の両極にある2つのレベルは，逆 U 字型の曲線関係にあると説明されてきた（Lusebrink, 1991b）。Lusebrink は，この曲線関係について最初の段階ではどちらか一方の要素が活性化することにより，もう一方の要素も拡大していくと述べている。そして両方の要素が最適に作用している時，表現機能は最も望ましいものになる。Lusebrink はこのことを，創造的移行領域（Creative Transition Area）（Lusebrink, 2016）で起こるところの「創造的移行機能（creative transition functioning）」と呼んでいる。この創造的移行領域において，両極の情報のインプットが相互に関連しあうことにより，その機能は最も効率よく作用する。例えばフィンガーペインティングでは，**運動感覚**と**感覚**的働きの両方が作用している創造的移行領域とは，ダイナミックな**運動感覚**的表現と同時に，それを**感覚**的に繊細に感じとりながら表現している状態であることを意味する。

ETC レベルの両極の特徴は，片方の要素の作用が強くなりすぎれば，必然的にもう片方が弱くなり，最終的に遮断してしまうことを意味する。例えば，**知覚／感情**レベルの創造的移行領域においては，感情のレベルが適度であれば，そのイメージの形を捉えたり，そこに活力のあるイメージを

訳注3）複数の要素が関連しあい，より複雑で高次のレベルや要素が生じること。

作ったりできる。つまり，感情が形体に命を吹き込むのである。しかし感情的になりすぎる人については「感情に溺れる」とか（それにとらわれすぎて）「周りが見えなくなる」というように，まさにETCの**知覚／感情**レベルの両極性の特性を表している。感情的に入り込みすぎて，それが適正を超えると，形体をきちんと捉えることができなくなり，イメージはおぼろげで不明瞭なものとなるのである。

他方，形体や大きさ，方向そして動きの有無に関するような形式的な作品の情報を処理する時は視覚表現を必要とし，感情的な要素は必要としない。確かにはじめは情緒的な体験があってこそ，視覚的言語を用いて表現しようという気持ちが生まれてくるのかもしれない。しかし感情的に入れ込めば入れ込むほど，知覚処理の能力は減少し，最後には遮られてしまう。これと同じ関係が他のETCのレベルの両極でも生じる。一方の処理が増加していくと，もう一方の機能も一旦は拡大するが，その後減少していき，最後には塞がれる。後の章で，このETCの両極の特性に関する治療的な利点について述べていきたい。

ETCのひとつひとつの要素は，それぞれ独自の働きを持ち，かつ決定的な治療的機能を持っている（Kagin & Lusebrink, 1978b; Lusebrink, 1990, 1991b, 2010, 2016）。本書ではそれらの要素の治療的な作用がどのようなものかを，各々のアートの活動として示していこう。Lusebrink（1991b）が言う治療的な状態とは，「個人内にETCの要素が最適に機能していること」(p.395)である。

またETCの各要素に，それぞれ独特の創発機能があるのも特徴である（Kagin & Lusebrink, 1978b; Lusebrink, 1990）。創発機能とは，特定の要素における働きから生じるプロセスであるが，創発機能によって，より複雑な情報やイメージ処理ができたり，触発されてETCの上位のレベルに引き上げられたりすると考えられている。

前述したように，1つのタイプの情報処理は，そこだけに留まるのではなく高次のレベルの情報処理を引き起こす可能性があるので，セッションでのある介入は，純粋な「1つだけ」の要素を引き出すだけでなく，もっと複雑な情報処理を提供

することになる場合がある。しかしアートセラピストが，何が治療的となるのかをわかった上で創発機能についての見通しが持てると，クライエントに最も効果的な治療経験を提供できる。高次のレベルで出現した創発によって，クライエントはより治療的で統合的な自己感覚を持つことができるのである。ETCの各要素の治療的かつ創発機能の詳細は後の章で述べていくことにする。

3. 発達階層

運動感覚 (Kinesthetic)／感覚 (Sensory) レベル

乳児や幼児は感覚や動きを通して情報処理をする。これはまさにピアジェ（1969）の提唱した認知発達における感覚運動段階（sensorimotor）である。学習は同じ動きの繰り返しや感覚を通したフィードバックのループによって成立する。この段階のアートの活動では，素材は感覚および運動を促すものとなる。例えば2歳児は喜んでマーカーで紙を打ち，しばらくそうして遊んだ後にマーカーの跡が紙の上についたことに気づく。その活動の焦点は，運動感覚的な行為なのであり，できた結果やイメージではない。

2－4歳くらいの幼児はフィンガーペインティングをする場合，何かを描くのではなく，絵具を塗りつけたり撒き散らしたりするような感覚の経験自体に興味を持つ。このような動きと感覚を伴う体験は，ETCの最も下位に位置する**運動感覚／感覚**レベルでの体験を通してアクセスされ，この体験は大人になってからさまざまな体験の基礎となる。つまりこれらの体験は，感情の理解や記憶の発達に大きな影響を及ぼすとされている（Damasio, 1994; Feldman Barrett, 2017; Kontra, Goldin-Meadow, & Beilock, 2012; Lusebrink, 2004）。

3－4歳になると，それまでのなぐり描きは形あるものへと，とって変わる。就学前の子どもたちは，同心円上の輪を描くようにスクリブルを始める。このぐるぐる描きの繰り返しは，徐々にひとつひとつの形体に区別され，最終的には個別化され，命名されるようになる（Kellogg, 1970; Lowenfeld & Brittain, 1987）。形体を学ぶということは

非常に重要なことである。それによって子どもたちは，自分たちの世界や気持ちにまつわる情報をアートで伝えることになるからである。描くことは，子どもにとって自然言語であり，感情を表現するための普遍的な方法でもある（Lowenfeld, 1952）。次の7歳から9歳の図式期になると，形体が子どもたちの描画にとって重要なものとなる。この時期，子どもらは視覚的なスキーマを発達させ，それをもとに構想して描き進め，それを使ってコミュニケーションする。もしも子どもの絵の中に普通だったら見られるスキーマが削除されていたり，わざと詳しく描きこまれすぎる等の逸脱がある場合は，その対象に対して好意か嫌悪を表わしているかもしれない。（Kellogg, 1970; Lowenfeld & Brittain, 1987; Picard & Lebaz, 2010; Thomas & Silk, 1990）。

知覚（Perceptual）／感情（Affective）レベル

知覚／感情レベルはETCの下から2つ目のレベルに位置し，ちょうど子どもたちの描画発達における図式期に対応している。その時期，子どもたちは取り巻く世界や形体について学習する。子どもの絵は情緒で満たされ，それがその子らしい特徴や個人的な意味を表す。子どもの中には描画が自身の衝動や感情を説明したり，それを抱えるための大切な方法だと考えている子もいる。

外界の現実をどう知覚するかは神経学的なベースで決まるが，同時に文化にも影響され，それによって個人差が生じると言える。図1.2の「ルビンの壺」は，SiegelとHartzell（2003）が「表象の多様性」と呼ぶような，物事を多様な視点で捉えることのできる力を示している。この図の場合だと，2人の人の顔か花瓶かのいずれかがその人にとっての事実となる。

人間関係において満足な関係を持つためには，この「表象の多様性」について理解し，物事を新しい視点で見ることに開かれていなければならない。アートセラピーの中でクライエントがこの**知覚／感情**レベルにある場合には，彼・彼女が視野を少しでも広げ，新しい視覚言語を通して他者の視点でも見ることができるように働きかけるのである。知覚に基づく体験（見ること）は，友好な人間関係や満足できるコミュニケーションをおし進める1つの方法となり得る。またもう一方で自分の感情的な状態を理解し，その情報を処理できるようにもならなければならない。感情は意思決定を促し，記憶作用に関わり，そして行動の動機づけに用いられる（Damasio, 1994; Ekman, 2007; FeldmanBarrett, 2017; Greenberg, 2012; Plutchik, 2003）。**知覚／感情**レベルでの経験は，クライエントが自分の今の感情がどのようなものかを認識し，さらに適切に表現するのを助けるのである。

図1.2 「表象の多様性」を示すルビンの壺・この図は2通りの見え方がある

認知（Cognitive）／象徴（Symbolic）レベル

ETC の認知／象徴レベルは最も洗練されたレベルである。それは思春期の発達，すなわち形式操作期の思考の発達段階に合致する（Piage, 1969）。つまり思春期に入ると，自分の個人的な経験以外でも，外界の情報を処理することができるようになり，自分に直接関連した出来事でなくても，意味を捉えることができるようになるのである。青年期になると人は自分の衝動を抑えて，行動の計画を立ててよく考えてから行動できるようになるが，このスキルは思春期から 20 代はじめにかけて発達していく（Siegel & Hartzell, 2003）。衝動を抑えて，喜びをとっておくことができるようになるので，より複雑な行動が可能になる。アート上のイメージや創作過程も同様により複雑になる。10 代の子どもたちのイメージはしばしば，ユーモアや皮肉に満ちている（Lowenfeld & Brittain, 1987）が，思春期になると，自分の内的体験はいったん切り離して思考したり，より複雑な新しい段階に達するために，自分の考えや気持ちや出来事を表すのに象徴を使うことができるようになるのである。

人は，皆，象徴的な方法で物事を理解する。シンボルによって直感的にアクセスしたり，意識上で理解ができていないことについて，リマインダーとして用いたりする。アートセラピーの中での象徴的な要素の体験とは，身体からの声やこの世界の知恵にアクセスしていくことであるが，その場合でも必ずしも言葉を使うわけではない。象徴（シンボル）を用いることによって，人生の神秘性についても健康的な感覚を持って受け入れることができる。また，象徴の反対の極は認知的情報処理である。認知的な思考は分析的であり，連続的な操作に不可欠である。それによって複雑な課題を計画したり遂行したりすると同時に，問題を解決したり決定したりすることができる。この認知的要素からの入力は，すべての情報処理の領域で現実的なフィードバックを提供することができる。

創造的（Creative）レベル

先に述べたように，創造的なレベルはすべてのレベル上に存在し，統合的な働きを持っている。そして次の多くの著者たちがこの創造的レベルの重要性について述べている。ユング（1964）は，人はみな，自分自身の独自性や個性に光を当てながら，心の全体性に向けて成長していると述べ，それは彼自身のマンダラの作成に最も顕著に表れている。マンダラとは「セルフ（自己）」「人格の全体性」，「バランス」，そして「調和への希求」を表現する円形のことを指す（Jung, 1972）。Johnson（1990）によると，創造的な経験は恥への反応として発達した「偽の自己（false self）」を退け，本物の自己感覚を強化するという。

すべての創造的な体験において，アーティストは深い満足感と集中した楽しい時間を感じることができるのだが，これを Rollo May（1975）は「高められた意識とともにある情動であり，また自分の潜在能力を実現させるのに伴う気分」と定義づけている（p.45）。創造的になることで，人は自分らしくなり，また想像力に富んだ経験による喜びを感じることができる。認知的な表面的理解や象徴的な解釈なしでも，創造的な活動への取り組みだけで十分に治療的であり得るのである（Lusebrink, 2004; Pike, 2014）。

4. 発達階層の逆行

興味深いことに，脳の進化や変性によって生じるアート作品の中に，発達の逆行現象がみられることがある（Ahmed & Miller, 2003）。例えばアルツハイマー型認知症や統合失調症の病気が進行すると，ETC のレベルの発達的階層構造が逆転することがある（Bonoti et al., 2015; Forsythe, Williams, & Reilly, 2017; Grady, 2006; Killick, 1997; Stewart, 2006; van Buren et al., 2013; Wald, 1984; Zaidel, 2005）。例えば，はじめそうした疾患を持つ患者たちが認知／象徴レベルで表現できる段階では，洗練されたプロジェクトを通して思考し，象徴的に豊かで複雑な作品をつくるのに学んだスキルを使おうとする。ところが病気が進行していくと，どんどん退行していき，〔1 つレベルが下がった〕知覚／感情レベルのイメージで創作するようになる場合がある。その場合，まるで苦しみを，その感情を伴っ

た形体に転換させて表現しているかのような表現となる。病状が進み最後に行き着く段階は，イメージの分裂やなぐりがき，そして形体表現の失敗などを特徴とする**運動感覚／感覚**活動である。Ahmed と Miller（2003）は，アルツハイマー型認知症患者は「視覚構成」能力が絶え間なく喪失していく感じを経験しているのではないかと報告している。彼らは空間能力が低下していることに気づいてはいるが，それを阻止するやり方がわからないのである（Grady, 2006: Zaidel, 2005）。

5. セラピーで ETC を使う

〔ETC で言うところの〕高機能な人とは ETC のすべてのレベルで，あらゆる要素や機能を用いて情報処理が可能な人のことである。それぞれの機能は各々独自の情報提供があり，各情報処理を使って人は自己決定し，人生の選択を行っていく（Lusebrink, 1990）。そして1つの要素での情報処理が，他の要素に拡張していくことが，経験的にわかっている。つまり1つの領域での創作は他の領域にも影響を与え，その人の創造のたましいを刺激するのである（Friedman, 2007; Goldberg, 1997; Haynes, 2003）。Natalie Rogers（1999）は，1つの芸術の種類が他の種類の芸術における創造性を刺激し，育み，人間の本質部分にリンクしていくことを「クリエイティブ・コネクション」と呼んだ（p.115）。

Donald Friedman（2007）は，200名ほどの著名な作家たちの資料を収集した。その作家たちは，ものを書くだけでなく視覚芸術の創作家でもあり，Donald Friedman は，その作家たちにとって，絵を描くことがどのように文筆の仕事を補完しているのかを記述した。創造的で精神的な洞察に満ちた人は，創作する過程における自己実現を享受するために，ETC のすべての要素のアート体験が必要になると言い切るクリエイティブアーツセラピスト（creative arts therapists）[訳注4]もいる（Capacchione, 2001; Lusebrink, 1990; Malchiodi, 2002; McNiff, 1998）。

セラピーに来る人の多くは，自分のことを機能不全で，問題の多い人生を送っていると思っている。ETC はそういった人々の問題を理解するのに2つの考え方を示す。1つは，人生の問題は ETC の情報処理の機能が1つ以上のところで遮断されている時に起こるというものであり，2つ目は，特定の情報処理を，強く指向しすぎる場合に起こるということである。つまり情報処理の方略が遮断されたり，限定的かつ過剰に使用されると，意思決定能力は損なわれ，人生の選択も狭く限られたものとなるのである。

ETC は，クライエントがどのような情報処理を好み，またどこで遮断されているかをアセスメントし，望ましい治療的経験を模索するためのものである。ETC の枠組みを使ってセラピストは，クライエントの好みの情報処理の要素と最適に機能するのに障害となっている要素をアセスメントする。このアセスメント情報は，完成した作品に現れた指標や表現の要素だけでなく，素材に対する好みや素材との相互作用の観察を通して収集していく。さらに，セラピストは ETC の情報を使って，その障害となっている部分を効果的に排除したり，過剰な使用により固定化されてしまった機能が減じるように働きかけ，他の要素もうまく使えるようにクライエントを導いていくのである。障害となっている要素を取り除くことでクライエントの情報処理の方法も柔軟になり，物事を自己決定できるようになり，社会的・職業的な機能は改善されると考えられている。

6. ETC の要素の実際 ──スクリブルチェイスの例

スクリブルチェイスのワークは1種類の素材だけを用いる活動ではあるが，ECT の全てのレベルの機能を扱う活動でもあるので例にあげてみよう。この活動は個人でもグループでも行える（Lusebrink, 1990; Malchiodi, 2012c）。個別に実施する時は，水性のマーカーと大きな紙を用意し，クライエントとセラピストはそれぞれ違う色のマーカーを持ち，セラピストが線を描いていき，クライエントはその線を追いかけていく。Malchiodi（2012c）

訳注4） 表現の媒体として1つのモダリティだけでなく，複数のモダリティを使ってセッションを構成するセラピーの治療者。

は，はじめはいやいやながら行っていたクライエントも，セラピストが描いた線を追いかけることによって，その体験に引き込まれていくと述べている。このはじめに追いかける部分は純粋に**運動感覚的体験**である。

その**運動感覚**的活動中は，その線が外からみるとどう見えるかとか，どんな意味を表しているかということなどは考えない。紙が線で覆い尽くされた後に，そこから何が見えるかをクライエントに尋ね，見えたものからマーカーで線を追加し，絵を描いていくように指示する。この作業によって，次の段階すなわち**知覚**的な要素に入っていくことになる。そして最後にそこからお話を作ったり，描いたもののイメージの意味について話すことは**認知**的な要素を要し，さらに個人の意味づけや象徴が出現してくると，それは**象徴**的な機能の現れとなる。これらすべての機能が統合されると，それはいわば**創造**的な体験となるのである。

スクリブルチェイスは4人くらいのグループでも可能である。まず2人ずつペアになり，それぞれの紙の上で上記のようにスクリブルの線を交互に追いかけあいっこする。この不規則な動きは**運動感覚**的要素の経験である。次のステップでは各々がそのスクリブルの描線から形や物を5つ選び出して輪郭をつける。形が見つかるということは，**知覚**的な要素の作用である。次にペアは，どのような形に見えたかを話し合い，共有するのだが，そこで言語的なやりとりが入ることによって**知覚**的段階から**認知**的な段階に移行する。その後2人は互いの10の形の中から5つの形を選び取る。

さらに2人のペアは合体して4人のグループになり，話し合いによってそれまで見つけられたすべての形から半分の5つの形を選び出す。5は奇数なので，1人1つずつ自分の形を選んでも1つ残るため，それを皆で相談して決定しなければならない。この交渉的な部分は再度**認知**的な要素の働きを必要とする。最後に，この4人のグループメンバーで選んだ5つの形を使って，〔模造紙より少し小さい〕90 × 150cm くらいの白い紙にマーカーで共同で絵を描くように指示する。この最後の作品はいわば**創造**的レベルでの表現となり，時には**象徴**的な段階のそれでもある。

スクリブルチェイスの例は，ETC を用いることでクライエントにとって，多様で適切な治療的経験を理解し，実施できる可能性を示すものである。ETC の理解の基本は，**知覚／感情**レベルがその上の段階の**認知／象徴**レベルと，その下の段階の**運動感覚／感覚**レベルの間の橋渡しとなることを正しく認識することにかかっている（V. B. Lusebrink, personal communication, March 3, 2008）。もしそれをきちんと把握していないと，**運動感覚／感覚**レベルだけでは，形が感じられず，繰り返しの動きにはまり込んでしまうことになる。また**認知／象徴**レベルだけでは，巧妙に計画を立てるような知的なだけの情報処理となってしまうことになる。**知覚／感情**レベルの活動は，その上下のレベルで機能できるように橋渡しする手綱を握っている。**知覚／感情**レベルは，その下の**運動感覚／感覚**レベルで体験された行動をイメージに転換する働きがあるので，さらにその次の**認知／象徴**レベル，すなわち意味について思考したり，そこに個人的な意味を見出したりしていく段階へとつながっていくのである。

この**知覚／感情**レベルが基点となって他のレベルにつなぐという考え方は，シンボルが形成されていくプロセスに例えられる。ピアジェによれば，（Lusebrink が 1990 年に引用しているように）シンボルというものは比喩的であり，また操作的でもあるという。シンボルの比喩的な側面を組み立てていくには知覚的な要素が必要であり，その操作的な側面には運動感覚的な要素が関係するのである。またシンボルという用語は心的表象（mental representation）を意味する文脈で用いられるが，そのためには心像（mental picture）を呼び起こすために必要な記憶や思考に関連した**認知**的要素も必要となる。同様に，**感情**的要素は**感覚**的要素と**象徴**的要素の間を行き来する。五感で感じる感覚によって感情が喚起され，その感情はシンボルのイメージやその個人的な意味合いを刺激することになるのである。

視覚的な表現を使ってセラピーを行う時，しばしばそこで深いシンボリックなイメージの意味がひも解かれていくことに立ち会うのだが，そのこ

とは**象徴的段階**の章で詳しく論じることにしよう。しかしここで手短に言っておくと，重要なのは，**知覚／感情**レベルでの作業が，シンボルとしてのイメージと認知的な概念のそれぞれの要素に別れる分岐点となっていることである。個人的なシンボルは比喩的な側面と感情的な側面の両方が含まれており，それらが治療的なプロセスの中で再発見されることによって，シンボルの「意味」が明確になったり，シンボルに含まれる「感情的なエネルギー」の充電へとつながっていく。また象徴的なイメージの比喩的な側面は，ゲシュタルトセラピーの方法を使って，**運動感覚**の側面から探究することもできる。

7. 基礎理論としてのETC

　アートセラピーの領域は，その基礎理論とともに，さまざまな効果検証を示す論文が次々と出版されることによって成立しており，援助サービスとしての心理療法の中でもたいへんユニークな存在である（Junge, 2016; Potash, Mann, Martinez, Roach, & Wallace, 2016; Rubin, 2005）。そのようななか，ETCは〔素材の活用に関する〕1つの基礎理論として存在する。ここまで示してきたように，ETCは多様な素材とのやりとりの中で起こる相互作用や，さまざまな活動による情報処理やイメージ形成について解説する，理論的かつ実践的なガイドである。ETCはさまざまな表現体験の治療的な側面や創造性の持つ回復力について説明を試みるものである。訓練されたアートセラピストと，カウンセリングでアートを用いる他の専門家の違いが，ETCの知識とそれに基づく実践の有無にあると言っても過言ではない。ETCを用いることにより，アートセラピーの領域は単に言語を使うセラピーの中の一領域ではなく，画材の使用や表現体験についてクライエントを適切に導いていける，ユニークな領域であることが明らかである。

　Lusebrinkが前述した序文によると，ETCが初めてアートセラピーの領域に出現したのは第9回全米アートセラピー学会であったが，その時の反応は実に懐疑的なものであったという。ETCは，それまでのアートセラピーの原理に対して革新的なものであったために，それを聞いた学会員たちは，すでに領域で確立された既知の概念とどのように関連しているのか，わからなかったようである。しかしそこから40年の歳月が流れ，ETCは広くアートセラピーの論文の中で議論されるようになり（Malchiodi, 2012b），アートセラピー領域の力となるような研究も蓄積され（Haeyen et al., 2017; Nan & Ho, 2017），また大学院教育のトレーニングにおける統一的な理論にもなってきた。さらにETCは，さまざまな理論背景を持つアートセラピストの共通言語となり，表現活動や創造的経験の治療的な特徴を示す基本原則として認識されるようになってきている。

　ETCはアートセラピスト同士をつなぎ，アートセラピーの領域が発展していくための堅牢な土台となる。異なる理論的オリエンテーションを持つアートセラピストが，さまざまなタイプの表現経験の治療的で創発機能的な側面を共通に認識することができるのである（Hinz, 2009b）。

8. アートセラピーの領域をつなぐ

　アートセラピーの歴史をみると，アートセラピストは自らをアーティストと位置づけるものと，臨床家と位置づけるものに分かれてきた。40年以上も「セラピストとしてのアーティスト」か，はたまた「アート・サイコセラピスト」か，という論争が続いてきたのである（Junge, 2016）。前者のセラピストとしてのアーティストたちはその非科学性について批判をあび，アートサイコセラピストは臨床に偏りすぎて自分たちのルーツである美術教育や美術史，制作すること要素を軽視しているとされてきた。アートセラピストの中には，アートセラピーが臨床的でありすぎることに抵抗を持つ者もいる（e.g., Allen, 1992）が，ETCはアートセラピーを，より臨床的な方向に仕向けたり，クライエントや治療についての考えを医療モデルに向けて牽引していこうとするものでは決してない。逆にETCは，画材の特徴や個人の表現のスタイル，そして創造的な活動についての共通の理論的基盤を提供するものである。私自身これまでセラピストおよび教育者として，ETCの原理の

知識とその適用が，クライエントのニーズを把握し，その治療的な経験を選択するガイドとなり，表現療法家（Expressive therapists）同士のコミュニケーションを促進していくものであることを経験してきた。加えて ETC は，その人の強みを重視するアプローチである。ETC によってセラピストはクライエントの強みを見つけることができるようになり，それを治療に生かしていくのに役立つのである。

ETC 理論はアートセラピーを特徴づけるものであり，メンタルヘルスに関わるさまざまな専門家たちを1つにつなぐ統一原理を提供するものである〔アートセラピストではなく〕セラピーの中で描画等を使うタイプの心理療法家は，どのクライエントにも同じ画材を使って同じように教示するかもしれないが，そこに悪意はなくとも，結果として役に立たない。本書中の ETC の訓練モデルの中で，なぜすべてのクライエントのニーズに合致する特定の素材や治療的な体験が存在し得ないのかについて，説明していこうと思う。例えば，McNamee (2004) は，彼女のクライエントの大多数にスクリブルを試してみた結果，うまくいく人もいるが，抵抗を示した人も多かったことを報告している。実際研究によって，アートを作成することで，片頭痛などの痛みを伴う医学的な症状を悪化させてしまうこともわかっている (Vick & Sexton-Radek, 2005)。ETC は，個人個人に対して適切な治療的方略を選ぶガイドとなるのである。

9. 本書の残りの部分について

ETC とは，表現アーツセラピーに関するアプローチを系統的に解説するものであり，Lusebrink (1991) は，アートだけでなく，音楽療法やダンス・ムーブメントセラピー，ドラマセラピーにおいて，ETC をどのように適用するかを論じた。しかしながら，本書ではその中のアートセラピーにおける ETC の利用に限ることとする。第2章は第2版で新しく章立てた部分であり，多様な素材の特徴とその素材次元変数（Media Dimension Variables）[訳注5] (Kagin & Lusebrink, 1978a) がセラピーのプロセスにどのように影響を与えるかについて解説している。章の最後は画材の使用についての，安全に関する重要な情報で締めくくっている。また第2章では，素材の特性と素材との相互作用に関する将来的な研究の方向性も示している。

第3章から9章にかけては ETC のそれぞれの要素を1つずつ深く探求している。各々の段階における情報処理を刺激するような表現活動の例が紹介されている。またそれぞれの段階で特徴的な素材やその使い方，およびその段階に関連のありそうな内省的距離（reflective distance）[訳注6] について検討され，それぞれの段階の治療的で創発的な機能についても解説されている。そして最後に各要素の特徴に基づいた事例をあげて締めくくっている。

第10章は，ETC の枠組みを使ったアセスメントについて述べられている。ETC のアセスメントがいかにアートを軸足に置くか，また，できた作品よりも，どのようにそれを描き作るかというところに焦点を当てている。そこでは初回の何セッションかでクライエントの素材の好み，素材との相互作用，最終的な作品のスタイルなどの基本的な情報を集める方法について示し，さらにそのアセスメントから得た情報からどのように治療の目標を立てていくかについて記している。章の最後には事例を示して，アセスメントにおける素材について総合的に解説し，要約している。

訳注5）抵抗性から流動性への直線状での素材の特徴，課題の構成度，課題の複雑さからなり（p.188），これらの変数操作によって，ETC のレベルや要素を変えていくことができる。

訳注6）創作行為において，素材の種類や提供の仕方・課題の内容によって異なる内省の度合い。

第2章 素材の特性を知る

1. はじめに

アートセラピーと他のセラピーとの違いは，素材を使用することにある。画材（art materials）[訳注1]は二者の治療関係の間にあるもう1つの存在であり，アートセラピーを成功させるためには慎重に選択しなければならない（Regev & Snir, 2018）。素材はアートセラピーの基本的な道具であり，アートに基づいた評価や介入が実行されるための基礎である。アートセラピストと，カウンセリングで画材を使用する他のセラピストとを区別するのは，セラピーの中で素材を意図的に使うかどうかによる。

アートセラピーのパイオニアであるチャールズ・アンダーソンは，「アートセラピストたちは，素材について深いレベルの訓練を受けており，素材を〔外界と内界をつなぐ〕媒介として理解し，さまざまに議論することができる」（Keane, 2018）と述べている。アートセラピストは素材の特性を理解し，それがどのようにセラピーの効果に影響を及ぼすかについて教育を受けている。クライエントが素材とどんな風に関わりを持つかについての臨床的観察や質的・量的研究によって，アートセラピストたちは，研究の蓄積を通して，人と物との相互作用の諸理論を発展させてきた（Pénzes et al., 2016; Pesso-Aviv, Regev, & Guttmann, 2014; Snir & Regev, 2013a, 2013b）。この章では，アートセラピーで使われる素材のさまざまな側面，すなわちクライエントが素材を使う時に受ける影響や素材との相互作用，素材に関する使用方法，そして完成した作品等について探っていくことにしたい。

2. 素材の特性の持つ治療的効果といろいろなワーク

初期のアートセラピストたちは，素材の持つ固有の特徴と，それらがアートのプロセスや最終的な作品にどのような影響を及ぼすかについて記してきた（Betensky, 2001; Kramer, 1971, 1975b; Lowenfeld, 1952; Naumburg, 1966; Rhyne, 1973; Rubin, 2005; Wadeson, 2010）。グラフィックアート，絵画，彫刻などのアートの研究で取り上げられる素材の典型的な研究方法とは対照的に，アートセラピストはクライエントの制作過程に注目し，その中で治療的に影響を与えそうな素材を定義するようになった（Kagin & Lusebrink, 1978b; Lusebrink, 1990）。素材は，流動的で感情を呼び起こす可能性が高いものか，固くてクライエントの内的な体制化を生じさせるものかに分けられた。Rhyne(1973)は，どの素材を選ぶかは，その人のスタイルによって異なり，それによってそれぞれ個人的な意味が表現されるとした。著書である『素材の心理学』（p. 207）で注目をあびたRobbins と Sibley（1976）は，素材にはそれぞれ異なる刺激を持ち，そこに特有の反応を引き出す力があると説明している。Robbins らはアートセラピストは，素材の材質や色，動きとリズム，そ

訳注1）本書の art material と medium/media のニュアンスの違いについては，前者を伝統的にアートで用いられてきた「画材」と訳すのに対して，後者は現代アートの中で多種多様な素材が使われることからもわかるように「素材」と訳している。

して境界〔枠〕の有無によって，どのようにクライエントの反応を刺激し得るかについて，精通する必要があるとしている。さらに，素材の選択を通してクライエントに最高のサービスを提供するためには，その素材の危険性，具象あるいは抽象作品になる可能性，またどの程度で習得できるかといった素材のさまざまな可能性を探り，理解しておく必要があると述べている。

素材の特性

Kagin と Lusebrink（1978b）は，Kagin の修士論文（Lusebrink, 2006）に基づいて，素材次元変数と呼ばれる創作過程における素材の特性の影響について論じた。Kagin と Lusebrink は，2 次元と 3 次元の素材を抵抗性（resistive）から流動性（fluid）までの連続体に分類し，素材選択がイメージ形成や情報処理に与える影響を論じている。図2.1 では，左側の 3 次元の木材や 2 次元の鉛筆のように，素材が固体である場合，効果的に使用するためには圧力をかける必要があるため，その特徴を抵抗性と呼んでいる。逆に硬度の低い素材は，創作過程で容易に流れてしまうため，流動性と呼ぶ（例えば，3 次元の湿った粘土や 2 次元の水彩絵具など）。Kagin と Lusebrink（1978b）によると，流動性のある素材は水に流れやすいので，実験的特徴を持ちやすく，また感情的な反応を引き出す可能性が高いという。抵抗性のある素材は，比較的コントロールしやすく意図的な形を作りやすいため，認知的な反応を誘発しやすい。Naff（2014）は，コラージュやオルタードブック（altered books〔本を改造して新たに作ったアート作品〕）のように構成度の高いワークは，統制感を生じさせるため，トラウマサバイバーを対象とした時に望ましいと述べている。

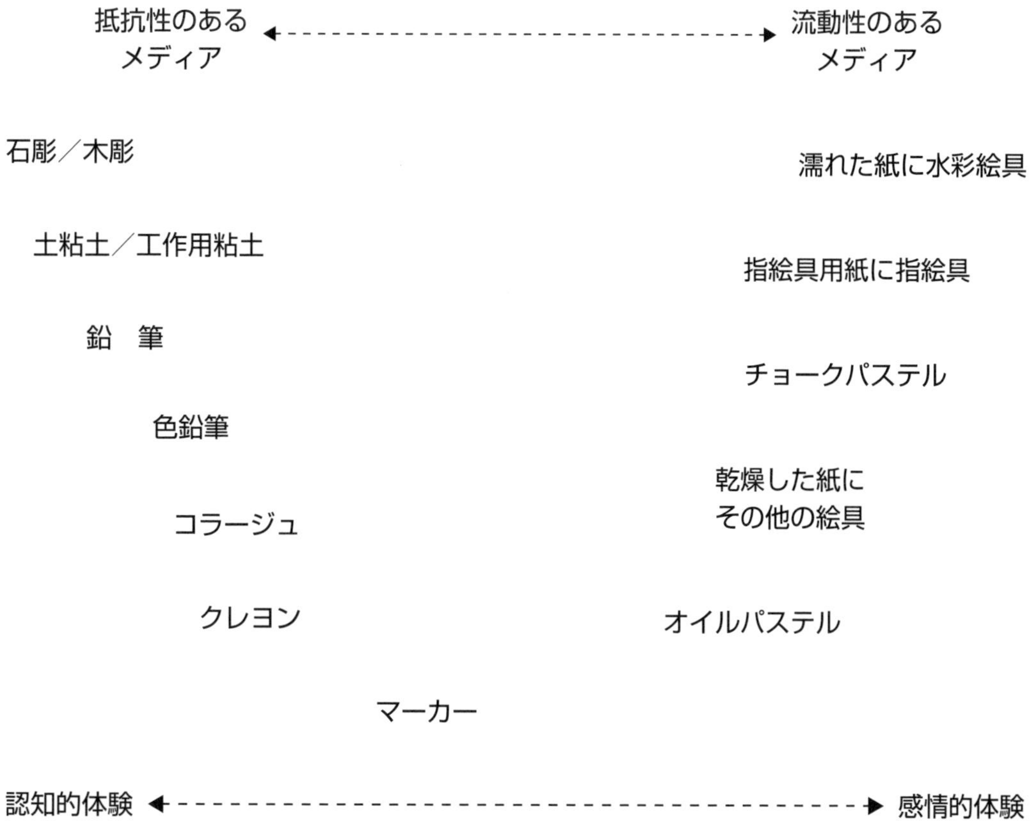

抵抗性のある メディア	← - - - - - - - - - - - - →	流動性のある メディア
石彫／木彫		濡れた紙に水彩絵具
土粘土／工作用粘土		指絵具用紙に指絵具
鉛　筆		チョークパステル
色鉛筆		乾燥した紙に その他の絵具
コラージュ		
クレヨン		オイルパステル
マーカー		

認知的体験 ← - - - - - - - - - - - - - - - → 感情的体験

図 2.1　「抵抗性／認知的体験」から「流動性／感情的体験」への素材の特性：Jessica Kinglsley Publishers の許諾を得て 'Drawing from Within :Using Art to Treat Eating Disorder' にある Affective form を改変

素材の流動性と抵抗性という特徴は，アートセラピスト，学生，クライエントを対象としたいくつかの素材への反応を調査した研究から確認されている。IchikiとHinz（2015）は180名の日本人とアメリカ人のアートセラピストに対して，素材の好み，その使用，素材の特性の印象について調査を行った。因子分析では，素材の特性の基底に以下の2つの因子が存在することを示し，流動性－抵抗性のスペクトラムの仮説をほぼ支持する結果となった。1つは「エネルギー／情動の活性化」という流動的な物質との関連性であり，もう1つは「認知的コントロールと心理的安全」という因子であり，抵抗性を持つ物質の使用との関連である。

Crane（2010）は，実験協力者に鉛筆，粘土，水彩絵具を使ってそれぞれ20分間作業をしてもらい，それぞれの素材がストレスの軽減に与える効果について調べた。その結果，すべての被験者が作業後にはストレスレベルが低下したことを示した。結果をさらに分析すると，粘土に最も大きな効果が見られ，これは粘土の持つ緊張を解放させる特性のためであることが明らかになった。ストレスを軽減する効果が最も小さかったのは鉛筆で，これはその抵抗性の特徴に起因していると思われた。鉛筆はコントロールしやすいが，緊張の解放を促進するものではなかったため，ストレスを軽減することはできなかったのであろう。Riccardi（2013）は臨床群を用いて同様の結果を得た。不安障害の治療においてアートセラピーと認知行動療法を組み合わせて行ったところ，粘土が不安レベルを下げるのに最も効果的で，色鉛筆が最も効果的でないことを示した。このようなさまざまな結果を総合的に考えると，流動的な素材は情動との関連性が高く，エネルギーの活性化に影響を与える可能性が高いことが示されている。他方，緊張の解放は，粘土を使った作業等の運動感覚的な行為からくるものである。最後に，鉛筆はコントロールする効果があるが，緊張やストレス，不安を軽減するものではないということが明らかとなった。

Pesso-Avivら（2014）は，7－9歳児の攻撃性，自尊感情，不安，セルフコントロールに対する3つの異なる素材（鉛筆，オイルパステル[訳注2]，ガッシュ[訳注3]）の影響を研究した。その中で抵抗性－流動性の連続体の両極の材料が各変数に異なる効果をもたらすという仮説を立て，〔その結果〕鉛筆ではセルフコントロールがほぼ有意に増加し，ガッシュの使用ではわずかに減少した。Pesso-Avivらはこのことについて，鉛筆の方が絵具よりも操作に多くのコントロールを必要とするからであると考察した。またその研究では〔1回きりではなく〕継続的な素材の使用によって，創造性に関する自己評価に有意な差が見られた。つまり何度か繰り返して鉛筆とオイルパステルを使って創作した生徒は，セッションを重ねるごとに自身の創作的な過程への肯定的評価を高めていったが，ガッシュのグループではその反対であった。ガッシュは子どもたちにとっては馴染みのないもので，最初は絵具を使うことの目新しさから創造性への評価が高くなると予想したが，その使用前後の準備や片づけが，子どもたちの評価を次第に低下させていたことがわかった。

不安に関してはどのグループも，いずれの画材でも，使用前後に差は認められず，同様に自尊感情に及ぼす影響にも差がなかった。Haiblum-Itskovichら（2018）による最近の研究は，上記の3つの素材（鉛筆，オイルパステル，ガッシュ）を使って創作することによる情動的・生理的効果を調査している。それによるとガッシュとオイルパステルによる作業後，気分が改善されたが，鉛筆では改善されなかった。さらに被験者がオイルパステルを使って作業した時に，自律神経系の活動に最も大きな変化が見られた。オイルパステルはもともと日本で開発されたものだが，その際の目標は，使用する生徒たちそれぞれにユニークな感情表現を促すことにあった。比較的流動的で，感覚を刺激する性質を持つオイルパステルは，まさにそのような効果があったとHaiblum-Itskovichらは指摘している。

素材の特性について，これまで研究者はいろいろな用語を使用して研究を試みてきたが，結局は

訳注2）顔料をワックスと油で練り，描き味が柔らかくなるように作られた棒状の絵具。日本のクレパスに近いもの。
訳注3）不透明水彩絵具。

よく似た概念〔と結果に〕にたどり着く (Corem et al., 2015; Pénzes et al., 2014; Pesso-Aviv et al., 2014; Regev & Snir, 2018; Snir & Regev, 2013a, 2013b)。例えば Regev と Snir (2018) によると，鉛筆，クレヨン，マーカーなどの比較的水分の少ない素材（Kagin と Lusebrink が「抵抗性」と呼んだもの）は，クライエントが自分でコントロールできるという気分を高め，その結果，治療的関係の初期には不安を減少させる。他方，ガッシュのような流動的な素材は，クライエントがセラピーの中に自由さや，驚き，遊び等の要素が入ってくることに抵抗を感じなくなった時に，徐々に導入できるとしている。窮屈で退屈だと思われがちな水分の少ない素材とは対照的に，流動的な素材は，混ぜたり，ぐちゃぐちゃになったり，失敗を引き出すことで自己表現を可能にし，創造性を促進してくれると捉えられている。流動的な素材はアートセラピーの中で「プレイエージェント（遊びの仲介者）」や「パートナー」(Regev & Snir, 2018, p.39) として機能し，治療的な経験に独特の表現体験をもたらす。ETC のモデルでは，この〔流動的な素材〕が持つユニークな自己表現は，つまるところ感情表現を促す可能性が高いと説明している。

　Snir と Regev (2013a, 2013b) は，学生にさまざまな素材を使って作業させ，その評価を研究した結果，5つの画材（マーカー，オイルパステル，ガッシュペイント，フィンガーペイント，粘土）のすべてが心地よいものとして体験されたことを明らかにした。また，マーカーやオイルパステルのように比較的コントロールが容易な素材は，不安感が少ないことが示された。しかし，この種のコントロールがしやすい素材は興奮や好奇心もまた抑え気味であったことも示された。Snir らは，マーカーは落ち着いているが退屈な媒体であり，カラフルで流動的なガッシュは，喜びや興奮，自己効力感とともに，表現の可能性を大きく広げてくれると結論づけている (Snir & Regev, 2013a)。さらに，参加者は，ガッシュやフィンガーペイントを使った制作に対して，マーカーよりも，素材の治療的価値を高く評価していた。ガッシュ，オイルパステル，粘土は最も有意義な画材と考えられ，マーカーは他のすべての画材に比べてあまり重要では

なく，作業していてそれほど楽しいものではないと評価された (Snir & Regev, 2013b)。この2つの研究は，流動性−抵抗性の仮説をよく証明していると思われる。つまり，コントロールしやすい素材は，興奮をほとんど喚起しないが，自分の中での制御できる感覚を増加させる。カラフルで流動的な素材は，より意味のある，治療的に貴重な，そして刺激的なものとして捉えられており，それは感情を呼び起こすからではないかと考えられる。

　アートセラピーのパイオニアである Mala Betensky (2001) によると，素材はクライエントが世界との接触を取り戻すことに貢献するものであり，アートセラピストは「制作中の素材と作り手の力動的なプロセス」(p.126) に必ず留意しなければならないという。このプロセスへの体系的な研究は，Pénzes ら (2014, 2016) によって引き継がれており，クライエントがアート作品を制作するための素材との関わり方は，そのクライエントの人格特性の側面を反映しやすいと述べた。例えば，水分の少ない素材や抵抗性のある素材を選択しがちであったり，湿った素材を抑制的なやり方でしか使用しない人は，認知的，合理的態度を多くとるクライエントであった。逆に湿っていてカラフルな素材を好むクライエントは，素材との関わりによって，ある種の感情表現のスタイルを持っているとした。Snir ら (2017) による最近の研究は，これらの結果を裏付けるものであり，実験協力者の愛着のスタイルが，さまざまな素材を使って作業する時に起こる感情と関連していることを見出した。愛着回避（親密さや感情を喚起するような状態への回避）の得点が高いほど，感情を呼び起こす素材（オイルパステル，ガッシュペイント，フィンガーペイント）に対する否定的な感情が高く，正の相関があった。Snir ら (2017) は，強い感情反応を引き起こす傾向のある素材は，感情を経験したり，表現したりすることに抵抗のある人にとっては，セラピーの初期段階で使用しない方がよいと結論づけた。不安の強い人には，簡単にコントロールできる素材の方が，セラピーの初期には適切である。

　ここまで見てきたように，素材の特性に関するこの ETC の仮説は，多くの研究によって裏付け

られている。流動的な素材は感情を呼び起こし，素材をコントロールすることが難しい場合，治療の初期段階ではアートセラピーに参加することへの不安を誘発するかもしれず，反対に水分の少ない素材や抵抗性のある素材は，自信と統制をもたらす認知的経験につながる可能性がある。

Lusebrink（1990; Lusebrink et al., 2013）によると，素材の特性は，クライエントの治療ニーズを隠喩的に示唆している。すなわち Lusebrink（2010, 2016）は，鉛筆，クレヨン，コラージュなどに代表される抵抗性のある素材は，ETC の図 1.1 の左側の要素，すなわち**運動感覚**（Kinesthetic），**知覚**（Perceptual），**認知**（Cognitive）の情報処理を活性化し，おおむね左脳に対応しているという仮説を立てた。例えば，**知覚処理**とは，色紙を対照的に配置したり，鉛筆・ペンなどの描画素材で描いたりする作業であり，背景から形を見てとるような知覚的な体験のことである。また認知的経験で言うと，精密さや計画性，そして複雑な思考プロセスを伴う素材や課題である。鉛筆で絵を描くにはある意味，精密さを必要とし，コラージュの切り貼りには計画性が求められる。

反対に，ETC の図 1.1 右側の要素，すなわち**感覚**（Sensory），**感情**（Affective），**象徴**（Symbolic）の要素は，テンペラ絵具，水彩画やフィンガーペイントなどの流動的素材の使用によって誘発され，強化され，おおむね右脳が優位となる。フィンガーペインティングのように，筆を使わず媒介物（mediators）^{訳注4}なしで直接指で使用する流動性素材は，明確に触覚と視覚に関する感覚体験を提供する（Stanko-Kaczmarek & Kaczmarek, 2016）。また濡れた紙の上に水彩絵具を置くと，流れるような動きが生じ，しばしば感情的な反応を誘発する。象徴的な経験は，フィンガーペインティング，スポンジ画，または滲み絵によって生み出されるような曖昧な形体から生じる。曖昧な形体をみると，その情報は組織化され，そこに個人的な意味を持つシンボルが浮かんでくることがある（Kagin & Lusebrink, 1978b; Lusebrink, 1990）。このように，ETC の図の左側と右側で示している 2 つの異なる情報処理の要素を，アートセラピーの中で素材選択によって意図的に持ち込むのである。右側での情報

処理を引き出す素材は，感情を誘発し，ETC の**感情**および／または**象徴**のチャネルを通して，クライエントの困難に優しくアクセスしていくことができる。また反対の左側の要素を使うワークによって，**知覚**的処理や**認知**的処理を誘発し，難しい感情を抱えて，適切な思考を引き出して強みを発揮させるよう働きかけることができる（Lusebrink & Hinz, 2016）。

さらに Lusebrink は，アートセラピーにおいて提供する素材を変えていくことで ETC の情報処理レベルの上下の移動が容易になり，情報処理の際に神経可塑性（neuroplasticity）によってその経路に変化をもたらすことができるという仮説を立てた（Lusebrink, 2016）。しかし，その一方で，ETC の（上下の）レベル〔横軸〕の間を移動をしたり，今いる情報処理の質を変化させていくために，必ずしも素材自体を変えなければならないわけではない。第 1 章のフィンガーペインティングの例で示したように，同じ素材でもその使い方ひとつで異なる段階の体験を呼び起こせるからである（Henley, 1991; Maxson, 2018; Nan & Ho, 2017）。Henley（1991）は，その点について粘土を例にあげた。

（幼児期の）プレアートの段階では，粘土はいわゆる遊びや感覚的な探求を目的に使用するが，成長して作品を味わえるようになれば，陶芸の基礎を教え，その後具象彫刻による表現の探究につなげていくことができる。(P.70)

Nan と Ho（2017）によれば，粘土はクライエントのニーズに応じて**運動感覚／感覚**レベルで緊張を解きほぐして，落ち着きを与えたりすることもできれば，**知覚／感情**レベルで，そこに形を見出しながら，作り進めることができる。さらに**認知／象徴**レベルでは，粘土作品に対してお話を作ったり，そこに個人的あるいは普遍的な意味を吹き込んだりすることもできる。Maxson（2018）は，同様に，同じ素材をレベルごとに使い分けること

訳注4）媒介物素材を表現するのに用いるための道具（例：絵筆，粘土創作時のヘラ等）のこと。

のできるモザイク創作を例にあげた。モザイク創作の作業工程は認知面だけを強調しがちであるが，実際にテッセラ（モザイク用の細片タイル）を扱う時には，重要な感覚的要素が呼び起こされることになる。また作品のデザインを決めていく際に，知覚的な情報処理も行われているのである。

境界，媒介物，内省的距離

Kagin と Lusebrink（1978b）は，素材の物理的特性がいろいろな表現の可能性を持つことと同時に，それが創作体験に一定の制限を課すことについて述べた。そして，その制限とは，素材の境界（boudary）〔枠〕によって決定されるか，あるいは量（quantity）によって決定されるかのいずれかであると説明している。素材の境界〔枠〕によって決定されるというのは，材料の物理的な境界自体が表現の可能性を制限していることを指す。例えば，一枚の木片を与えられた場合，表現はその木片の大きさという枠によって規定される。素材に境界〔枠〕という視点を持つことによって，あふれだす感情を安全に抱えながら表現することができるのである。

もう1つ，表現の限界は，素材の量によって決定される場合がある。例えば，大きな瓶に入ったテンペラ絵具と，小さなパレットに入った大さじ1杯のそれとでは，表現の限界が大きく異なる。他のすべてのことが同じであれば，前者の経験は後者の経験よりもはるかに感情的に魅力的な経験となるであろう。

また創作上，表現するのに必要な媒介物や道具の使用は，素材との相互作用や表現の可能性に大いに影響を与える。例えば絵具を絵筆で塗る場合と手で塗るフィンガーペイントでは，その表現は大きく異なる。絵具を手で塗るのは感覚的な体験につながり，そこからよりマインドフルネスの状態に導くことができるが（Stanko-Kaczmarek & Kaczmarek, 2016），加えて**感情**的な情報処理も生ずるかもしれない。〔逆に〕媒介物の使用は，内省的距離に影響を与えることがある。例えば，絵筆を使うと，フィンガーペインティングの場合に比べて，描画体験にのめりこみにくくなることが予想される。

内省的距離とは，創作過程で考えたり，ふり返ったりすることである（Kagin & Lusebrink, 1978b）。一般的に，道具や媒介物（絵筆や陶芸の道具）を使うと，アートが立ち現れる過程で内省的距離は遠ざかり〔内省が多くなり〕，表現している間に，その意味等を考える時間がある。媒介物なしに，手だけを使って創作すると，経験は直接的でのめりこむことになるために，それについて立ち止まって考える時間を持ちにくくなるのである。

課題の複雑さと構成度

Kagin と Lusebrink（1978b）は，アートセラピストが与える指示のタイプ（種類）によって，クライエントのイメージの作成と情報処理経験の質が変化することを指摘した。ここで議論する課題の教示の2つのタイプとは，その構成度と複雑さである。表2.1 は，課題の複雑さと構成度の両方が，各情報処理の要素や最終的なアート作品の成果にどのように関係しているかについて示している。さらに，それぞれのタイプの活動の例として，具体的な表現のワークを示している。より複雑な課題とは，多くのステップを含む課題のことである。より複雑な指示や多くのステップを必要とする経験は，クライエントが目的のゴールに到達するために操作の順序を考え，多くの手順を踏まなければならないので，認知機能を喚起する傾向がある。構成度が高い課題とは，作品の完成に向かって，ある程度決まった結果を出すように特定の反応を生じさせるものを言う。このように複雑で構成度の高い課題では，クライエントは創作過程で考えぬかなければならないので，認知的な情報処理を引き起こすことになる。

反対に，指示した手順があまり複雑でない課題，または最終的に一定の結果を必要としない構成度が低い創作体験は，ETC の**感情**的あるいは**象徴的**な要素の機能を喚起しがちである。指示が少なくて決まった作品を目指すことのない創作は，より自由な感情表現が生まれ，そこに個人的な意味を発見することがある。このような見解は，素材との相互作用に関する Pénzes ら（2014, 2016）の研究によって確認された。構成度の高い複雑な課題は認知処理に関連する傾向があったのに対し，複

表2.1　アート・プロジェクトの成果に関連したタスク指示の複雑さと構成度

課題教示	低いレベル	高いレベル
構成度 （特定の反応が要求されるかどうかの程度）	・特定の反応は要求されない ・いくつか，もしくは多様な結果が期待される ・情報機能やシンボル形成を導く 　例：あなたのアディクションを描きなさい	・特定の反応が要求される ・複数の人が類似の結果を達成 ・認知機能の高まりを導く 　例：子どもの頃に住んだ住居の見取り図を描きなさい
複雑性 （教示や完成までのステップの数）	・教示は1つで，課題の達成に要するステップは1つ ・感情体験と（または）象徴処理へ導く 　例：恐怖の感情を描きなさい	・多くの教示が提示される ・課題の達成には多くのステップを要する ・多くのステップを覚え，実践することにより，認知機能の増強へとつながる 　例：仮面づくり

雑さの低い課題は感情を喚起させるものであった。さらに，Eaton と Tieber (2017) はどのような創作もありとする（構成度が低い）課題と，言われた通りに正確に色を塗るような（構成度が高い）課題を提示して，構成度の高低を操作したところ，構成度の低い自由な課題の方が感情に大きな影響があった。また参加者が色の自由選択を許されるような（構成度の低い）塗り絵の活動（30分間）を行う方が，決まった色を正確に塗るように言われる（構成度の高い）課題よりも，ネガティブな気分や不安が有意に低下した。

目新しさ

一般的に，子どもを対象とするアートセラピーでは，素材選択に関して，子どもが圧倒されたり，気が散ったりしないように，見慣れない素材をいっぺんに提示しないようにと言われてきた (Safran, 2012)。また，大人に対する目新しい素材の効果は，実証的には検証されていないが，アートセラピーの興味深い一面である。目新しさを求めることは，新しい経験に開かれる体験であり，拡散的思考と創造的なパフォーマンスを増加させることがわかっている (Gocłowska et al., 2018)。このことは，アートセラピーで新規素材を導入することが創造的体験を高めるかもしれないことを意味している。つまり，新しい画材を導入する効果に関する研究は，実際アートセラピーで抵抗なく，効果的に新しい素材を導入していくにはどうすればよいかに関する重要な情報を提供してくれ

る。Lusebrink (1990) は，クライエントを新しいETC の要素の段階に移行させる1つのやり方は，いつも習慣的に選んでしまう素材を変えるよう導くことであると述べている。選ぶ素材を変えることで，洞察力や表現力が得られることを示す多くの例を，本書を通して紹介していこう。

3. 文化に配慮したアート素材

クライエントがどのような素材を心地よく感じるかは文化の違いによるため，アートセラピストは，文化的な配慮を心がけ，その人に意味のある素材を提供するようにしなければならない (Moon, 2015; Westrich, 1994)。多文化を理解するセンスを身につけることは，倫理的な義務とも言える。つまり，アートセラピストはいろいろな文化的背景を持つ対象にとって，特にどの素材が治療的に働くのかを理解し，経験しておくことが重要である。文化的に意味のある素材を使用することは，治療プロセスを加速させたり，焦点を絞ることができる (Moon, 2010)。先住民族が角や石鹸石に彫刻したり，木材を彫ったり焼いたりしていたように，それぞれの文化に意味のある素材を使用することで，創作の過程で感情を入れ込んだり，より個人的な意味のある作品を作り出すことができる (M. Riccardi, personal communication, July 1, 2018)。したがって，アートセラピストがさまざまなクライエントに会う際には，その人に最も文化的に関連がありそうな材料やプロセスを探求していく必要があ

る。さらに言うと，クライエントが出自の文化に加えて，新しい文化へどれほど適応しているかに注目することで，その人がなじんで表現できそうな素材を決めていくことが可能となろう（Shaked, 2009）。

4. 伝統にとらわれない素材について

　一般に伝統的な画材と思われる絵具や粘土といった型にとらわれない素材は，それそのものがユニークな性質を持っており，クライエントの悩みや葛藤を象徴的に表現するのに適当である場合がある。例えば，ホームレスの人を対象としたセラピーの中で，Davis（1997）は，解体された建物の廃材を使って，家をテーマにした彫刻を制作させた。これらの廃材は，クライエントたちの生活の中で起こった，文字通り象徴的な破壊の体験を強烈な方法で伝えることができた。また Hunter（2012）はバービー人形や靴，財布などを用いて，ボディ・イメージに関わるさまざまな不安を探っていった。ボディ・イメージやアイデンティティの問題は，セラピーの中で人形を使うことにより確実に出現するものであり，人形は女性のクライエントにとって，女性らしさや母性，養育などの問題と結びつくのに役立つ（Feen-Calligan et al., 2009）。人形はまた，幼少期の性的虐待に起因する複雑性トラウマのアートセラピーの治療にも使用されている（Stace, 2014）。

ファウンドオブジェクト

　Moon（2010）は，アートセラピーを文化的に適切な方法で実践するということは，つまり手頃で入手可能な材料を使うことに他ならないと述べている。手頃な価格で手に入りやすい素材を使うことによって，セラピーが終了した後もクライエントが創造的なプロセスを続けるのを後押しできる。ファウンドオブジェクト[訳注5]やリサイクルされたものを使用することは，材料が手頃な価格で入手可能であることを保証することでもある（Regev & Snir, 2018）。アートセラピーでファウンドオブジェクトを使用することは，あらゆる物の中には創造的で象徴的な可能性が存在し，普通のものが非凡なものにとって変わることを意味する（Seiden, 2001）。ファウンドオブジェクトはアートの作品に組み込まれる際に，象徴的で比喩的な意味の変換が生じるために，アートセラピーにもってこいの素材となる（Siano & Weiss, 2014）。1回廃棄されたものが使われることは，それだけで第二のチャンスを与えられたり，新しい生まれかわりをクライエントにイメージさせる。さらに，日常的なものをアートに使用することで，自らの完璧主義からくる圧迫感を軽減することができる（Seiden, 2001）。

　Camic らは，アートセラピーにおけるファウンドオブジェクトの使用について文献研究を行った。その結果，別の目的で再利用されたものを使うと，クライエントのセラピーへの関与が高まり，制作プロセスや作品に対する感情的な帰属意識が高まって，セラピーの効果が高まることを発見した（Camic, Brooker, & Neal, 2011）。そしてアートセラピーでファウンドオブジェクトを使うことは，自己意識を確かなものにし，自信や適度な抑制を与え，記憶と感情を呼び起こして癒しのための象徴として機能すると述べている。ファウンドオブジェクトの象徴的で比喩的な性質によって，アートセラピーで完成した作品は，よりその人にとって個人的な意味を持つものとなる。

　最後に，廃棄物の削減，再利用，リサイクルに重点を置くことは，エコロジカルな意識を具体化するものであり，ファウンドオブジェクトを使ったワークはコミュニティ・アクション・プログラムにおいても，特に有用であると考えられる（Carpendale, 2010; Timm-Bottos, 2011）。

ファイバーアートとテキスタイル

　アートセラピーにおけるファイバーアート[訳注6]の使用はますます一般的になってきているが，まだまだ伝統的でないアート素材とみなさ

訳注5）アーティストがその意味を再発見し，関心を持って用いる自然物ないし人工物，またはその一部を指す。オブジェを本来とは異なる意味や文脈でアート作品の中に構成することもある。

訳注6）一般に，繊維を使用したアート作品のことを指す。

れているかもしれない。布とファイバーを使ったアートは，文化に関連した素材であり，また，女性にまつわる癒しを扱うものでもある（Collier, 2011a, 2011b; Collier, Wayment, & Birkett, 2016; Garlock, 2016; Hanania, 2018; Huss, 2010; Moxley et al., 2011; Reynolds, 1999, 2000, 2002）。ファイバーアートとの関わりは，恐怖心を減らし，ポジティブな気分を高め，気晴らしを提供する。さらにリラクセーションや自尊心，自制心を高め，社会的サポートを提供し，病気の体験を変えることが示されている（Reynolds, 1999, 2000, 2002）。画材が容易に手に入らない文化の中では，女性は絵を描いたりする経験はないかもしれないが，裁縫や刺繍，その他のファイバーアートを通して自分自身を表現するかもしれない（Garlock, 2016; Huss, 2010）。Collier らは，女性が編み物や織物などのテキスタイルアート訳注7）を自発的に使用することで，ネガティブな気分を減らしたり紛らわせたり，またはエネルギーレベルを回復させたと報告している（Collier, 2011a; Collier et al., 2016; Collier & von Karolyi, 2014）。アートセラピーにおける糸や織物の意図的な使用は，ETC の感覚的な要素と関連がある。研究では，女性がトラウマを克服していく中で，感覚的な作業が心を落ち着かせたり，育まれる感覚をもたらすことが示されている（Garlock, 2016; Hass-Cohen & Findlay, 2015）。

Garlock（2016）は，ファイバーアートを作るにあたって，それをその人個人の比喩的で個人的な意味を持った表現にしてもらうために，誘導イメージ（guided imagery）と文章で表現するワーク（expressive writing）を組み合わせて使用したり（Collier, 2001b），ストーリークロス訳注8）を作るワークを提供した（Garlock, 2016）。Findlay ら（2008）は，アートセラピーにおける布地の使用が触覚や感覚的な経験を呼び起こし，布地の選択が子どもの愛着スタイルと関連することを発見した。例えば，柔らかい毛布を選ぶことは，安全な愛着を示す暖かさと関連する一方で不安定な親子の絆は，不揃いな布地を選ぶことによって示された。

デジタル文化

Calton（2014）によると，「デジタル文化とは，実用的，創造的，結合的なプラットフォームと実践のためのコンピュータの総合的な技術の統合であり，そこへの適応である」（p.41）。デジタルデバイスは，ほとんどのクライエントとアートセラピストの生活に不可欠なものであるが，アートセラピーにおけるコンピュータ，ラップトップ，タブレット，スマートフォン等の使用については，多くの議論がなされてきた（Carlton, 2014; Diggs et al., 2015; Orr, 2010, 2016）。しかし，アートセラピストにデジタルな素材を積極的に使用していく意思があるかどうかについて調査した結果，多くはデジタルの性質そのものよりも，これらの表現手段がどこまで治療的になり得るかについて関心が向いていた（Peterson, 2010）。アプリケーションへの馴染みのなさ，PC から受けるマイナス面への恐れ，プライバシー侵害の懸念などが，アートセラピーにおけるテクノロジーの使用を妨げる要因となっていた（Asawa, 2009; Carlton, 2014）。多くのアートセラピストは，デジタル素材を治療のためのリソースとして提供するために十分な訓練を受けていないと感じており，手頃な価格ではないことが利用の障害になっていると指摘する人もいる（Carlton, 2014; Peterson, 2010）。

デジタルアートの印象は，冷たく，非人間的で，伝統的な素材が持つ感覚的な癒しの資質を欠いていると軽視されてきた。その一方で，デジタル・プロセスは，間違いを簡単に修正できること，障害者の参加を促すこと，孤立したクライエントを含めることができることなどが評価されてきた（Orr, 2005）。少なくともある予備研究では，障害のある成人を対象としたデジタルアート制作技術の使用は，従来のアート・プロセスに比べていくつかの利点があることが示されている。Darewychら（2015）によると，アートセラピーでデジタル・アプリケーションを使用すると，クライエントは周りを汚してしまうことを心配することなく，アートセラピストの援助から早めに独立して自分で扱うことができることを評価していた。さらにクライエントがテクノロジーを使用することで，

訳注7）織物工芸一般のことを指す。
訳注8）自分にとって意味のある物語（日常や童話からでもかまわない）の場面を表現するために布などを使って作るアート作品。

（アート作成だけでなく）実用的で生活に汎用できるようなコンピュータスキルを向上させることができたと評価していることを述べている。最後に，従来のアートと比較したデジタルアートのもう1つの利点は，クライエントが簡単にアートと音楽を組み合わせて感覚的な体験を高めることができるということであった。

Spring ら（2011）は，デジタル技術を用いて，身体的に参加することができなくなった慢性疾患のグループメンバーに，活動に参加してもらうことに成功した。Collie と Čubranić（2002）は，コンピュータを使った遠隔アートセラピーグループをつくり，コンピュータベースのペイントプログラムと，シェアリングのためにオーディオとカメラを使用した。Collie らは，対面での接触がないことで，クライエントのグループへの参加が妨げられるのではないかと予想していたが，結果はその反対であった。彼らは論文の中で，急速に進む高齢化への対応として，メンタルヘルスの専門家は，孤立した障害のある高齢のクライエントに働きかける革新的な方法を開発する必要があると結論づけた。

多くのアートセラピストは，デジタル素材を使った制作のデメリットとして，物理的，触覚的，感覚的な特徴の欠如をあげているが，高齢者や障害のあるクライエントにとってはアートの制作経験を向上させたり，参加を維持できるようになるかもしれない。図版1の画像は，狼瘡〔皮膚病の一種〕と変形性関節症に苦しむ74歳の女性によって作成されたものである。デジタル手段を使って絵を描くことで，彼女は従来の画材ではもはや作成する体力がなかったところを定期的に作品に取り組み，個人的に意味のある作品を完成させることができた。タブレットのソフトウェアによって，通常は微細な運動制御が困難であるところを乗り越えて，複雑で細かい部分を描くことができた。さらに，彼女は，タブレットコンピュータ上で芸術作品を作成することは，従来の絵画のような準備や後片付けを必要としないため，限られたエネルギーを二重に節約できたと報告している。

現代のアートセラピーの利用者は，デジタルネイティブであり，テクノロジーを通じて自分の世界に影響を与えることに慣れているため，より多くの多様なデジタルアートセラピーの需要がある。Carlton（2014）によると，テクノロジーとの日々の共有経験によって形づくられているこの需要に応えていくことが，アートセラピストが文化的な能力を獲得していく1つの方法である。Kruger と Swanepoel（2017）は，トラウマ治療において，比喩的なイメージをデジタル上で使用したが，そのことをまるでデジタルネイティブのように書いている。つまり著者らは，デジタル技術を使用するための具体的な根拠には言及せず，当たり前のこととして提示しているのである。クライエントはデジタルコラージュの制作に懸命に取り組み，トラウマの物語を展開していくうちに，そのイメージを迅速かつ効果的に変化させることができた。つまりセラピーの過程でトラウマの比喩的な意味が変化していくにつれて，イメージを簡単に操作して変化させたのである。

数年前 Austin（2010）は，テクノロジーとユーザーのインターフェースが変わり，マウスやキーボードを使わずに伝統的なアート素材を扱える未来を想像していた。その日はすでにやってきており，スタイラス（タッチペン）を絵筆やペン，消しゴムとして使えるアプリケーションは現在かなりの数に上る。さらに，今ではそのようなタッチペンではなく，指やシンプルなジェスチャーだけでも，タッチスクリーンによって即時体験できるようになってきている（Diggs et al., 2015; Hallas & Cleaves, 2017）。デジタル技術は，感情的なバイアスによってあからさまに拒否するのではなく，エビデンスに基づいた研究を参照した上で使用していくとよいのではなかろうか（Carlton, 2014）。

5. 素材の使用におけるクライエントの安全

アートセラピーで使用される素材や道具そしてプロセスが，人に害を及ぼす可能性を心に留め，その選択と使用に万全の注意を払う倫理的責任がアートセラピストにはある（Moon, 2015）。クライエントの健康を守るためには，あらかじめ，さまざまな素材の有害性を理解しなければならない。

Moon（2015）は，アートセラピーの作業環境や創作過程を例にあげて，人体への有害・無害，あるいは衣服を汚す可能性の有無等をあらかじめクライエントに情報提供し，参加するかどうかを決められることを伝えるべきであるとしている。さらに，そこで使用される材料がアレルギーを誘発したり，悪臭の原因となる可能性があることを認識し，換気のための適切な措置をとるべきであるとしている。

またアートセラピストは，子どもたちが素材を使用するにあたって，安全と安心を守るために予防措置をとらなければならない。子どもはたいてい，材料に不用意に近づいてしまうため，皮膚からも有害物質を吸い込んだり，摂取したりする可能性が高くなり，素材が持つ有害な影響を知らずに受けやすくなっている。米国消費者製品安全委員会（2014）は，「子どもは体が小さく，代謝率が高く，器官が発達途上であるために，有害物質の影響を特に受けやすい」と指摘している（p.3）。同委員会は，粉状の顔料，張り子の素材，溶剤ベースの製品（油性マーカー等），エアゾールスプレーなど，容易に吸入する可能性のある特定の物質は，12歳未満の子どもには一切使用しないようにと伝えている。画材が寄贈されてくる環境で働くアートセラピストは，子どもたちに提供される材料について特に注意しなければならない。素材の特性を理解することは，有害な影響を及ぼす可能性のあるものも含めて，アートセラピストがそれぞれのクライエントや状況に応じて適切な素材を選択することである。

6. まとめ

アートセラピーは素材の使用がその基礎であり，そこで使用する画材はその特性に基づいて，意図的に使用される（Hinz, 2009a, 2016; Lusebrink, 1990; Seiden, 2001）。これまで述べた流動性 vs 抵抗性，境界〔枠〕vs 量の違いによる使用，伝統的な素材 vs それ以外の素材など，素材の性質に関する臨床的観察からくる知見は，実証的な裏付けが蓄積されつつあり，それによってアートセラピーでどの素材を使用していくべきかについての視点が持てるようになってきた（Crane, 2010; Ichiki & Hinz, 2015）。現在，多くの研究が，この素材の基礎となる特性に関する仮説を支持しており，さまざまな治療効果を得るために適用することができるとしている。抵抗性を持つ水分の少ない素材は，自信と統制の感覚をもたらすような認知的な経験を導くことができ，また流動的な素材は感情を呼び起こす傾向があり，コントロールすることが困難な場合は，アートセラピーの初期段階では不安を誘発する可能性がある。

アートセラピーで使用される素材の数と種類は増加しており，今後も従来の伝統的な素材以外の素材，すなわちファウンドオブジェクト，ファイバーアート，デジタルメディアなどを含むさまざまな素材の開発が進められていくだろう。アートセラピストは，クライエントのニーズと治療をスムーズに展開させるための素材とのバランスをとることが不可欠である（Naff, 2014）。伝統的な素材であろうとなかろうと，アートセラピストがその治療的価値と安全性を熟考している限り，どのような媒体でもアートセラピーに使用することができる。それらの素材のラインナップが多少増えたとしても，ETC モデルはクライエントが使用する素材の特性やアート体験，そして完成した作品が治癒にどのように役立つのかを検討するための理論を提供するであろう。

図版1　タブレットのデジタルソフトウェアで制作した「思いやり」の絵

図版2　感情的（Affective）要素によるアート表現。アートは感情の表現を助けることができる

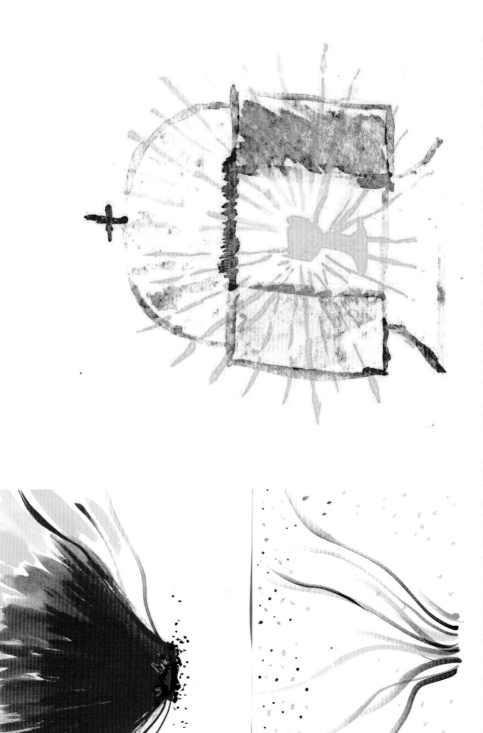

図版3 「心の状態−気分の状態」のワーク：生理学的な基質が似た感情同士が、どのように、混同されやすいかを示している（例：怒り［上］と興奮［下］）。

図版4 バイブ役がコンテナへの自己イメージの変化と認知的（Cognitive）から象徴的（Symbolic）要素への動きを象徴的に描いた最終イメージ

図版5　水分を多く含んだ絵の具で描いた絵の中に形を見つける例（知覚／感情レベルの相互作用）

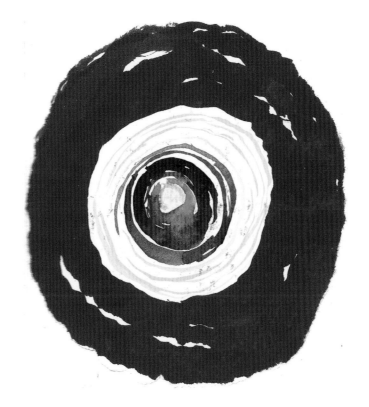

図版6　マンダラ描画を描く例（知覚／感情レベルの相互作用）

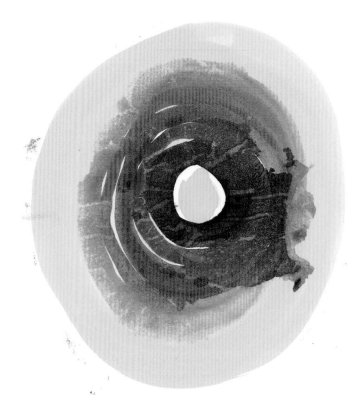

図版7　知覚／感情創造的移行領域。内側から外側へ，外側から内側へと描き，拡がりとコントロールを体験する

図版8　言葉のコラージュは，認知的（Cognitive）要素の傾向を示す

第II部

アートの活用における
各構成要素
──クライエントの情報処理を見極める──

第3章 ETCの運動感覚的要素

1. はじめに

　運動感覚とは，身体のリズム，動き，行動に伴う感覚を指す。身体を動かすことによって人はいろいろなことを知り，一生を通して学び続ける (Beilock, 2015; Kontra et al., 2012; Lobel, 2014)。Gardner (2011) は，身体 - 運動感覚知能 (bodily-kinesthetic intelligence) とは「身体全体と手や口といった部分を使える潜在的な力のことを言い，それによって問題を解決したり，生産できる力」と定義し (p.42)，とりわけ俳優や舞踏家，スポーツ選手たちが運動感覚 - 身体感覚 (kinesthetic-bodily sense) と調和した存在であると述べている。Cane (1951) によると，運動感覚は普段は無視されていて，人は身体からさまざまな情報がフィードバックされていることに気づかないし，その運動感覚情報をどうしたら効果的に使い，表現できるのかに気づいていない。

　ETCの**運動感覚／感覚**レベルで集められ処理される情報は，往々にして前言語的である。脳の運動連合と体性感覚のつながりは辺縁系において一部生じるが，他の部分のつながりは2つの皮質間の直接的な伝達（脳梁）を通して生じる (Lusebrink, 2004)。乳幼児期のような発達の早期に起こる出来事は，言葉を獲得する前に体験されている。3歳までは脳梁が未発達であるため，情報を，右脳から言語を司る左脳に伝達することがしっかりとできず，そこまでの体験は右脳に留まると言われている (Cozolino, 2017; Schore, 2012)。したがってETCの**運動感覚／感覚**レベルが作用

している場合のアートセラピーは，とりわけ前言語的経験にアクセスする時に役立つであろう (Lusebrink, 1990, 2004; Sholt & Gavron, 2006)。運動感覚を伴う活動は，表現の最も基本的な形であり，図式的にも最初の表現モードである。

　アート体験には必ず動きが含まれるわけだが，単なる偶発的な動きはETCの**運動感覚** (Kinesthetic) で扱うものとは異なる。ETCで言う**運動感覚**的要素とは，その動き自体でエネルギーを表出させたり，再構成させたりする手段として治療的に用いられるものを言い (Lusebrink, 2004)，**運動感覚**的情報とは，身体が空間の中でどのように動いているか，あるいは身体で感じるリズムがどのようなものかについてのフィードバックを指す。

　運動感覚に伴う情報によって，人に共通するリズムとつながる感覚が育ち，さまざまなタイプの学習体験が可能になる。例えばノンバーバルによるコミュニケーションや空間の中で効果的に身体を動かしたり，身体の緊張をうまく弛緩させることにおいても非常に重要である。〔緊張・弛緩について言えば〕動きの中でも反復運動のような動きは，覚醒水準と身体の自律調節をうまくコントロールする作用があり，青斑核内のノルアドレナリン（副腎髄質ホルモン）の放出を最適化する (Gal, 2011; Samuels & Szabadi, 2008)。爪をかむ，貧乏揺すりをする等，身体の緊張を緩めるために反復的な動きをする人は多いが，こういった形で身体を動かしても気分がよくなることは少なく，運動感覚を含むアート体験こそが，緊張を緩める活動として価値のあるものとなるのであろう。

第1章で述べたように，ETCの各レベルで左右の極にある要素の関係は，逆U字型（山型）に似た曲線（Lusebrink, 1991b）を描く。各レベルの一方の極でその情報処理プロセスが始まると，はじめは反対の極の要素の機能が増加もしくは活性化されていくが，のちに抑制され，しばらくすると制止する場合もある。例えば，わずかな量の**運動感覚**活動が生じると，対極にある**感覚**が促されることがある。つまり少し身体が緊張した場合，それによって感覚がより際立つこともある。この片方の要素の機能が昂進していき，最適なレベルに到達すると，その後は反対の要素は減少し，制止することがある。すなわち運動感覚の活動に夢中になり，入り込みすぎると，反対の**感覚**からの情報収集と処理が遮断されてしまうのである。例えば，粘土を叩きつけるような活動にのめりこむと，粘土の温度や質感などの感覚的なインプットは入ってこなくなるだろう。

2. 発達階層

行動におけるリズムについては，生まれたての赤ちゃんが反復動作を繰り返すことでフィードバックのループが起こり，それによって学習が生じる。反復動作は赤ちゃんや発達遅滞の年長の子どもたちにとって，自分を落ち着かせる手段となる。第1章で述べたように，子どもたちがアートで何かを作る際は，できた作品に関心はなく，その行為自体に没頭することが多い。アート制作をする動き自体が刺激となり，緊張を和らげる。高齢者の場合も同じように，動きを伴うアート創作は，記憶機能を取り戻す目的で治療的に用いられたり（Lusebrink, 2004），身体の感覚が感じられない患者が再び運動感覚を感じるようになるために使うことができる。Cane (1951) や Lowenfeld (1952)，Ulman と Levy (1975) のようなアートセラピーの歴史の初期の美術教師やアートセラピストたちは，子どもをリラックスさせ，イメージがより自由に流れるようにするために，（腕を大きく回すなどの）粗大運動を行った上で表現させる手法をとっていた。

ジャクソン・ポロックは直観的に，動きが持つ

癒しの役割を理解していた画家である。彼は若いころ精神疾患を患い，ユング派の精神科医の分析を受け，治療過程に自らの描画をとり入れた（Wysuph, 1970）。Wysuph によると，当時ポロックは心理的に引きこもっていて，セラピー場面でも自分の困難を言語化できなかった。しかし描画を取り入れることで，次第に自分の心の状態とのやりとりが始まった。彼のアートが「アクションペインティング」に発展していくにつれて，ポロックは次第に自身の心の状態を絵で表現することをやめ，身体運動を通してそれを表現するようになった。彼にとっては身体の動きを通して，言葉では伝えられないものを伝えることができたのである。

3. 身体化された学習と認知

動作と感覚は乳幼児の学習に影響を及ぼすだけでなく，一生涯，認知的処理にも影響を与え続ける。いくつかの研究によると，感覚的な体験が知覚に影響し，経験を規定することが示されている（Vinter et al., 2013）。さらに微細および粗大運動だけでなく，意識的また無意識的なジェスチャーさえも思考に影響を与え，学習にインパクトを与えることがわかっている（Beilock, 2015; Kontra et al., 2012）。この種の研究によると，認知の基礎となっているのは，〔その前に〕イメージや思考に転換されるところの動作なのである。この考え方は，当初，思考が実体のない認知状態に由来していると考えていた認知科学者にとっては過激なものに思えたが（Wilson & Golonka, 2013），現在では，動作がイメージや思考に影響を与え，意思決定にも影響を与えるという考え方は一般的になってきた。

実はこのように行動からイメージ，そしてそこから思考へと展開していくさまは，驚くほどETCの階層構造と一致している。すなわち**運動感覚**は**知覚**的イメージとなり，次に認知的情報として処理される。例えば Beilock (2015) は，文字を書くこと（**運動感覚**的な行動）が形体の認識力（**知覚**や文字の記憶〔**認知**〕）を増進するという研究を引用している。さらに Koch と Fuchs (2011) は，認知と感情もまた動作に影響を与え，その関

係は双方向的であることを指摘している。感覚運動的（sensorimotor）環境からのフィードバックによって，意識的に次を予期したり，行動をコントロールしたりできるようになるのである。

　身体化された学習という考え方は，我々の心の範囲は，身体や身体能力の物理的な範囲や限界に関連しているという考えから来ている（Koch & Fuchs, 2011）。研究者の中には，身体化された学習こそが，アートセラピーの最も重要な癒しの要素となると考える研究者たちがいる。Quinlan（2016）は，アートセラピーのように実際に身体（手）を動かして行う自己探求の手法は，それまでのがん治療に活気的な考え方をもたらすものであったと述べている。がんになると，通常身体は弱り，人生が制約されることが避けられない。しかし身体（手）を実際に動かしてアート制作をすると，人は自分なりに自身の診断を捉えなおし，これまでないがしろにしていた日々の行いをふり返り，それがQOL（生活の質）を確実に押し上げるものとしてその大事さがわかるようになるという（Wood, Molassiotis, & Payne, 2011）。がん患者の中にはアートセラピーにおいて，身体を通して美的な体験をしたことで，いわゆる「病」の状態から抜け出して心理的成長に向かった人もいる（Wood et al., 2011）。身体が動く体験に目を向けると，人は身体を通して新しいことを学習し，変わっていける存在であることを学ぶことができるのである（Kontra et al., 2012）。

4. 運動感覚の治療的機能

　ETCの**運動感覚**的要素が持つ治療的側面は，身体への気づきを促すことだけでなく，身体の覚醒や緊張のレベルを高めたり低めたりすることにある。つまり**運動感覚**的行動を通して覚醒レベルやエネルギーを刺激したり，身体的緊張を減らすためにエネルギーを放出させることである（Kagin & Lusebrink, 1978b）。筋緊張によって，筋緊張性頭痛や腰痛，その他の身体症状を引き起こすことを示す研究もある（Cooper & Dewe, 2004; Eriksen & Ursin, 2004）。癒しは，アートの自己表現によって緊張を解放することにより訪れるのである（Cohen 1993;

Slater, 2004）。Slaterは石彫という活動の中心を占める運動感覚について，次のように説明した。「石材から石を切り出すために大きな筋肉を動かすという動作は，力を使う体験であり，それによってカタルシスや爽快感がもたらされる。が，同時にリラックスも体験できるのである（2004, p.227）」。

　つまりエネルギーが解放された後に，リラックスが続いて起こる。さらにリラックスが起こると不安の主観的評価が下がるとも言われている（Manzoni et al., 2008; Pagnini et al., 2013）。アートセラピーで粘土を用いた研究を文献調査したところ，3つの要因が関係していた。1つはリラクセーションを押し進めること，2つ目が過去の心的外傷体験にアクセスしやすくなりつつ，認知が変容すること，そして3つ目が感情の調整が改善することである（Abbing et al., 2018）。KimportとRobbins（2012）は，粘土に取り組むことによって感情を調整する効果があることを，大学生に粘土の作業をさせた前後で不安得点が有意に低下することによって示した。同様の効果は精神科で働くアートセラピストたちからも報告されている（deMorais et al., 2014; Kimport & Harzell, 2015）。

　失感情症では，運動感覚情報を無意識にシャットアウトしていることがその前兆である。失感情症とは文字通り，感情を表す言葉を持たないという意味であり，実際は感情体験とつながりが持てない状態のことを言う。失感情症のクライエントには，まず心理的に脅威にならないような運動感覚やリズム活動をゆっくり導入していくとよい（Lusebrink, 1990）。手のひらの真ん中で優しく粘土を丸める作業は，治療的に心のリズムに触れる活動である（Elbrecht, 2013）。さらに柔らかい粘土を練ったり，柔らかい木や発泡スチロールに釘を軽く打ちつける課題もある。そういったセラピストの教示によって，クライエントは集中して自分の中の心のリズムを見つけ，それに合わせていくことができるのである。NanとHo（2017）は，粘土で何かを作っては，次にまた違うものを作りなおす体験によって感情表現を助け，大うつ病性障害と診断されたクライエントの失感情症状を改善させることができたとしている。大切なことは，動作中の筋弛緩によって運動感覚のワークが退行を

導く（Kramer, 1971）ことをセラピストが知った上で，正しく導いていくことである。もし適切に導くことができれば，退行は治療的なものとなり，特段困ったことにはならないはずである。

5. 運動感覚体験の例

運動感覚を伴うアートの活動はリズム，動作，動き，エネルギーの解放を強調する。アートの素材は，運動感覚を引き出すように使うことで，確実に動作に導かれる。叩きつける，押す，引っかく，突き刺す，粘土を叩きつけたり丸めたりする，木に釘を打ちつける，切る，なぐりがき，絵具を撒き散らす，紙を破る等の行為は，動作やエネルギーの解放を促す運動感覚的活動の例である（Lusebrink, 1990; Sholt & Gavron, 2006）。こういった手法を使った場合，それが特定の何かに見えるわけではないのだが，そこには確かに創造的瞬間といったものが生まれる。それは心の内的な体験が，外側の体験に一致すること，すなわち「同型説」の原理[訳注1]を通して，表現されることがある（Arnheim, 1966; Cohen, 1983; Feldman, 1972）。運動感覚的な表現の例として，例えば怒りのような内的感情が粘土を叩きつけるという外的体験とぴったり一致することを言う。

もちろんすべての運動感覚的体験が攻撃的であったり，怒りであるというわけではない。実際，運動感覚的体験はゆっくりと，落ち着く体験にもなり得る。McNiff（2001）は創作活動を一種の動作として捉えられれば，クライエントは「絵はこう描くべき」という考え方を乗り越えられると述べている。彼はクライエントが「描けない」とか「何を作ればよいのかわからない」と言った時，「では素材と一緒に動いてみてどうだろう」と勧めるのだという。またある詩歌療法士（poetry therapist）は言葉の意味よりも単語のリズムや韻律の方が癒しをもたらすと強調する（Meerlood, 1985）。また胎児が聞く母親の心拍は，乳児が知覚するリズムの起源であり，乳児期を通して気持ちを落ち着かせる効果がある（Kurihara 1996）。同調（引き込み）という現象は，リズムに関係した運動感覚活動によって心を落ち着かせるという現象

を説明する概念である。リズムに沿って動いている2つの身体は，調和して動き，次第に位相をぴったり合わせる傾向がある（Large & Jones, 1999; Rider, 1987）。

この同調的なリズムや音楽には，聞き手の感情に共鳴し，警戒をほどき，リラックスする感覚を促進する可能性がある。同調原理は，自閉症の治療で自傷行為を減らすため用いられたり（Orr et al., 1998），ペインコントロールや（Bradt, 2010; Hauck et al., 2013），薬物乱用の治療（Blackett & Payne, 2005; Hill et al., 2017; Winkelman, 2003）にも用いられている。同様に運動感覚的なアートの活動は，落ち着くような心のリズムを見つけて表現したり，リラックスできるリズムと共鳴しあったり，ゆったりしたリズムでエネルギーを解放するために用いられる。

またリズムを伴う運動感覚的体験は，統合失調症やアルツハイマー型認知症，脳卒中回復途中のクライエントのための再構成的な手法として使われることもある（Cottrell & Gallant, 2003; Lusebrink, 2004）。そこでの運動感覚活動の目的は，バラバラになった認知体験を統合し，記憶機能を高め，人生の満足度を高めることである（Jones & Heys, 2016）。Wadeson（2000）は音楽のリズムに合わせて，絵具で描くことを再構成の1つとして推奨した。また音楽に合わせて粘土で何かを作ることは，粘土が温かくて成形しやすいと同様の効果があるだろうとも述べている。

6. 運動感覚的機能を高める素材体験

動きを作り出し，エネルギーの解放を促す素材は，「抵抗性」の特徴を持つことが多い。つまり，素材を扱うのに努力を要し，その努力に抵抗感が生ずる。抵抗する感覚には身体的エネルギーが必要となり，同時にエネルギーの解放も生じる。石，木材，モザイクタイル，固い粘土といった素材には，エネルギーの解放を促すのに特有の抵抗性という固有の構造を持っている。さらに，こういっ

訳注1）ゲシュタルト心理学者が主張した心理物理同型説。

た素材は境界すなわち枠がはっきりしている。つまりこれらは，物理的に境界〔枠〕があるという固有の特徴を持つがゆえに，エネルギーの表出の程度を制限することができる。エネルギーの解放は，素材の境界〔枠〕に限りがある場合，その分しか生じないと言えよう（Kagin & Lusebrink, 1978b）。

他方，〔絵具のように，境界がはっきりしておらず〕「量によってその表現の枠組みが規定される素材」は，その人が持つエネルギーをどんどん増幅させ，表現させてしまう場合がある。クライエントは溜まったエネルギーをどんどん発散させようとして，たくさんの絵具を塗りたくるかもしれない。KaginとLusebrink（1978b）は，セラピストはこういった素材が持つ，エネルギーの増幅の可能性に十分に気をつけておかなければならないと指摘している。量に規定される素材，あるいは「流動的」な素材は，場合によっては**運動感覚**的活動の治療的価値を損なってしまう可能性があるからである。なぜなら，こういった素材による体験から生じるエネルギーは未分化で，形がないような素材を用いると，進むべき方向を見失って混乱を引き起こすことがあるからである（Lusebrink, 1990）。例えばフィンガーペイントを子どもに使用すると，ぐちゃぐちゃにしてしまって，アートの面でも行動面でも退行してしまう場合があるのがその例である（Kramer, 1971）。

エネルギーを解放することの治療効果を高めるために，セラピストは〔活動の後に〕クライエントと話す時間を持ち，その体験を自分の中に収めることができるようにすることが重要である。別の収め方としては，活動の後に作品の中に形や感情を見つけたり，あるいはその体験を内省させることなどがある。例えば粘土のワークに慣れ親しんでいるアートセラピストにとっては，粘土を自由に使って作る経験が，緊張をほぐす素晴らしい作業であると考えるが，そういった作業に馴染みがない，緊張のとれないクライエントにとっては，その運動感覚的体験は圧倒的な体験となるであろう。粘土はあまりに多くのエネルギーを発散するのである。そのため，**運動感覚**的な活動を行ったセッションの最後には，体験について話し合いの時間を持ち，会話やちょっとした創作活動を行う

ことで，クライエントが体験のその意味について収まりをつける時間を持つことを勧めておきたい。

7. 運動感覚における内省的距離

運動感覚的活動は，身体を通して夢中になって動くという特徴があるために，内省的距離はたいてい最も縮まる〔内省が少なくなる〕。クライエントは，運動感覚を使った活動中に表出される未分化なエネルギーにのめりこむので，その途中で体験について考えることは非常に少なくなる。そのため，セッションの結びに話し合いや別のアート活動を取り入れることが，体験に構造を与え，その意味を処理するのに必要となる。先に述べた通り，**運動感覚**的なやり方で流動的な素材を用いると，時に退行的になってしまう場合がある。したがって，クライエントと素材の間に，道具となる媒介物を導入すると，内省的距離はより遠ざかり〔内省が増し〕，望まない退行を避けることができるであろう。

8. 運動感覚的機能を促進する質問と話し合い

運動感覚レベルの情報を収集したり，そのプロセスを進めたりするために，セラピストはクライエントの行動やリズムに関して一連の質問を投じていく。クライエントのエネルギーの発散を促すためには，セラピストが「動くにはパワーが必要で，筋肉も使うものですね」等とコメントするとよい。クライエントが，自分の筋肉が動いていることに意識が向くと，よりエネルギーの発散が効果的に起きるであろう。しかしながら，動きを伴う体験は，即時にフィードバックされていくために，内省的距離が近いことから，**運動感覚**的活動についての質問やコメントは，その体験が終わってからにすべきである。セラピストは，「身体にどんな気づきがあるのですか？」とか，行為に焦点を当てて「何をしていたのですか？」とか「それはどんな動きだったのですか？」と聞く（Lusebrink, 1990）ことで，**運動感覚**的な気づきをも

たらすことができる (Lusebrink, 1990)。またリズムに注意を向けるように「リズムに注意して」とか「そのリズムのパターンを繰り返してね」などと声をかけるとよい。振動やリズムのパターン，規則性，調和の美しさ，拍子に焦点づけた話ができるとよいだろう。

9. 運動感覚の創発機能

第1章で紹介したように，ETC の各要素の創発機能は，アート制作中のレベルの情報処理をいったん参照し，そこからより高次で複雑なレベルに引き上げられることを言う。**運動感覚の創発機能**は，そこから形体や感情が表れることであり，次の段階である**知覚／感情**レベルに導かれる場合がある。**運動感覚**レベルでリズムや動作に焦点を当てることから形体が表れ，**知覚的要素**と相互作用し始め，さらに**運動感覚的活動**のテンポが，形体が生み出されるさまに影響を及ぼしていくのである (Rosal & Lehder, 1982)。なぐり描き（スクリブル）は，はじめは運動感覚的活動だが，線が絡みあった絵の中にイメージを見つけることができると，ETC の**知覚的要素**が関わることになる。〔作品の〕構造に焦点を当てることで，クライエントは出来事やその事象についての感情を整理しやすくなる。

また運動感覚的動作によって情動が創発され，ETC の**感情的**レベルの情報処理に導かれることもある (Lusebrink, 1990)。勢いのある動きは，覚醒や興奮そして怒りの感情を引き起こすし，反対にゆっくりした動きは心を落ち着かせやすい。感情にアクセスしにくい人を援助する場合，戦略として，まず動きについて尋ねながら**運動感覚**のワークに誘ったあとに，それにまつわる気持ちについて聞いていくとよい。質問の中身や順番を変えることは ETC のレベルを変更させる常套手段である。アートセラピーにしぶしぶ参加している人は，表現したものの感情を命名するように言われても答えられないかもしれない。そんな場合でも体験を収める方法として，いったん絵を描くことが勧められるし，セラピーの後半になってからは，壁に粘土を叩きつけるような激しい**運動感覚的**体験

が，感情のエネルギーを活性化するかもしれない。

10. 運動感覚のワークに取り組む時

運動感覚的活動に魅了されるクライエントは，たいていアートセラピーのはじまりで，動きに関することから始めるだろう。彼らは自然に身体を通して自己表現し，感覚運動を伴って最も学びが深まる。そういった人たちには生来，運動感覚的センスに恵まれているか，あるいは生まれつき工芸や創作に才能がある人たちであろう (Gardner, 2011)。加えて，特定の精神科診断を持つ人たちの一部は，この**運動感覚的**活動を好むかもしれない。例えば ADHD（注意欠如・多動症）の子どもたちや ADD（注意欠如障害）傾向のある人は，まずアートの素材に接近する時に動きを伴う形で扱うかもしれない。後の事例で述べられるように，はじめは純粋に動きを志向したアプローチもセラピーの経過の中で徐々に調節され，変化していくことがある。

11. 運動感覚的機能を阻むものを乗り越える

運動感覚的な働きに障害となるのは，社会的な理由に関係するものや，その人特有のものまでいろいろある。一般的に私たちの社会では，身体的なものよりも言語的・認知的なプロセスに価値を置いている (Gardner, 2011; Kahneman, 2011)。幼い頃から子どもたちは，学校ではきちんと椅子に座って先生の話を聞き，言語性を重視して情報処理するよう求められる。運動感覚的活動は学業機能を高めると実証されているにもかかわらず (Jensen, 2001; Miller, 2006; Rasmussen & Laumann, 2013; Ratey & Hagerman, 2008)，一般的には休み時間は，生徒が長時間座ることで溜まったエネルギーを発散する時間としかみなされていない。

そして運動感覚的な情報処理は，そこに目を向け，価値が置かれないと，なかなか他の情報処理と同じようには発達しない。身体−運動感覚は，認知的な情報処理と同じようには発達していかないので，クライエントの中には運動感覚的活動を

不快に感じたり，嫌悪感を示すかもしれないということをアートセラピストは心に留め置くべきである。十分に機能している人というのは，ETCのすべての要素で処理できる人なのであり，**運動感覚**領域の機能の回復は，1つのアートセラピーの目標となるのである。

　そのほかに**運動感覚**的要素を妨げるものとしては，その個人のことがある。人間というものはそもそも認知指向的であり，身体を通して収集するリズムや知恵を感知するのは難しいと言える。認知と身体の機能が断絶していることの手がかりとなるのは，その人の姿勢や動きが硬いことである。摂食障害の人は，過剰に運動して，身体からの運動感覚をシャットアウトしてしまうことが多く，運動誘発性の障害を自ら起こすことがある (Oberle et al., 2018; Yates, 1999)。

　運動感覚的機能を高め，クライエントを運動 - 身体感覚に再び方向づけることが，アートセラピーの重要な目的の1つである。例えば，クライエントに粘土でミニチュアの自己像を彫ってもらい，その自己像を描いたりしてもらった後に，自身が作品になってみて，ポーズをとってみる。その体験を言語化したり，ふり返ったりすることで，自分の身体がどのように感じられているか，またそのポーズから次にどのように動く（歩く，踊る，座る）のかについて言葉にすることができる。「家族彫刻」も同様の活動であり，グループで行うことも，家族と一緒に行うこともできる (Reiter, 2016; Root, 1989)。クライエントは，はじめに自分の家族を粘土で作り，そこからそれぞれのグループメンバーを自分の家族に見立てて，ポーズをとってもらう。その後，そのポーズから連想する「身体の感じ：ETCの運動感覚」について話してもらい，その後，体験全体から喚起された「情動：ETCの感情」について話してもらうのである。

12. 過剰な運動感覚の使用にバランスをとる

　運動は，深く考えたり感じるということを避けるための方法として，防衛的に使われることがある (Lusebrink, 1990) ことも覚えておこう。つま先

で拍子をとる動きのような，繰り返しの動作等の**運動感覚**に没頭すると，その上の**知覚／感情**の処理を阻害する可能性がある。幼少期のトラウマ記憶は前言語的なレベルで，イメージとして記憶に保存されていると考えられている (Cozolino, 2017; Schore, 2012) が，Lusebrink (1990) は，トラウマに関連するイメージや感情を言語化したがらないクライエントに対しては，強い不安のはけ口として，足でトントン踏むような動きを使った介入をするとよいと指摘している。身体を動かすことは，トラウマをイメージしてしまわないように使われたり，苦痛な体験をコントロールするために用いられる。モザイクタイルを切ってパターンにはめ込むような，心理的に脅威を与えない創作活動は，身体的な興奮のはけ口になるだけでなく，怖いイメージを形に変えることができる (Maxson, 2018)。

　先に述べた通り，ADHDの中でも特に多動 - 衝動タイプの人は，ETCの**運動感覚**で情報処理することが最も快適と感じる。DSM-5 (APA, 2013) によると，注意欠如・多動症（ADHD）の子どもは落ち着きのなさやそわそわした行動を示し，教室においてはよく席を離れたり，走ったり登ったりして，静かに自由な遊びに入っていくことが難しいとされている。また彼ら／彼女らは衝動につき動かされたように，「いつも動き回って」いるように見える。実際，そんな子どもたちが他のやり方で情報処理できるようになるために，長時間じっとしていることはとても難しいことであろう。ADHDの子どもにとっての治療目標は，行動のペースを落とすこと，そして行動制御のための認知的処理を学ぶことにある。加えて，そのような子どもたちには原因 - 結果の関係を考えさせ，行動する前に考えられるように教えなければならない (Froehilch et al., 2002)。

　Safran (2012) によると，アートセラピーはADHDの子どもたちにとっていくつかの利点がある。アート活動は，子どもに勇気をもたらすことができる身近なものなので，セラピー経験が特別なものでなく，日常の活動の一環として捉えることができる。またアートの活動によって，治療セッションを構造化することができるので，セラピーの中で子どもたちが表現した考えや言葉を直

接，視覚的に記録することができる。創作された イメージはセラピーの中で何度も見返すことがで きるし，そこで得た学習を家でも親に強化しても らえる。Safran は ADHD の治療にグループアプ ローチを使って社会的スキルを学ばせ，この障害 を背負って生きることの共通の課題や心配ごとを 共有することに重点を置いた。そのアートセラ ピーでは，毎週子どもらは ADHD の中核的な症 状(衝動性や注意散漫など)に関連した絵やイメー ジを描き，そういった症状が家族や友達に与える 影響について話し合い，考えられる解決策を検討 した。イメージを描くことで，子どもたちは身近 に体験している障害に関連する問題に取り組むこ とができたと言えよう。

　また ETC は次のように ADHD 治療に異なる 枠組みを提供できる。ADHD は ETC の**運動感覚** で主に処理することが多いので，セラピーの目標 は，（運動感覚だけでなく）他の情報処理戦略に 慣れることとなる。**運動感覚**から始めて，より複 雑な活動を教えることで，ETC の**認知／象徴**レ ベルの情報処理が可能になるように働きかける。 **認知**での情報処理では，考えてから行動すること， 計画すること，そして複数の指示を受けてから課 題を完了させる能力が求められる。次の事例にあ げるように，セラピーの中で，子どもは，はじめ **運動感覚**的レベルで活動を始め，徐々に次の**知覚 ／感情**レベルに移行し，最終的には運動と衝動的 な行動に対して認知的なコントロールを確立する ことを目標に，**認知／象徴**レベルに移行すること ができた。

　ETC を念頭に置くと，セラピストは ADHD の 子どもの治療が確実に成功するように，効果的な 素材や課題を選定していけるであろう。例えば， 子どもの過剰な活動を抑えるために素材を制限す ることがそれにあたる。Safran (2012) は ADHD の子どもへのセラピーの構成度や予測可能性，一 貫性を確保するために，画材をマーカーと色鉛筆 に限定したと報告している。さらに，最初のうち は，シンプルで構成度が低い教示を与えることに よって，結果として失敗体験をさせないようにし た。時間の経過とともに，子どもが認知処理をう まく使いこなせるようになってきたら，（複雑さ

や構成度において）発達に応じたレベルにまで引 き上げるのである。子どもたちの微細運動のコン トロールが難しいと，子どもの望むような作品に ならない場合も多く，アートセラピストは，初め にアートを使った遊び的な活動をすることで，完 成作品に重点を置かなくてもすむようにさせるこ ともできる (Kearns, 2004)。両親にも,作品の「美 しさ」ではなく，アートのプロセスに取り組んだ 結果，子どもが学んだことに注目してもらうよう に伝えていく。最後に子どもが認知処理によって 自分の行動を，コントロールできるようになって いった段階で，セラピストは，自分の描いた形を 注意深く見て気づかせたり，因果関係を考えさせ たり，また行動がコントロールできるようにゆっ くりかつ慎重に導入していくのである。

13. 要約：運動感覚における治療目標

- エネルギーの発散
- 緊張を緩める
- 筋肉をリラックスさせる
- 内的なリズムを見つけたり，リズムを打って みたりする
- リズムや動きを通して自分で自分を落ち着か せる
- 身体的もしくは心理的麻痺と対峙する
- 身体が持つ知恵と再結合する
- 形体の知覚もしくは感情体験を促す（創発機 能）

14. 事　例

導　入

　初めてアダムがアートセラピーに来た時，彼は 8 歳だった。小児科医はアダムの両親や心理士， 教師から話を聞いて，彼を ADHD 多動衝動タイ プと診断した。心理検査によると，全体の知的機 能は「中の上」で，「注意集中」の維持が弱かっ た。アダムの両親は投薬に消極的で，薬を使わず に行動のコントロールができるようにと，心理士 とアートセラピストのセッションに通わせること

にした。

　教師によるとアダムは，静かに作業しなければ
ならない時に，椅子に座っていることが難しく，
よく立ち上がって他の子どもたちに話しかけた。
1日に何度も鉛筆を削るために立ち上がったり，
整列する場面では，他の子よりも先んじて我先に
並ぼうとした。アダムは挙手してから喋り始める
ルールを忘れがちで，答えを先に叫んでしまった
り，クラスが円になって座っている時に話さずに
待つことや，出来事を関連づけて考えることが難
しかった。また他の子どもたちがルールを破って
いたり，普段と違うことをしているとすぐにそれ
を指摘して怒り出した。教師はアダムの衝動性が
友人を遠ざけていると考えていた。

　アダムの両親によると，彼は自宅ではケンカ腰
な物言いが多く，最後は自分が決めないと気がす
まないところがあった。確かにアダムは喋りすぎ
で，夜疲れ果てて寝るまでずっと動いていた。両
親はアダムに友達ができないことを心配してい
て，所属している野球やサッカーチームの中でも，
衝動性によって他の子どもたちを叩いたり突いた
りしてしまっていて，嫌われたり遠ざけられたり，
反対に叩かれたりしているのではないかと案じて
いた。アダム自身も友達が少ないことが悲しいよ
うで，結局いつも近所の2歳年上の従妹や幼稚園
に通う妹と遊んでいた。

運動感覚的活動

　〔治療構造を決める際〕長めのセッションでは
アダムが集中して参加するには負担になるため，
週2回，1回30分のアートセラピーセッション
が提案された。そしてその頻度と時間は，様子を
みながら適宜変更することとした。初回のセッ
ションでは，入室後，座って課題に取り組み始め
るまでの15分間，アダムは家具や画材を探索し，
窓から外を眺め，さんざんあらゆるものにコメン
トしながら部屋を歩き回っていた。そしてやっと
テーブルに戻ってきた時に，アートセラピストは
スクリブルドローイングについて説明し，一緒に
やってみようと誘った。

　スクリブルドローイングを選んだのは，ETC
の**運動感覚**レベルから始まるものの，そこででき

た重なりあう線の中から形を見つける**知覚**的要素
へと発展させられるからである。しかしアダムは
絵を描くのはうまくないから嫌だと言って，手順
が決まっているアート活動は拒んだ。その代わり
彼は自分のことや自分の障害（ADHD）につい
て話し始め，話しているうちに紙の上に太い水性
マーカーをポトンポトン落とし始めた。マーカー
が紙に落ちるたびにできる，小さく飛び散る点に
ワクワクして，アダムは白い紙の上に黒いマー
カーを何度も落とし続けた。セラピストも自分
の紙に，同じようにマーカーを落とし，その間，
ADHDから生ずるさまざまな問題について一緒
に会話を続けた。

運動感覚から知覚へ

　第2セッションで，アダムは前回より早く，落
ち着いて画材を手にし，もう一度マーカーを紙の
上に落とし始めた。セラピストも前回同様，自分
の紙にマーカーを落とし，しばらくして別の色の
カラーマーカーを手にとり「点と点の間に線をつ
ないでみるね」と言った。そして紙の左端から右
側へ，切れ目のない線をつないでイメージを形づ
くり，その後それに名前をつけた。アダムも同
様，自分の紙の点同志をつなげ，イメージをその
中から見つけて名前をつけた。Lusebrink（1990）
によると，この点つなぎの描画はスクリブルより
も手と目の協応作業がより必要となり，結果とし
てスクリブルよりも形体を知覚することを誘発す
る。アダムのイメージを図3.1に提示したが，彼
はそれに「戦い」と名づけた。アダムは，他の子
どもたちがルールを守らない時に「だめだよ」と
教えてあげると頻繁に喧嘩になると説明した。そ
こでセラピストは原因と結果という考え方と，考
えてから行動するということについて提案した。
後に，セラピストは母親と話し，このような考え
方を家で取り入れるだけでなく，学校でもまた担
任が知って彼の行動を強化できるようにしていっ
た。

　第3セッションでは，第1セッションで導入で
きなかったスクリブルが導入された。その理由と
して第2セッションで点をつなげてイメージを見
つけることができたので，さらに次はスクリブル

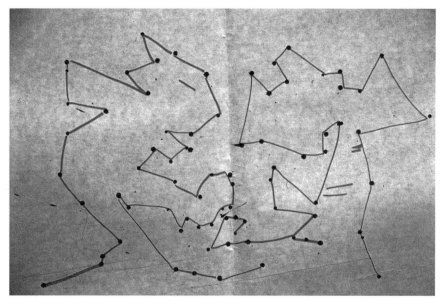

図 3.1 「戦い」：点つなぎの描画により運動感覚から知覚へ移行した

から形を見つけるという，もう一歩進んだ**知覚**レベルに移行できるであろうと考えたからである。このように発達階層をおし進めることは，その前のセッションでみられた処理よりもより成熟した機能水準へ移行することを示している。アダムにとってスクリブルを描くことは難しくなかったが，そのスクリブルから1回目と2回目はイメージを見つけられなかった。セラピストがスクリブルを描き，イメージの見つけ方を示すと，アダムはそれを理解し，次のセッションでは形を見つけられるようになった。アダムが話題にしたイメージの1つはひとりぼっちのアヒルであった。そのイメージを見る中で，よく自分は1人でいること，本当はもっと友達が欲しいと思っていることに気づいていった。この頃には，アダムはスクールカウンセラーから，対人関係に課題のある少年たちの混合グループにソーシャルスキルを教える「友達グループ」に参加しないかと誘われていた。

知覚的機能

次のセッションでは，「抽象家族コラージュ」を作り，そこでセラピストは形体に焦点を当てるように告げた。抽象家族コラージュとは，家族のメンバーをそれぞれぴったりすると思われる形や色を使って表すものである。出来上がったコラージュは，大きな白の紙に，小さな形がポツンポツンと置かれているものであり，アダムはその作品やそれを作った体験についてセラピストに聞かれてもほとんど話をすることができなかった。一方，アダムの母親はそのコラージュ作品を見て，彼が自分たち家族をこんな風に捉えているのであればそれはとても悲しいと述べ，アダムの衝動的な行動によって，家族の中で多くの言い争いや葛藤が絶えないために，家族の間には距離があるような気がすると言った。そして ADHD の子どもの育児についてもっと学びたいと言い，セラピストはそれに関する情報を母親に渡してそのセッションは終了した。

知覚から感情へ

続く3セッションでは，いろいろな感情を表現する顔を雑誌から選んで白い台紙に貼り，コラージュを作成した。はじめのセッションのねらいは，アダムが感情を特定し命名することであった。この活動は，ETC の中でも**知覚的**な要素が関わるものであり，その焦点は形体の要素，つまり眉毛や目，口の並び方の違いによっていかに感情が表現されているかを扱うことにあった。

次の段階では，それぞれの感情をアダム自身がこれまでどのように体験したかを思い出してもら

うのだが，それは**感情**的要素へと移行することを意味する。さらに，セラピストは思い出した感情をどのように体験したかをマーカーを使って表現するように告げた。彼が描いたイメージは，悲しみ＝涙型，幸せ＝スマイリーの顔といった基本的な形であったが，それでも彼にとってはそれがETCの**知覚／感情**レベルでの意味のある表現体験であったと言えよう。

ETCの発達階層を上っていくにつれて，新しい行動の扉は開かれていった。アダムはもはや**運動感覚**的要素だけで動くことはしなかった。そして新しく獲得した力を強化するために宿題が出されることになった。それは，これまでのように感情をすぐに行動化するのではなく，自分の気持ちを捉えてノートに描くという新しいスキルを週1回以上使ってみるようにする，というものであった。母親も何かあるとアダムにノートに描くことをリマインドし，そこから彼が自分の気持ちをつかんで表現するのをうまく助けた。その週の後半には学校で2回，行動化せずに，表現することができるようになった。

認知的に機能すること

第7セッションまでに，アダムは週1回セラピーに来て前より長い時間，居られるようになっていた。そしていろいろな顔の表情を切り抜いてコラージュを作ることで**認知**レベルに取り組んだ。つまり人はどんな行動をしたら，作ったコラージュのような表情になるのかを考えさせたり，そんな表情の人への反応として何が起こるかを予測させたりするようにしたのである。アダムはこの認知的な機能をきちんと使えたので，今度はそれを自分の感情や行動について考えるスキルに応用することを求めた。つまり，どんなことがあると自分はそのように感じるのか，あるいはそのように感じたことに対して，何ができるのかをよく考えるように求めるものである。このアートセラピーセッションもまた，アダムにとってはとても意味のあるものになった。セラピストは母親にこのような話し合いを自宅でも続けるように，そしてできる時には感情と行動の間にある因果関係について教えてあげてほしいと伝え，アダムには自分の行動について時折ふり返り，行動する前に考えるように告げた。

認知から象徴への移行

第7セッションでは，自由画を描いた。図3.2がそれである。アダムはこの絵を「レースのコー

図3.2 「レースコースの信号」：この自由画により象徴的要素で表現された

スにある信号機」と名づけた。彼は，「インディアナポリス500」のレースを例に出して，途中にはたくさんの信号機が，ドライバーにレースの始めや終わりを伝えたり，速度を落とすように注意喚起するために置かれていると説明した。セラピストはこのメタファーを，アダム自身の生活にも同じことが必要であることをリマインドするために用い，さらに信号機の赤，黄，緑色を厚紙で切り抜いて作らせた。その後，アダムは自ら，自分の行動をコントロールするためにこの信号機をうまく使えるように母親に手伝ってほしいと言った。セラピストは別の宿題として，学校で使う用の信号機を作るように求め，自分で担任にそれを伝えた上で指導してもらえるように頼みなさいと促した。

象徴的機能

アダムは信号機のメタファーをすぐに理解して取り込み，認知的機能を使うことに成功したためか，次のETCの象徴的な要素においてもうまく処理することができたようだった。次のセッションで，セラピストはイソップ物語の『ウサギとカメ』の話を読んで聞かせ，気に入った場面を描くよう求めた。アダムはカメがゴールに先に着いたところを絵に描き，続けて「急がば回れ（じっくりと着実な者が競争には勝つ）」というテーマについて話し合った。アートセラピストはアダムの母親とセッションの内容を共有し，次のような宿題を手伝うようお願いした。その宿題とは，地元の図書館へ出かけ，「ウサギとカメ」の他のバージョンを探すことであった。セラピストは情報提供として，その1つに南西部がテーマの『ジャックウサギとカメ』(Lowell & Harris, 1994) というバージョンがあることを母親に紹介し，図書館に行けば児童書専門の司書が他のバージョンを探す手伝いをしてくれるだろうと伝えた。

認知機能を強化する

図書館で本を見つけ，内容を確認するという作業には，大切な多くのステップやスキルが含まれていた。セラピストは母親に，アダムが認知的スキルを発達させていくためには，自分1人で必要なステップを実行できるように援助することが大切だと伝えた。さらに，母親にアダムと一緒にいろいろなバージョンのウサギとカメの話を読み，いろいろなお話は状況設定が異なるだけでなく，アダムの生活のいろいろな側面を表していることを理解させてあげてほしいと求めた。アダムは縦3インチ横5インチの紙 (7.6cm × 12.7cm) に「急がば回れ」と書いて持ち歩き，それを見るたびに自分の行動を抑えるように心がけた。

結 論

アートセラピーの最終回では，これまでの宿題を見直しつつ，「ウサギとカメ」の別の絵を描いた。その場には母親も同席し，アートセラピーでのこれまでのアダムの進歩をふり返った後，2人して，もう毎週セラピーに来る必要はないと思うと述べた。セラピストは母親に，必要に応じて信号機の課題を続けたり，複数のステップや複雑な教示（ETCの認知的要素）に取り組めるようなタイプの課題を増やしていくよう勧め，そのとりかかりとして「鳥の巣箱作りキット」にまず挑戦してみることを勧めた。アダムは1カ月後にフォローアップセッションに来る運びとなった。

1カ月後のフォローアップセッションでは，アダムは父親とともに来談し，父親に手伝ってもらって完成したという鳥の巣箱を持ってきた。セッションに父親が来たのは初めてであったが，父親は，アダムがアートセラピーでいろいろなツールを学び，それを日常に活用して着実に進歩を遂げていると述べた。その中には感情を描いたり，信号機のメタファーを使ったり，「急がば回れ」カードを見ること等が含まれていた。アダムが行動をコントロールできるようになり衝動性が減ったことに，皆が満足していた。この頃には，アダムはETCのいろいろなレベルで情報処理する力が高まっていた。引き続き，彼はいろいろな機能を豊かに発達させ，アートセラピー以外の学校や個人開業心理士による支援の恩恵を受けられるようになっていた。

表 3.1　運動感覚的体験の例と治療的機能および創発機能

運動感覚的なワーク	画材と手順	治療的機能	創発機能
粘土を激しく打つ，突き刺す，丸める	粘土，プレイドゥ，樹脂粘土	エネルギーや緊張の解放	形体を知覚する，リラックス
パン生地を練る	水，イースト，小麦粉あるいは，水，塩，小麦粉	エネルギーの解放，内的リズムの発見	満足感・幸福感（well-being）の増進
音楽に合わせて粘土造形	粘土，プレイドゥ，樹脂粘土／例えば，クラッシック音楽を聴きながら作る	内的リズムの発見	形体を知覚する，リラックス
音楽に合わせて描く	あらかじめ混ぜたテンペラ絵具もしくは水彩絵具／例えば，クラッシック音楽を聴きながら描く	内的リズムの発見もしくは調和	形体を知覚する，リラックス
石　彫	比較的柔らかい石，彫刻道具	エネルギーや緊張の解放	形体の表れ／リラックスに続き覚醒の高まり
木　彫	木材，彫刻道具	エネルギーや緊張の解放	形体の表れ／リラックスに続き覚醒の高まり
発泡スチロールに釘を打つ	1 センチちょっとの細い釘，小さめの金槌，発泡スチロールブロック	内的リズムの発見	情動（感情）の生起
紙を破く	新聞紙	エネルギーや緊張の解放	緊張を和らげる，リラックス
家族塑像	グループセラピーのメンバーが家族メンバーとしてポーズをとり，それを粘土で作る	運動感覚的気づきの高まり	情緒的気づきの高まり
自己像を作る，もしくは描く	粘土あるいは紙と描画用具／ポーズをとって創作する	運動感覚的気づきの高まり	情緒的気づきの高まり
粘土を投げる	粘土を丸めたボール／丈夫な壁	運動感覚的気づきの高まり	情動（感情）表現

15. まとめ

　行動，動き，リズムは ETC の**運動感覚**的要素の特徴である。その段階における素材とは，エネルギーを力強く発散したり，もしくは穏やかな状態に導いていけるような，ちょっとした促進剤である。表 3.1 は本章で論じられた**運動感覚**的活動の詳細である。表 3.1 に要約されているように，**運動感覚**の治療的機能は，内的リズムを見つけることとエネルギーの解放と関連している。このレベルでの創発機能は，動きや行動から発展して形体や感情が認知できるようになることである。**運動感覚**は最も無視されやすいものだが，それが社会的，家族的，個人的な影響を通して，どのようにブロックされるかを示した。**運動感覚**を過剰に使うことは，トラウマによって生じたイメージや感情に対する防衛である。**運動感覚**的要素の治療目標は，上記のリストに要約してある。本章の事例では，**運動感覚**的要素プロセスを過剰に使うことを減じさせながら，ステップごとにブロックされた機能を開いていくアプローチが紹介された。

第**4**章 ETCの感覚的要素

第**4**章

1. はじめに

　運動感覚／感覚レベルの情報処理は，いわば探索的な機能である。第3章で論じたように，運動感覚的要素の目的は，身体活動や動きを通してエネルギーを解放することであるが，それはしばしばアート素材を探索する形で行われる。そして，このレベルの〔図1.1の右側にあたる〕**感覚的（Sensory）要素**では，さまざまな素材と相互作用することを通して，内なる感覚および外からの感覚に目を向ける（Lusebrink, 1990）。ETCの**感覚的要素**の最も純粋な形とは，その体験が認知的処理で覆われてしまうことなく，感覚のみで情報を処理することである。Eisenbergerら（2010）によると，人間の中には感覚的に得られる喜びや楽しさを強く追い求める人がおり，それは認知によるものでなく，目新しさを求めるのでもなく，また必要なものを求めるのとも違う。その感覚的な喜びや楽しさを得たいと思うこと自体がETCの感覚的要素の純粋な形とおそらく関連している。

　感覚的要素は視覚，聴覚，味覚，臭覚，触覚チャネルからの情報を含む。それは**運動感覚**と共に，情報収集・処理の最もシンプルな形であり，感覚的情報処理は，人生の早期から発達していく。乳児は最初のうちは感覚を受動的に受け取るだけだが，徐々に感覚的手段や感覚 - 運動ループ（Piaget, 1969）を通して積極的に情報を取り入れるようになってくる。乳幼児は言葉を用いず感覚チャネルを繰り返すのみで情報を処理するので，初期の体験は右脳に貯蔵されると言われている（Cozolino,

2017; Schore, 2012）。したがって，幼少期の外傷体験を含め，右脳記憶は非言語的な表現アートセラピー体験を通して最も効果的にアクセスできると考えられる（Hass-Cohen & Findlay, 2015; Klorer, 2016）。

　哲学と心理学領域では，伝統的に思考と行動に影響を与えるのは感覚であるとされてきた。そしてこの感覚が情動と認知の基礎を成す，ということについての科学的関心が長年議論されてきたのである（Damasio, 1994; Feldman Barrett, 2017; Plutchik, 2003）。普段の生活において，人は感覚チャネルからの入力があり，この感覚情報に基づいて日々の意思決定を行っている（Siegel & Hartzell, 2003）。SiegelとHartzellによると，乳児は「感覚の海」の中で生きており（p.226），子どもが成長するにつれて，左脳での言語による情報処理が優位になるので，感覚的インプットを続けることが不適切に思えてくる。しかし感覚というものは精神活動の基盤を作るものであり，意味のある自己感覚を形成できるかどうかは，この曖昧で時には混乱を導くような感覚情報の流れを読み解く力にかかっていると考えられる（Cozolino, 2017; Feldman Barrett, 2017）。

　多くのアートセラピー体験には感覚的インプットが含まれている。クライエントが素材を扱う際に，触覚で感じたり見たりして，その視覚特徴を取り入れる。しかし，こうした刺激に対する感覚反応を単に扱うことがETCの**感覚的要素**の主眼ではない。ETCの**感覚的**なレベルがセラピーのテーマとなるのは，その体験が治療的かつ創発的に機能するために用いられた時である。感覚体験の中には，目を閉じて静かに水分を含んだ粘土

を撫でるというものがある（Lusebrink, 1990; Sholt & Gavron, 2006）。目を閉じたままでいると，クライエントは粘土の触覚的な要素に集中でき，形を作りたいという衝動を抑えやすい。また色を混ぜ合わせることだけに集中しながら絵具を混ぜる時，それは純粋な感覚的な体験となる。さらに，香りつきの絵具やマーカーは複数の感覚チャネルを含むので刺激が多くなる。子どもたちが，視覚だけでなく，より多くの感覚チャネルに関わると，学習が顕著に進むと言われているが（Broadbent et al., 2018），このことはとりわけ学習障害や身体障害がある子どもたちに当てはまるだろう（Anderson, 1992）。

アート体験の感覚的な性質を高めるために，媒介物は使わないこともある。すなわち「フィンガーペインティング」は，筆を用いる体験と比べて，より触覚的，感覚的である。また濡らした紙の上に，絵具やインクを落として混色を楽しむ体験は，絵筆で色を使って形を描こうとするよりも視覚的な感覚体験となる。粘土では，道具を用いずに，手でちぎったり指で穴を開けてみるとよい。道具は使わず手だけで作業すると，自然で触覚的な素材の特質が際立つ。運動感覚と触覚の相互作用によって触覚（haptic）[訳注1] 情報が生み出され（Arnheim, 1992; Elbrecht, 2013），その情報によって，対象表面の形，重さ，輪郭，外形，レリーフ〔浮彫〕を知ることができる（Lusebrink, 2004）。また視覚障害者にとって，点字を学ぶことは，触覚を通し情報を受け取り処理することである（Anderson, 1992）。

2. 発達階層

先に述べた通り，発達段階の感覚運動期では，乳児は感覚の海に存在しているようなものであり，そこで受け取った感覚が初期の情動や記憶の基礎を形成する。3－4歳以前に体験したことの大半の記憶は前言語的であるので，感覚として符号化される（Cozolino, 2017; Riley, 2004; Schore, 2012）。乳児の初期の感覚体験が心地よく落ち着きをもたらすものか否かで，それが後の安全感の基礎となり，さらに情動を表す言葉の形成につながる（Siegel &

Hartzell, 2003）。この章の後半で述べるが，感覚は情動を喚起するものであり続けるのである。

幼児が初めてアート画材を使う時，どんなものができたかや生み出されたイメージには必ずしも興味はなく，アート体験の感覚そのものや運動的な側面に熱中していることが多い。幼い子どもは動きのためにアート画材を用い，その感覚的特質に取り込まれる。画材を触った感じや音，匂いに心を奪われることが，子どもにとってのアート体験の重要な特徴なのである。

またアートの創作において，五感を刺激することが高齢者のアートセラピーの目的となったり（Jensen, 1997; Kahn-Denis, 1997），自閉スペクトラム症に伴う感覚統合の困難を抱える子どもたちのアートセラピーの主目的にもなる（Gabriels, 2003; Iarocci & McDonald, 2006; Martin, 2009; Richardson, 2016）。さらに，感覚は感情と深く関わり，それを呼び起こす力があるため，感覚的な体験は，自分の感情にアクセスしたり，ラベルづけをしたり，表現したりすることが困難な人にとっては，治療的に感情を引き出す目的で用いられることもある（Lacroix et al., 2001; Meijer-Degen & Lansen, 2006）。

3. 身体化された学習と感覚刺激

感覚情報は乳幼児が情報処理を行う上で基本的な要素の1つであり，研究によると，感覚情報は人生を通して意識的，無意識的に認知に影響を与え続けている。体験にわずかに感覚が加わったり，変化が生じることで，その人の行動や感情，判断が新たに導かれたり影響を受けたりすることがわかっている（Feldman Barrett, 2017; Linden, 2015; Lobel, 2014; Sugiyama & Liew, 2017）。したがってアートセラピストはクライエントへ差し出す画材の感覚的側面が，どのように治療的なのかについて，よく慣れ親しんでおくべきである。アートセラピストは，感覚を用いて学習を促進させたり，文脈依存学習の可能性を減じたりできる。脳内では聴覚皮質と

訳注1）ハプティック（haptic）はギリシャ語の「触れる」が語源。皮膚表面の物理現象だけでなく，力の感覚や腕や脚の能動的な探索運動等から得られるさまざまな身体感覚までを含んだ，より広い意味を指す。

運動皮質間が構造的につながっているため，聴覚への刺激は運動に大きな影響を与える。最近のレビューでは，感覚情報の刺激によって注意が向き，運動的なインプットが増えて学習を促すことが注目されている（Sugiyama & Liew, 2017）。例えば絵の具で描くという行為だけでも治療的にはなり得るが，音楽のような他の感覚体験を加えることで，認知や学習，記憶を刺激する力が促進されるのである（Charles & Sanoon, 2018; Jensen, 2001; Lesiuk, 2010）。

4. 感覚の治療的機能

感覚的要素の治療的機能は，感覚体験に浸ることから始まる。外からの感覚刺激に注意を向けることによって，クライエントは内的感覚をより意識できるようになる（Lusebrink, 1990, 2016）。感覚的なアート体験は外からの刺激を鎮めて心の静けさを助けるのに役立つので，感情や思考は感覚的なワークを通して緩められることがある。Stanko-Kaczmarek と Kaczmarek（2016）はフィンガーペインティングと筆を用いて絵具で描く体験を比較したところ，フィンガーペインティングでは感覚的な活動の度合いが大きいことで，マインドフルネスが高まり，今この瞬間へより幅広く注意を向けるようになったと述べている。マインドフルネス理論を基盤としたアートセラピーでは，アート活動の感覚的側面に着目し，心も身体もリラックスできるようになる。アート素材の感覚的な刺激に注目することは，現在の瞬間に自己を位置づけ，マインドフルネスを高めるための1つの方法である（Monti et al., 2006）。がん患者を対象としているReynolds ら（2008）は，アート素材の感覚的側面にクライエントが没頭することで，今ここでの瞬間にフォーカスしながらも，力が漲り，身体の不快感が減り，色彩や触感を豊かに知覚できるようになると報告した。

また感覚処理障害（Sensory Processing Disorder）の子どもに注意集中を獲得させるために，感覚体験を全く違った方法で経験させることができるという研究もある（Chapman, 2014; Exkorn, 2005; Miller, 2006）。感覚処理障害とは，感覚信号が行動に適切に伝達されていない状態，整理されて

いない状態を指す。感覚刺激への反応が過剰であったり，過少であったりすることによって，感覚処理障害の子どもたちの日常生活や活動は，結果的に乱れてしまう（Miller, 2006）。Miller によると，感覚処理障害には大きく分けて3つのサブタイプがあり，それぞれのサブタイプは，感覚刺激の増減によって最も反応するところが異なるという。したがって，フィンガーペインティングや粘土制作などのアート活動の中で「適正量の感覚刺激を与えること」によって，感覚処理障害を持つ子を落ち着かせ，集中させることができる（Miller, 2006, p. 193）と言う。Martin（2009）は，アート作品に焦点を当てることで不快な感覚インプットを統合しやすくなるため，感覚調節が難しい人にはアートセラピーがとりわけ有効だと説明している。と同時に，アートセラピーは，子どもにとって社会的，情動的な内的経験を探求する機会を提供することができる（Kearns, 2004）。

さらに，感覚刺激は，障害を受けた脳領域を迂回して，視覚的・認知的に利用できる記憶を再構成することができる（Lusebrink, 2004）。アルツハイマー型認知症患者に感覚を用いたワークを取り入れることで，失われた記憶や他の重要な認知機能を取り戻すのに役立つのである（Jensen, 1997; Kahn-Denis, 1997; Wadeson, 2000）。Pike（2014）は，感覚的なアート体験は，最終的な完成品を作るように求められないので，ストレスが軽減すると説明している。そしてストレスが軽減することで自信が高まり，高齢のクライエントの記憶機能の回復に役立つとしている。

5. 感覚体験の例

感覚的なアート体験では，アートセラピーの主な目標は感覚を刺激することである。Anderson（1992）は，身体障害がある子どもたちにいろいろな感覚的な体験をさせて，多くの感覚を刺激することが，子どもたちが今この瞬間に集中できるようにするための1つの方法であったと記している。聴覚や視覚障害のある子どもたちには，複数の感覚的な体験が最も効果的であり，とりわけ粘土を用いた立体的な作業からくる触覚的な刺激が

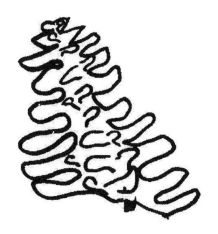

感覚体験前の松ぼっくり　　　　　　　　　　感覚体験後の松ぼっくり

図 4.1　感覚を探求してから描いた描画の前後比較：右側は，目をつぶり松ぼっくりを触った後に描いたもの

効果的であったことを指摘している。

　そのなかで次の 2 つの異なるタイプの触覚刺激について示した。

　　　片手あるいは両手で持てるくらいの小さなものを触って世界を直接体験する統合的タッチと，片手，両手で持つには大きすぎるものの一部を触って，心でその複合体が何たるかを感じとろうとする分析的タッチがある。(p.81)

　Anderson は目の見える人は，視覚からのインプットによって対象物の概念を統合して把握するが，視覚障害のある子どもたちには，それができず，むしろ触覚体験を通して最も学習すると述べている。そして，視覚障害者にとっては，上記の統合的タッチまたは分析的タッチで得る触覚情報が，通常その物体の統合的な概念を把握すると指摘している。触覚≒ハプティックとは，物体の外形がどのようなものか，輪郭がどうか，そして表面の質感はどうか等に焦点を当てた感覚であり，Lusebrink (2004) によれば，アートセラピーで用いられる触覚情報の中で最も重要な要素である。触覚は，子どもたちが手を使って感覚運動学習を実践しているように，言語の基礎となるものでもある。したがってアートセラピーは，粘土のよう

な感覚的に豊かな材料を扱うことでアクセスできる前言語記憶にアプローチできる特別な力を持っていると言えよう (Elbrecht, 2013; Elbrecht & Antcliff, 2014)。

　クライエントが目を閉じ，簡単な物体を感覚的に探索することで，身体の外側に実在するものを豊かに体験できる。この触覚の探索は，嗅覚や聴覚などの他の感覚を意識することでさらに強化することができよう。パステル，オイルパステル，水彩クレヨンなどの触覚的成分と流動的成分の両方，またはいずれかを含む素材を使って体験を描くことで，その感覚的探索がいかに豊かであったのかをより意識できるかもしれない。また屋外で，〔目を閉じて〕誰かに誘導してもらいながら感覚的探究を体験した後で，それを描くという例もある。例えば感覚的な探索によって豊かな知覚に意識を向けさせておいてから絵を描き，その前後で表現の記録が異なったものがある。図 4.1 は，8 歳の女の子が松ぼっくりを，感覚体験の前後で描いたものである。左側の絵では女の子は端が鋭くとがった形の松ぼっくりの輪郭を描くことに集中した。その後，松ぼっくりを手で触ってから感覚を確かめてみると，鋭利な角はなく，むしろ自分の手で触ってはじめてわかった丸みを表現した。さらに，後者の絵にはより深い奥行きと立体感が

表現された。目を閉じたまま松ぼっくりを触覚で探索したことで，アーティストの少女にその真の特徴が伝わったと言えるだろう。

6. 感覚的機能を高める素材体験

ETCの感覚的要素を使ったウォーミングアップの例として，フィンガーペイント用画用紙1枚から始めてもよいだろう。目を閉じたまま，ツヤツヤとした紙の滑らかな表面を触ってみてもらい，手が紙の上を移動するゆっくりとしたリズムを意識してもらう。この体験によって気づきが高まり，外界と内界の感覚が一致する。そしてフィンガーペインティングの絵具が手の動きにのると，その感覚体験は視覚表現を使って表されることになる。そして，この感覚的な体験は，さらに紙の上に指で絵を描きながら，その感覚に注意を向け続けることによって高まっていく。これは目を開けたまま行うことも可能であり，絵具の量が多いか少ないかによって，自分の感覚的な反応が増減することに気づくかもしれない。クライエントはその体験中に，内なるリズムの変化に開かれ，やがてそれが自然に止まることにも静かに気づくのである（V. B. Lusebrink, personal communication, February 18, 2007）。

もう1つ，感覚に注意を向けるための大人用の簡単なウォームアップとして，意図的に圧力，温度，そして通常意識していない感覚に気づくように促すものがある（Gonick-Barris, 1976）。目を閉じた状態で，椅子に座っている時の背中やお尻の感覚，床についている足の感覚，衣服の感覚，エアコンや暖炉の音に注意するように促す。こういった感覚は，その人の存在に影響を与えている絶え間ない感覚の流れであり，それを意識するために，アートで表現してもらうこともできる。

絵筆を使って混色することは，視覚的な探索体験であるが，媒介物である筆を使わないと往々にして感覚が敏感になる。フィンガーペインティングは通常，筆で描くよりも感覚的な体験である。複数の感覚的チャネルを含む豪華な「フィンガーペインティング」として，色と香りつきのシェービングクリームやホイップクリームを使うことが

ある。また粘土を使う前に温めることで，より柔らかく作りやすくなり，感覚的な体験が高まることもある（Elbrecht & Anticliff, 2014; Landgarten, 1981）。その他にも，香りのついたマーカーや絵具，スパイス，松ぼっくりや葉っぱ，花などのファウンドオブジェクト，触った感じが豊かで刺激的な布地を使ったワークなどがある（Homer, 2015; Landgarten, 1981; Wadeson, 2000）。Wadeson（2000）は，感覚を刺激するアート体験が，神経学的に障害のある子どもたち（例えば，重度のADHD，自閉スペクトラム症［ASD］，重度の知的障害の子どもたち等）の固定化されてしまった自己刺激行動を減らすのに大いに役立つと報告した。

また，先に述べたように，視覚や聴覚の衰えがあり，視力低下によって環境への関心が乏しくなっている高齢者にとっては，2つの感覚を刺激する素材は特に魅力的なものとなる（Landgarten, 1981; Wald, 2003）。Wadeson（2000）は，介護つき高齢者向け住宅の居住者は，彼らを取り巻く環境がなかなか変わらないことを指摘し，そこで生活の質を高めるために感覚的な刺激を促すことが，アートセラピープログラムの主な目標となると述べている。Deborah Del Signore（Wadeson, 2000より引用）は，アートセラピーグループを通じて高齢者にさまざまな感覚的体験を提供した。その体験とは，ポプリのコラージュ，シート状柔軟仕上げ剤を使用したシルクスクリーンペインティング，静物画に使用したものを食べること，お茶やミントの葉およびキャンディ等の昔の思い出にまつわる香りについて創作すること等である。最初はグループの参加に乗り気でなかった居住者も，最終的には豊かで刺激的な経験を持てたとして高く評価するようになった。Geller（2013）の研究では，老人ホームの高齢者はアートセラピーにはじめ抵抗を示したが，その後，感覚を刺激する素材を使うことで，より積極的に参加したり，記憶を喚起させ定着させることができたとしている。

7. 感覚における内省的距離

一般的に，ETCの感覚的要素での内省的距離は近い〔内省は少ない〕と考えてよい。感覚に重

きを置いたワークでは，クライエントは感覚体験に深く取り込まれているため，体験についてふり返ることは難しいし，むしろ望ましくない。おそらく感覚レベルで有益なのは，ある意味，自分を失い，感覚に完全に没頭する力を養うことである。「マインドフルネス」は臨床心理学の用語であり，過去30年間で心理学の多くの分野で影響力を増してきた（Germer et al., 2005; Hanh, 1999; Kabat-Zinn, 2005; Smith, 2005）。マインドフルネスは，今の感覚にだけにフォーカスすることを奨励する。マインドフルネスとストレスマネジメントの背後にある考え方とは，認知的なインプットを保持しながらも，そこに良い悪いの判断を入れないことである。このやり方をすると，かつては不安や緊張を高める原因となっていた一瞬一瞬の感覚にとらわれなくなるのである。そしてクライエントは純粋に感覚だけにフォーカスしている時，その瞬間に完全に存在することができると言われている（Hanh, 1999; Smith, 2005）。このように，マインドフルな意識を高めることがETCの**感覚的要素**におけるワークの目標であり，頭で考えるようなふり返りを求めるものではない。

　マインドフルネスはストレスの軽減につながるが，トラウマを抱えたクライエントにとっては感覚にフォーカスすることで過去のつらい記憶が突然再体験され，圧倒されてしまうことがある。そのためトラウマを抱えたクライエントには，感覚に没頭するのではなく，安全を保証して感覚との距離を保つように働きかけることが不可欠である。メタファーやシンボリズム，そしてメタ認知を使ってETCの上の段階の**認知／象徴レベル**に働きかけることで，トラウマ記憶に取り組んでいくための必要な距離をとれるようになる（Kalmanowitz, 2016）。

8. 感覚的機能を促進する質問と話し合い

　クライエントが素材を体験する中で感覚に注意を向けられるように，セラピストは次のように質問する。「どんな匂いがしますか？」「絵具が混ざり合うところで，何が起こっているのが見えます

か？」や「粘土は手の中でどんな感じがするでしょう？」などの質問は，クライエントが感覚に注意を向けるのに役立つ。「粘土を撫でるとどんな風に感じますか？」とか「布を触り始める時の感覚に意識をむけて下さい」などの質問やコメントによって，クライエントは外部の感覚刺激によって誘発される内的な感覚に集中できる。クライエントに「音と見えているもの両方に注意を向けながら，聞こえてくる音楽に合わせて色を選んで描いてみましょう。」等と教示すると，クライエントは複数の感覚チャネルからの情報を統合することになる。また逆にクライエントが視覚情報を用いていない時は，異なる感覚体験に集中できるように，目を閉じるように促すとこともある（Lusebrink, 1990）。

9. 感覚の創発機能

　前述したように，ETCの創発機能とは，そこで生じている情報処理のモードから生起する体験で，一般的には進行中の体験から，より高次の機能レベルが発生し，別の高度な情報処理が可能となることを言う。外側にある感覚刺激は，そこに注意を向けると，内側の感覚あるいはそれに伴う感情への注意にシフトすると考えられる（Kagin & Lusebrink, 1978b; Lusebrink, 2016）。したがって，感覚活動の創発機能とは，しばしば感情的な経験である。

　とりわけ触覚刺激は，外側の触覚に焦点を当てることで，内的な状態や感情に気づけるようになる端的な例である。Lusebrink（1990）は，クライエントに目を閉じたまま湿った粘土を撫でてもらうという例をあげ，この行為がいかに愛や悲しみを呼び起こすかについて説明している。Sholtと Gavron（2006）もまた同じような事例を示した。事例の中で，思春期の少女は，柔らかく湿った粘土を撫でるという感覚体験に没頭し，その後，うつ状態の母親に育てられたことへの愛と悲しみを表す人物像を作った。しかしながら本章の最後に紹介される事例でも示されるように，そこで感じられた触覚刺激はいつも癒しとして感じられるわけではない。粘土，プラスチック粘土[訳注2]，のり，

その他の粘着性のある物質を使った作業は，嫌悪感や他のネガティブな感情を生じさせることもあるのである。

また，**感覚的**な体験から生じるそれは，必ずしも感情だけと結びつくわけでもない。つまり，それは形体であることもある。Lusebrink（V.B.Lusebrink, personal communication, February 18, 2007）は，知的障害者がイメージを作っていく時に，目を開けた状態でまずは単純な形のものを手で探索することで，制作の動機づけを高められるとしている。触覚からの探索によって得た情報に視覚的に捉えた対象物の情報を組み合わせ，より比喩的に理解できるようになるのである。手を動かすといった操作的な側面と合わせて，図形的な情報が象徴的な表現の形成を助ける。このように視覚的な入力に加えて感触や触覚の情報が加わることで，知的障害のあるクライエントにとっては対象物がより際立ち，画材を使うことにさらに興味を持てるようになるのである。

10. 感覚のワークに取り組む時

ETC の**感覚**を使ったワークが治療的に開始されるのは次のような場合である。例えば感覚体験によって感情が呼び起こされたり，記憶が再生される場合，ゆっくりとした感覚体験によりストレスフルな認知や感情が和らぐ場合や，逆に激しい感覚体験によって，クライエントが今後取り組むべき課題に立ち向かうのに役に立つ場合などである。感覚がどんどん侵入して圧倒されてしまうような ASD の子どもにとって ETC の**感覚**を意識した作業は役に立つ（Evans & Dubowski, 2001; Martin, 2009; Van Lith et al., 2017）。また，人が認知にとらわれすぎて感覚や感情を感じることができなくなっている時は，感覚に関与していくことが重要であろう。Denner（Lusebrink, 1990 より引用）が示唆したように，慢性の統合失調症の人に対して，脅威とならない感覚的なアート体験を取り入れることは，本人が環境との関わりを再構成するのに役立つ。例えば手をシンプルに動かして，さまざまな線を描くことから始め，触覚的な探求を広げ，花瓶に生けた花のような単純で脅威にならないもの

を描くようなワークがそれである。

また心的外傷体験またはトラウマは，完全に認知的事象ではなく，むしろ感覚的要素が大きい（Chapman, 2014; Steele & Kuban, 2012; van der Kolk, 2014）。例えば交通事故の場合，衝突の音で聴覚チャネルが刺激され，衝突の衝撃とそれに伴う痛みには触覚が関与している。嗅覚刺激は，エアバッグの作動時に発生するゴムの焦げた臭いや埃の臭いから来る。視覚には，衝突前，衝突の最中，衝突後のイメージが含まれる。このように心的外傷体験には感覚的要素が大きいため，トラウマの解決を目的とした効果的なセラピーには，安心感が確立した後に，視覚的・感覚的体験を含めるようにすることが重要である（Johnson, 2000; van der Kolk, 2014）。二次的外傷体験を引き起こさないように，またクライエントをエンパワーしていけるように，注意深く探索しなければならず，刺激を伴う曝露療法のテクニックを導入して治療を行う際には，安全性を確立することが重要な最初のステップになる（Chapman, 2014; Howie, 2016; Kalmanowitz, 2016; Kalmanowiz & Ho, 2017; Steele & Kuban, 2012）。

物質使用障害と診断されたクライエントは，薬物やアルコールを不快な内部感覚に対処する方法として使用することがよくあり，内的な感覚や緊張感が高まると，使用したいという衝動に駆られる。一方で物質の使用は，外からの刺激的な興奮を得るための手段としても用いられる（Schmanke, 2017）。アートセラピーを通じてクライエントは，依存からの回復過程で内面と外面の感覚に対する耐性を高めることを習得する。そうした体験から，物質依存という未熟な対処方法に頼ることを減らしていくことを学習し，最終的にはアートセラピーでの体験により，感覚を適切に扱う方法として作品の形で外在化できるよう学ぶのである（Hinz, 2009a）。私の経験では，多くのクライエントが，薬物やアルコール依存症治療プログラムを退院して回復期に入った後も，やりがいや感覚が満たされる経験を求めて作品を作り続けている。

身体障害のあるクライエントやアルツハイマー

訳注2）固まらないツルツルした触感の粘土。色鮮やかなものが多い。

型認知症患者にとっては，ETC の**感覚**的な要素を用いたワークが治療体験の中心となる (Anderson, 1992; Jensen, 1997; Wadeson, 2000)。Jensen (1997) は，アルツハイマー型認知症患者に対して，音楽，ムーブメント，視覚的なアート制作などを用いた多感覚的なアプローチを行っている。その目的は，遠隔記憶を刺激し，患者が過去のアイデンティティとつながりを持てるようにすることである。Jensen は，視覚，聴覚，嗅覚を刺激することで過去の感情が呼び起こされ，ETC の**感覚**的要素の創発機能の働きが認められ，また十分に利用できると付け加えた。Stewart (2004) は，アルツハイマー型認知症患者を対象とした研究で，認知機能が低下してアートセラピーへの意欲を失った場合でも，アート素材の五感に訴える手触りや色彩はその人を表現体験に引き入れると述べている。前述したように，感覚体験はアート体験の象徴的な側面に対する意識を高めるのに役立つ可能性がある。

11. 感覚的機能を阻むものを乗り越える

　人はあまりにも認知的な志向が強いので，自分の身体や内的・外的感覚から集められる生来の知恵に気づいていないことが多い。摂食障害にみられるように，身体を明らかに拒絶していたり，身体への嫌悪感が現れている場合がそれである (Bruch, 1973)。筆者の経験では，摂食障害に苦しむ人々は，自分のありのままの姿を快適に感じないと述べて，自分の身体を拒絶する。加えて，自身が身体感覚と共に生きられると信じていないし，また身体感覚に困惑したり，圧倒されていると述べるのである。さらに，摂食障害の人は，空腹や満腹の合図などの身体感覚がわからないと主張し，身体からの合図に基づいて食べるのではなく，食べるべきと考えた時に食べている。このような場合には，**感覚**的機能を高め，クライエントが感覚からの情報を集めることが重要だと認識しなおすことが，アートセラピーの目標となる。

　先に述べたように，高齢患者は摂食障害患者に特徴的な感覚過多とは反対の体験をしていること

がある。高齢患者は，老人ホームやその他の長期療養施設の外に出る機会が減ることで，一種の感覚遮断を経験している (Geller, 2013; Jensen, 1997; Wadeson, 2000)。アートセラピーでは，認知機能や社会機能の改善だけでなく，生活の質を大幅に向上する多くの変化に富んだ感覚体験を提供できるのである (Geller, 2013; Jensen, 1997; Kahn-Denis, 1997; Wadeson, 2000)。Jensen (1997) は，アルツハイマー型認知症患者では 1 次感覚機能がそのまま残っていることが多いため，さまざまな感覚チャネルを通して認知症患者にアプローチしたと述べている。音楽，運動，アートなどを通じて感覚を刺激することにより，たびたび記憶機能が改善したのである。

　感覚処理障害がある子どもたちは，すべての感覚，特に触覚，聴覚，前庭感覚からの情報を等しく取り込み，処理できないので，感覚的な情報を適切な思考や行動に統合できないと考えられる (Chapman, 2014; Exkorn, 2005)。感覚変調障害の中の低反応型と呼ばれるサブタイプの子どもたちは，自律神経系が反応しにくく，強い感覚活動や激しい感覚活動によって活性化されやすい (Durrani, 2014; Miller, 2006)。つまり ETC の**感覚**的要素を利用したアートセラピーのワークが，彼らを活性化する 1 つの方法なのである。およそ 90 センチから 120 センチの紙に鮮やかな色や香りのついた絵具を使って指で絵を描くことは，そういった反応の乏しい子どもたちに栄養を与えるかのごとく，刺激の強い感覚的な体験になるかもしれない。

12. 過剰な感覚の使用にバランスをとる

　異常な感覚行動は ASD を持つ人の発達過程全体を通してみられ，環境からの感覚入力に対処するためのものであると考えられている (Iarocci & McDonald, 2006)。例えば，ASD の子どもにみられるステレオタイプな動きや反復行動，自己刺激行動は，痛みさえ伴うような圧倒的な感覚刺激からの防衛とみなされている (Evans & Dubowski, 2001; Schweizer et al., 2017)。自己刺激行動は，聴覚，視覚，触覚，前庭，味覚，嗅覚など，あらゆる感覚チャ

ネルで起こり得る。こういった行動は，主に１つ
の感覚モダリティ（例えば，視覚－物体を凝視し
たり，顔の前で指をはじく）に集中したり，モダ
リティを横断したり（例えば，体の一部や物を舐
めたり，クルクル回ったりする）することがある
(Exkorn, 2005)。Exkorn によると，彼らの自己刺激
行動は，感覚刺激をコントロールする感覚を得た
り，その強度を軽減するのに役立っていると言わ
れている。

　Evans と Dubowski (2001) は，自閉症の子ども
に対して不快で圧倒的な感覚刺激を本人がシャッ
トアウトするように導くのではなく，むしろ「身
体で意識できていなかった感覚体験が，身体でわ
かるように支援した」(p.65)。著者らは，水分を
少なめにした濃いテンペラ絵具と大きな筆を使っ
て感覚刺激を際立たせることで，自閉症児の身体
的・感情的な境界線に対する意識を高めることが
できると述べている。彼らが掲げたアートセラ
ピーの目標の１つは，こういった境界を際立たせ
ることにより，自閉症の子どもが今この瞬間に
アートセラピストと感情的なつながりを持てる
ようにすることであった。同様のアプローチは，
Durrani (2014) も行っており，ASD の治療にお
けるアートセラピーの多感覚調整効果を評価して
いる。オランダのアートセラピストを対象とした
調査では，自閉症児を対象としたアートセラピー
では，注意を集中させ，硬直を減らし，好みの幅
を広げるという感覚要素に関わる効果があったこ
とが示された (Schweizer et al., 2017)。

　アメリカのアートセラピストを対象とした調
査では，自閉症の子どもがセラピーのプロセス
に取り組めるように，その子のレベルに合わせ
ることが推奨されている (Van Lith et al., 2017)。つ
まり ASD のクライエントが極端な感覚過敏を持
つからといって，必ずしも ETC の**感覚**的要素で
セラピーを始めることが望ましいわけではないと
指摘しているのである。まず**認知**的要素を喚起す
るような構成度の高い素材から始め，トップダウ
ン的に認知的柔軟性を高めていき，次に感情の調
節，そして最後に適応行動を促すのがよいとして
いる。過度に感覚に没頭している子どもは，絵具
の匂いをかぐといった１つの感覚にあまりに夢中

になり，それ以上先に進めなくなるかもしれな
い。しかし適切に絵具を使って絵を描くことに関
心を抱いた自閉症児は，形を見出してそれを描き
始めることができる。セッションを通して徐々
に ETC の発達階層を引き上げていくことで，ス
クリブル段階から始まって，だんだん絵具を使っ
て絵を描く感覚を試していき，より高度な表象
やスキーマ (Malchiodi, 2012e) を獲得しつつ，より
洗練された自己認識や対人関係を持つことができ
るようになるのである (Durrani, 2014; Henley, 1991;
Richardson, 2016; Van Lith et al., 2017)。

　関連して，Elaine Aron (1996, 2010) は，彼女が
HSP（highly sensitive person）と定義したタイ
プについて記している。彼女の定義では，HSP
の人は，一般の人よりも感覚刺激に敏感であると
述べている。彼女は，大多数の人々にとって適度
な刺激でも，HSP の人にとっては過度なものに
受け取られると主張した。彼らにとっては肯定的
および否定的な環境刺激の両方，すなわち音，ア
ロマやフレーバー，光，美しさ，触覚といった感
覚のすべてが一定して激しく経験され，処理され
る (Aron, 1996; Zeff, 2004)。Aron (2010) の言う高い
感受性とは，単に内気や内向性というのではなく，
より多くの感覚情報を取り込み，それを深く処理
し，その結果，強力な感覚刺激から回復するのに
時間がかかる神経系の状態についてであると明言
している。

13. 要約：感覚における治療目標

- 内的な感覚を発見し，その感覚に価値を置い
て表現する
- マインドフルネスを促進する
- 高齢者のクライエントの感覚遮断を減じる
- 高齢者の認知機能を再構成する
- 内的／外的感覚への耐性を高める
- 感覚を調整する方法として外在化させる
- 刺激的な感覚を求めたり，入ってくる感覚刺
激（量）を調整するために物質依存するとい
う不適切な対処スキルから抜け出す
- 感覚を通して（触覚，視覚，臭覚）自分で自
分を落ち着かせられるようになる

14. 事 例

導 入

　ベリンダは経営学の修士号を持つ 25 歳の独身白人女性である。修士課程を修了した後，初めて一人暮らしを始め，そのころ神経性食欲不振症と診断された。摂食と体重の問題で助けを求め，摂食障害の集中治療外来プログラムに入った。セッションのはじめ，彼女はカロリー制限，過度の運動，体重との闘いについて，じっくりと語った。そして 1 日のタイムスケジュールや自分が食べるべきものを食べるための念入りな食事計画を書き出した。空腹感があることを否定し，満腹感も感じないと述べた。また，時にむちゃ食いをすると完全にコントロール不能となって，勝手に身体が「独り歩き」してしまうような感じになることについても語った。

認知機能

　最初のアートセラピーの週で，まずベリンダは体重，ダイエット計画，運動計画などをアートセラピストに必死で伝えようとするので，何度かアート製作に戻るように促された。彼女は最初，鉛筆を使って弱い筆圧でうっすらと小さなものを描いた。作品同士は互いに関連しているというよりも，独立して描かれているように見え，小さく分離したたくさんの形が特徴であった。次にアートセラピストに他の色も取り入れるようにと促され，第 2 段階では青いボールペンを使って描き始めた。このように色彩を穏やかな形で取り入れることで，描画に変化が生じたようであった。彼女の描くものは前のように小さく独立したものではなく，次第にストーリーを伴うような図形になってきた。しかしながら，はじめベリンダは頭に浮かんだ図を発展させただけと述べて，自身が描いた図形の中にストーリーを見出すことはなかった。一連の絵は，ただ描きたい形を展開させていったものにすぎず，描いている時間は，1 セッション 45 分間のうち 10 分程度で，それも急いで描かれた。

　ベリンダが鉛筆やボールペンを使って線画や図形を描いたことから，アートセラピストには，ETC の認知的要素の情報処理が優位であることが明らかであった。空腹や満腹の身体的な手がかりに反応して食べるのではなく，食べるべきものを食べるという彼女の表現は，食べるかどうかを決める上で認知的なアプローチをとっていることを示唆していた。ベリンダとアートセラピストは一緒に相談し，セラピーの目標の 1 つに「感覚的な情報を大切にしていくこと」をあげた。ベリンダは，次第に感覚経路を通して物事を識別するアートセラピーによって，内側と外側の感覚的な情報の重要性を認識し始め，そこに認知的な情報を加えて，意思決定に利用できるようになっていった。アートセラピストはベリンダに「感覚情報処理をうまく取り入れて治療に変化を起こすこと」は，認知的な情報処理に過度に頼ることを減らしていくことだと説明した。さらに**感覚**的情報処理とは，空腹や満腹のような重要な身体情報にアクセスする際の安全な手がかりのようなものなのであり，その次にくる感情について再学習するための一歩でもあると告げた。

感覚的要素への移行

　アートセラピーが始まって 3 週目に，ベリンダは感覚に焦点を当てるのに適した素材，特にまずは触って感じるものが手っ取り早いと勧められ，その中から選ぶように言われた。彼女は外来で行われる集中治療プログラムに参加していたが，マネッジドケア〔アメリカの医療システム〕によって治療期間が制限されていたため，治療の進み具合が 1 つの懸念材料であった。ベリンダは，さまざまな色の洗濯乾燥機の綿くず^{訳注3）}で作業することを選択した。彼女は綿くずを手に取ってしばらくそれを触り，その感覚について「柔らかくて，ふわふわしていて，ぼろぼろ崩れる。触り心地は思ったよりよくないわね」と言った。そしてしばらくその綿くずを触った後，アートセラピストに言われて，それを丸い形にのりで接着した。綿く

──────────────
訳注 3 ）洗濯乾燥機使用後に出てくる綿くず。アメリカでは洗濯物を外に干す習慣がなく洗濯乾燥機を使い，カラフルな綿くずができる。それをアートセラピーの画材として使用することがある。

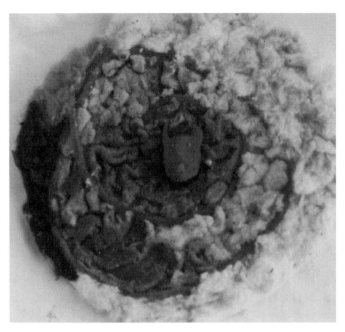

図 4.2 綿くずと悪魔：感覚的体験が感情表現を喚起した例

ずを色ごとに分け，パイプクリーナー〔工作材料：モールのような毛で覆われた針金〕を使って分けた綿くずを螺旋状に接着した。そしてセッションの終わりに，その作業がどれだけぐちゃぐちゃで汚いものであったかと不平を述べた。

感覚から知覚／情緒レベルへの移行

引き続き次のセッションでも，ベリンダは感覚的な要素に集中し，湿った粘土を撫でることに誘導されて時間を過ごした。またしても，この作業があまりにも汚いと不満を述べたベリンダは，粘土の隣に置いてあるプラスチック粘土に気づき，それに変えてもよいかと尋ねた。プラスチック粘土は冷たくて硬く，それを柔らかくするのにはしばらく温めなくてはいけない。彼女はそれを触る時にわき上がる身体的な感覚に集中するように促されると，この作業がイライラするものであることに気づいた。彼女はただプラスチック粘土を触り続けるよりも，それから何かを作りたいと思い，赤いプラスチック粘土を使って，角のある小さな頭の彫像を作った（図 4.2）。頭のところの黄色の目と黄色の舌を追加するのにはとても細かな作業を要した。

結　論

作品を作り終えると，ベリンダはアートセラピーで初めて涙を流した。作った頭は悪魔の頭であること，それは前のセッションで作った綿くずでできた円の真ん中に置くべきものだと述べた。綿くずは汚くて，思っていたものと違うと繰り返し述べた。汚れた綿くずはなぜか，個人的なことを話してはいけないという思いを呼び起こさせた。たとえ治療プログラムの中であってもそのような思いがあったことに気がついた。彼女はいつも人前で「個人的な秘密を明かしてはいけない」と戒められていたことを思い出したのである。ベリンダが育った家では自分がどんなにひどい思いをしていようと，見栄を張り，すべてが順調であるかのようにふるまうことが大切だという教えがあった。そのことを悪魔の顔で想起したのは，まるで両親の意に反して「悪魔がそうさせている」かのように感じたからである。この時点から，ベリンダは，これまでとは違う形で集中治療外来プログラムに参加するようになった。それ以来，彼女は両親に自分の回復の過程に関わってくれるように依頼した。

はじめにベリンダの治療プログラムは認知優位な情報処理から始まった。彼女はよく話し，議論

し，合理化し，身体的な感覚と感情に触れないままでいた。初めの頃は鉛筆とボールペンを使って，小さくて，お互いつながりのない図形をよく描いた。そして徐々に感覚的情報処理にアクセスできるように支援することで，自分の身体を再び信頼し（例えば，身体感覚と空腹の認識との関連性），かつ感情も取り入れることで利益をもたらすこととなった。Lusebrink（2016; Lusebrink ら，2013）は，ETC のレベルを変化させることで，レベル間のつながりが強まり，情報処理の可能性が改善され，拡大されることにつながると記している。ベリンダの場合は，ETC の感覚的要素に導くことで，フラストレーションのイメージが形成され，それに関連した感情を表現するのに役に立った。彼女は残りの治療プログラムに参加する間，以前はできなかった正直な感情を伴ったコミュニケーションができるようになっていった。

15. まとめ

ETC の**感覚**的要素では，クライエントがアート素材の感覚的な特性を探求する。触覚を中心に，時には視覚や聴覚も取り入れながら，クライエントの内面の感覚に焦点を当てていく。**感覚**的な要素の治療的機能には，ゆっくりとしたリズムの開発，マインドフルネスの向上，内的感覚への意識の向上などが含まれる。内的イメージの形成は，ベリンダの事例で紹介したように，感覚的な経験から現れることがある。興味深いことに，ベリンダにとって，不快な感覚インプットによって誘発された内部イメージは，はじめ否定的であったにもかかわらず，その経験は治療的であり，内的イメージが現れて，それにまつわる感情も呼び起こされた。感覚的な体験がネガティブなものであったためか，（綿くずや粘土は汚いと認識され，プラスチック粘土はイライラさせるものであった），結果としての情緒はネガティブなものであった。しかし，ETC のレベルを変化させたことで，これまで経験したことのない感情表現を促すことができた。

また感覚刺激は，ASD や感覚処理障害を持つ子どもたちに枠組みを与える。感覚刺激に過敏であったり，過少に反応する人にとっては，適切な行動がとれるような方法を提供する。感覚刺激は，高齢者やアルツハイマー型認知症の人の記憶と認知機能の再構成に役立つ。豊かな感覚的体験は，多様な体験の機会が少ない介護施設で生活する人の生活の質を高め，積極的に関わる機会となるのである。最後に，特に外的・内的感覚に圧倒され，その封じ込めを必要とするような HSP の人たちには，次にくる ETC の**知覚**要素を使用したアート表現が有効であろう。最後に感覚的な活動，材料，指示の提案を表 4.1 に示す。

表 4.1　感覚的体験の例と治療的機能および創発機能

感覚的なワーク	画材と手順	治療的機能	創発機能
湿らせた粘土を撫でる	土粘土（もしくは陶土でもよい）	内的感覚への注意が向く，内的と外的体験が一致する	悲しみなどの感情が表現される（粘土が汚いと知覚された場合おそらく嫌悪感が表出される）
色を混ぜ合わせることに焦点を当てながら絵具を混ぜる	水彩絵具もしくはテンペラ絵具，濡らした水彩絵具用画用紙	内的感覚に合わせるように外的感覚に注意を向ける／落ち着く，穏やかになる	情動もしくはおそらく形体が表現される
フィンガーペインティング	フィンガーペイント絵具，ツルツルしたフィンガーペイント用紙	内的状態を外的感覚と合わせる／集中をもたらし，落ち着く	心穏やかな状態，集中が起こる
香料使用の髭剃りクリームや味（色）付ホイップクリームを用いたフィンガーペイント	髭剃りクリーム，味（色）付ホイップクリーム，分厚い紙もしくは厚紙，個人専用まな板	1つ以上の感覚経路に関与することで課題に没頭する注意集中が起こる精神的な穏やかさ	心穏やかな状態，集中が起こる，精神的にリラックスする
ポプリコラージュ	ポプリ，工作用接着剤，分厚い紙もしくは厚紙	視覚と嗅覚が関与することによる課題への没頭：刺激と満足感・幸福感（well-being）の増進	心穏やかな状態になる。個人的な記憶が刺激される
特定の香りに対してアートで表現する	エッセンシャルオイル，スパイス，ポプリ，香水	肉体的感覚（sensual）が刺激される	多くの感覚や個人的記憶が刺激される
フィンガーペイント専用用紙（白地でツルツルした質感の紙）を絵具をつけずに手で触る	絵具をつけずに，フィンガーペイント用紙を触る	内的感覚に気づく	感覚とリズムが合った時に静止する
目を閉じて感覚を探索する	目を閉じて両手でものを触って探索する	他のいろいろな感覚への気づきを高める	体験への深まりや次元が増す

第5章 ETCの知覚的要素

1. はじめに

　知覚的（Perceptual）要素は，ETC の知覚／感情の横軸の左側の要素である。知覚的要素とはイメージの図像的側面を扱い，視覚表現の形式的要素（formal element）[訳注1]を重視したものである。知覚／感情レベルの情報は，〔その前の運動感覚／感覚段階と比べると〕内的体験を表現するのに，視覚イメージを用いることに重点を置くという意味でより洗練された情報処理と言える。つまり，クライエントが知覚的な次元で取り組むというのは，イメージについての基盤となる新しい「視覚言語（線，色，形態，パターン，大きさ，方向等）」[訳注2]を学んでいることに他ならない。クライエントにとって知覚的要素で作業するということは，この「視覚言語」を使用しながら，自分の内界を区別したり，描写したりすることを言う。また，そのようなイメージは内容的な意味よりも，イメージの知覚的要素自体で説明することができる。

　知覚／感情レベルの両極性の働きについて述べると，まず感情的な要素がそこにあると，それを表現するために知覚的な作用が活性化される。しかしアート素材を通して，それを具体的に表現しなおす作業は往々にして容易ではない。感情的側面が過剰になっていくと，知覚的な作用はブロックされがちである。強い感情は体験に影響し，表現された形はその質を歪めてしまう（Kagin & Lusebrink, 1978b）。また人は感情的になりすぎると，はっきりと見ることができなくなったり，知覚能

力を効果的に使うことができなくなったりする。また反対に知覚的に形にフォーカスしたり，制作目標のはっきりした創作を行って形体に焦点を当てると，それによって感情をうまく抱え，安全な表現環境を治療的に作りだすことができる。そして知覚的要素の極端な場合の特徴とは，形を厳密に繰り返したり描いたり，幾何学的な形を過剰に使用することである（Lusebrink, 2016）。

　アート活動での知覚的な体験とは，線や形といった形式的要素に注目するのに加えて，そこで使用される素材の構成的な側面に関連している（Kagin & Lusebrink, 1978b; Lusebrink, 1990, 2016）。Lusebrink（1991b）は「形体を区別して描くことは，内的および外的体験を本人にとっての適切なシェマで表現しようとする時に起こるものである」と説明している（p.399）。イメージの構成的な面に焦点を当てるということは，「地」から浮かび上がる〔図としての〕視覚表現の形式的要素（固有の形式的資質）に注目することを意味する。Kagin と Lusbrink（1978b）によると，ETC の知覚的体験で用いられる素材は，フォームポテンシャルつまり「表現するために触れたり使ったりすると形体が表れる性質」であるかどうかが大切であるという。フォームポテンシャルを持つ素材とは，金属や木材，タイル等である。

　モザイクや木材のように高度のフォームポテンシャルを持つ〔形が表れやすい〕素材は，「同型

訳注1）線，形態，色彩の数など客観的に示すことのできる表現の要素。
訳注2）言語で物事の特質を伝えるのではなく，視覚によって情報伝達を行うための要素。

図5.1 図式期の描画。スカートが三角形というシンプルな図形として描かれスキーマとなる

説」（isomorphism）の原理によって，その創作が進められる。第3章で述べたように，同型説はゲシュタルト心理学からの理論であり，外界と心的状態がどのように関連しあうかについての理論である（Arnheim, 1996; Cohen, 1983; Lusebrink, 1991b）。構成度の高い素材を使って創作したり，明確に組み立てられたイメージを作ることで，結果として心に体制化をもたらし，それが気持ちを穏やかにする効果を生み出すのである（Lusebrink, 1990）。

2. 発達階層

　幼少期において感覚運動期が終わると，子どもにとって「構造化すること」は大事な仕事になる。感覚運動期の後，子どもたちは認知発達段階に入り，遊びの中で〔空想上のものではなく〕具体的な対象物を扱って世界を吸収・調節し，成長している実感を味わえるようになる（Piaget, 1962）。彼らのアートはスキーマ[訳注3]や簡単な図形を使って表され，そのスキーマを用いて情報を処理し，形体を形づくるようになってくる。認知的にはこれらのスキーマは子どもの最初の信念体系となる（Rich & Devitis, 1996）。この段階の特徴として，そのスキーマや身近なシンボル，すなわち人，

木，家のような一般的な対象物は，図式的には幾何学的な形で表現される。しかしそれらの絵の中の形は，幾何学的なスキーマで表してあること以外には，特別な意味を持つものではない（Arnheim, 1969; Lowenfeld & Brittain, 1987）。例えば，図5.1に見られるように，この絵で三角形はスカートを表すスキーマとして使うことができるが，絵の文脈から外れると，それは単なる三角形にすぎない。

　この時期，子どもたちは情報を簡単に手っ取り早く関連づけるために図式的に描写しがちである。スキーマを用いることが得意なこの時期の子どもたちは，世の中の膨大な知識を習得するために何度も繰り返し描くのである。結果，それが楽しくて簡単だとわかると，アートで表現することを重要な情報を伝える手段として使い始める。彼らは仲間や大人からほめられると自尊心が高まり，自分のことを「芸術的かも？」とさえ思うようになる。また，図5.2の人魚を描いた女の子のように，スキーマを習得した子どもは，見慣れたスキーマをベースに，さらに未知のものを描こうとする。基本的な人型のスキーマを魚の尻尾に修

───────────

訳注3）個人の中にある一貫した知覚・認知の構えで，個人が世界をどのように構造化しているかということを指す。

図5.2　スキーマを用いて描いた人魚。 スキーマを習得した子どもは，そこから関連するイメージを描く

正し，新しいイメージを作成するのである。スキーマを習得していない子どもというのは，その前の幼児期にあまり絵を描かなかった子だと言えるだろう（Thomas & Silk, 1990）。

　先に述べたように，ETC の**知覚**的要素に特徴的な，形体や構成といったものに重点を置くことによって，感情を抱えることができ，またその方向は双方向でもあるので，反対に感情が形体を変えることもある（Lusebrink, 1991a）。例えば，図式期にある子どもの絵を見た時，典型的なスキーマから逸脱していたり，形体の歪みがある場合，その子が感じている情緒にまつわる重要な手がかりがあると考えてよい（Burkitt & Barnett, 2006; Lowenfeld & Brittain, 1987）。例えば，子どもが大きすぎる手を描いたとすると，ひょっとするとその子は身体的な攻撃を受けたか，または他者に攻撃的になっているのかもしれないと考えられる（Koppitz, 1968）。実は大人もまた意識的か無意識的かわからないが，大切な情緒を示すために形体を変えることがある（Arnheim, 1966; Furth, 2002; Holmqvist et al., 2018）。

3. よい形態の重要性

　20 世紀初頭，ゲシュタルト心理学者たちは知覚の生理学的および心理学的側面を研究した。彼らは，人間が特定の形体や「よい形態」（good gestalt）に魅了されるのには，脳の情報処理の中に自己調整機能があるからだと述べた（Arnheim, 1966, 1969; Erle et al., 2017）。「よい形態」には規則性，安定性，全体性といったような特徴がある（Feldman, 1972）。子どもたちは，円いマンダラのような特定の形を好むのだが，それは彼らがそこにある秩序やハーモニー，バランスを求めていることを示している（Kellogg, 1970; Thomas & Silk, 1990）。

　Feldman（1972）は，視覚的な刺激を提示されると人は「よい形態」，言い換えると「最も効率的な様式」（p.364）でそれを見ようとし，それは規則性，対称性，単純性といった特徴を持つものであると言う。また Kellogg（1970）は「主要な視覚的秩序」（p.61）という概念がすべての人間に存在し，人はイメージの背後にある抽象概念を理解し

なくても，ただ左右対称でバランスのとれた規則的なイメージを見たり描写したりすることができると述べている。そして，そうしたきちんとした形体が心をうるおすものとならないのなら描かれる必要もないし，感情の開放をもたらすものでもないと述べている。

4. 知覚の治療的機能

ETC の**知覚的**要素が持つ治療的特徴は，制限や限界を持つこと（limit）と関係している。ETC の**知覚的**要素が生じる場面で作品の形体や構成に気づくことは，混沌の中に秩序を作っていくのと同義である言われている(Ulman, 1975a)。アートセラピーの文脈においてこのことは，混乱し，動揺した感情に制限や境界を与え，構成をもたらすことを意味してきた。このように，**知覚**的な指向が持つ治癒力は，刺激を整理していくこと，そして「よい形態」を形成していくことである。同型説の考え方でいくと，心地よく並んでいるすっきりした外的刺激を見ていると，次第に満足を感じる状態に移行していく。境界を意識し，制限に注意を向け，物の物理的特徴を捉え，イメージ（作品）の形の要素に焦点を当てることが治療的な働きとなる。

視覚表現の形式的要素やイメージの特質が何で構成されているかに意識を高めることで，体験の情緒的側面を安全に抱えることができる (Kagin & Lusebrink, 1978b; Lusebrink, 1991b)。例えば，アートセラピーの文献では，マンダラなどへの塗り絵で不安が軽減されることが明確に示されている (Babouchkina & Robbins, 2015; Curry & Kasser, 2005; Henderson et al., 2007; Lee, 2018; Muthard & Gilbertson, 2016; van der Vennet & Serice, 2012)。さらに，円を使って描くマンダラドローイングは，子どもの痛みの感じ方や (Stinley et al., 2015)，思春期の子の学校不安 (Kostyunina & Drozdikova-Zaripova, 2016)，一定の知的水準にある大人のストレス (Schrade et al., 2011) を減らすことが実証されている。この研究は，マンダラのような正円の形に描くことが作者に中心化の作用をもたらし，不安の軽減に役に立つことを支持している (Lee, 2018)。

これらのマンダラの研究は，ETC の**知覚／感情**レベルの両極性の特徴を説明するのに有用である。つまり知覚作用が増すにつれて，感情的な関与は減少し，最終的にブロックされるが，この双方向性の原理により，逆にクライエントの感じる圧倒的な感情に制限〔境界線としての枠〕を与えることが治療的になることがわかる。つまり構成度の高い画材を用いたり，知覚もしくは形式的要素に焦点づけたアート体験は，こういった働き方をするのである。エリザベス・レイトンは絵を描くことで自分のうつを治したと主張する独学のアーティストである。記者のドン・ランベルトに体験を話した時 (Lambert, 1995)，絵を描くことが長期にわたるうつ症状を和らげたと明言した。レイトンは「ブラインド・コントゥール・ドローイング」〔手元を見ずにモチーフの輪郭を描いていく方法〕でとても細かな絵を描いたのだが，これは意図的に対象の境界や輪郭に焦点を当て続け，紙を見ずに描くものである。描いている間イメージに名前をつけることはせず，内的な対話もしないように言われる。描線に伴う意味や感情ではなく，描かれている線のみに集中するのである (Edwards, 2012)。

たくさん線画を描く中で描線のみに注意を注ぐことによって，レイトンは知覚的要素に焦点を当てた。彼女が用いた色鉛筆は，構成的側面を増幅する抵抗性のある素材である。線の形式的な要素，つまり**知覚的**要素に集中したことで，感情を抱えるという予想外の効果が得られたのである。絵を描き始めて数カ月の間にレイトンはうつ状態が軽快していくことに気づいた (Lambert, 1995)。ランベルはレイトンの描画について「特定の感情が表現された描画も，いったんそこで片づいてしまい，絵をもう一度見たとしても，それによってうつを再び引き起こすことはない。その感情はその絵と一緒に留まっていられるのだ」とし，そこでレイトンの感情は効果的に抱えられたと述べた (p.14)。

5. 知覚体験の例

ETC の**知覚的**体験は，前述の**運動感覚／感覚**の後に続くものである (Kagin & Lusebrink, 1978b)。

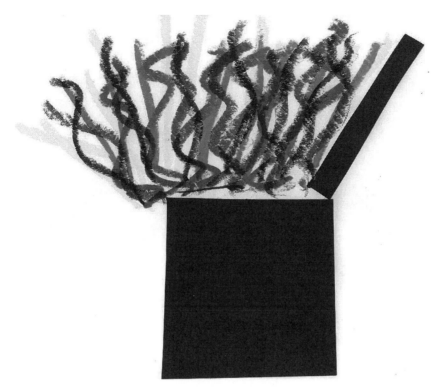

図5.3　タイトル「箱から出して」；怒りを表現した思春期の少女の知覚表現

つまり子どもが前の段階でなぐり描き（スクリブル）を描いていたとすると，その後，形体をだんだん使えるようになるにつれて，より洗練された表現としてスキーマを描けるようになる（Kellogg, 1970）。規則的な形状を繰り返し描くことによって，子どもは自分の体験や世界を表すスキーマを発達させるのである（Lowenfeld, 1952; Lusebrink et al., 2013）。

　上述したように，ETCの**知覚的**要素を含む体験は，形体，境界，パターン，色彩等を通してイメージを形成することを強調するものである（Lusebrink, 1990）。視覚表現の形式的要素に焦点づけることで，治療によりよい展開をもたらす「視覚言語」が発展する。例えば，思春期のクライエントに形式的要素でイメージを表現するように求めると，彼ら／彼女らは恥ずかしがらず，また問題と感じる話題を直接話すことなく，重要な情報を開示してくれることがある（Linesch, 2016; Riley, 1999）。例えば，うつ病を患っている思春期の少女は，黒い3つの真四角で抽象的なイメージを作り，それを「箱」と呼んだ。4回目のセッションでセ

ラピストは「もし箱が開いてたとしたら，それはどんなふうに見えるかな？」と**知覚**的な要素にまつわる質問をした。彼女は複数の画材を用いて図5.3のイメージを作り，次の何セッションかの間で，同じような感じの箱をいくつか作った。やがて彼女はその中には「怒り」が入っていること，そしてその怒りは，両親が聞きたくない感情で，箱にしまっておかないとたいへんなことになるかもしれないものであったと語った。[しかし描いた後では]その箱から解き放たれている感情のイメージを見ても，それは自分を圧倒するものではないと理解できたと語ってくれた。

　Rhyne（1973）はアートを通して視覚的に刺激を整理する方法は，自分の人生を整理するようなものであるとした。Rhyneはクライエントに，何かについての直接知覚（immediate perception）を，〔頭で考えずに〕筆を動かし続ける（doodle）ように指示し，その後それらのシンプルな線画について話し合う中で，現在考えていることや感じていること，そしてこれまでどのように人生を送ってきたかについての気づきを得られるように

促した。Rhyne は，気づきは必ずしも言葉に置き換えられる必要はなく，体験というものは**知覚**のレベルで残っていると述べた。そして「〔われわれアートセラピストは〕描かれたものを無理に解釈しようとせず，描かれたもののさまざまな側面を体験そのものから入念に検討する」と記している(Rhyne, 2001, p.136)。外的対象に対して「**知覚的**」にアプローチすることで，クライエントはその外的状況と関係を結ぶことができるようになるのである (Lusebrink, 1990, 2016)。

Lusebrink (1990) は，ETC の**知覚的**要素として，前景と背景を区別することについて述べており，患者にイメージの背景から際立って見える前景を区別するように求めることが有用な治療的アプローチであると記述している。O'Neill と Moss (2015) は，慢性疼痛に悩む患者に，痛みに集中してしまうのを避けるために〔投薬なしで〕この技法によって援助した。O'Neile らは，患者に自分の痛みに関するシンボルを 3 次元で表現し，その背景も [3 次元で] 作成するように伝えた。そして「痛みの先に目を向ける」ように告げ，その背景の中での痛みの向こう側に何があるのかを話してもらった。彼らは，異なる視覚的要素に注意を向けさせるこの方法によって，痛みの主観的評価が大幅に減少したことを報告している。

6. 知覚的機能を高める素材体験

ETC の**知覚的**要素に取り組む際，最初に考えるべき素材の特徴は「境界があること」と「抱えられる（contain）こと」である。まずクライエントに渡された〔あるいは選んだ〕紙が，表現体験の最初の境界となる。大きな用紙はより多くのイメージ，感情，思考を抱えることができるが，小さい紙は当然少ない量しか抱えられないため，小さな紙を選ぶことは，まずは表現体験を収める〔抱える〕はじめの一歩となる。他にも自然な器としての働きを持つのは，トレイや箱，そして空間を区切って中に収めることができる枠などが考えられる (Landgarten, 1981; Lusebrink, 1990)。

第 2 章で述べたように，画材の中でもそれ自体が境界を持つものは，そのものの物理的特性が表

現の可能性を規定していく。例えば，木材や金属，タイルといった素材がそれであり，それらはしっかりとした外的境界があって，それを使って**知覚的**な手法で取り組むと感情の発散が抑制されたり，抱えたりすることができる。抵抗性のある素材が持つ外的な規定というものが，クライエントに心理的な安全感をもたらすのである (Kagin & Lusebrink, 1978b)。逆にもし絵具のように画材が量によってその影響が決まってくる場合，量自体が表現を規定していく可能性がある。情緒的に脆弱なクライエントが，そういった量によって決まる画材を初めて使う場合には不安を感じるかもしれない。

7. 知覚における内省的距離

ETC の**知覚的**要素による内省的距離は，その前の**運動感覚／感覚**レベルと比べると長くなる〔内省が増す〕。**運動感覚／感覚**レベルでは，クライエントは身体的側面にとらわれ，そこから十分な距離をとることができないため，内省的距離は短く〔内省は少なく〕なる。**知覚的**な作業の場合，内省的距離は，クライエントがイメージの創作にいかに集中して没頭しているか，もしくは表現の質を〔**知覚的**に〕評価しようとして制作しているかによって異なる。**知覚的**要素は，構成的な側面と形体に重点を置いているため，形体がどれだけ明確に表現されているかを評価するためには，往々にしてその対象との距離が必要となる。したがって，**知覚的**な作業は，どれほど創作プロセスに没頭し，距離を縮めているか，あるいは評価のために距離をとっているかの両者のバランスをみていくものである。

この創作への没頭とふり返りを交互に行うことを，アートセラピーの治療目標に組み込むことができる。クライエントは ETC の**知覚**作業を通して，一歩下がって客観的に自分の体験を見る力があることを学ぶ。多くの場合，認知療法の目標は，まずクライエントが自分の思考を客観的に捉え，次に否定的な自動思考を変えることである (Beck, 1995)。同様の考え方を使って，子どものトラウマの短期的な解決として，アートを用いた認知再構

成の方法が用いられている。子どもにまずトラウマとなったシーンを思い描かせ，その後セラピーを通して学んだ新しい対処スキルや態度を自分が使っているところのイメージを追加して描いていくのである（Steele & Kuban, 2003）。この種の治療的アプローチにはトラウマ記憶にいったん没頭しながらも，他に新しくて健康的な思考や行動がなかったのか，あるいは今何か新しいことができるのかを考えることが求められる。

8. 知覚的機能を促進する質問と話し合い

知覚的要素を用いる作業では，クライエントにイメージの形式的要素を知覚し，具体的な言葉で述べるよう求める（Lusebrink, 1990, 2016）。そのための質問としては，「何を作るつもりだったか」とか，仕上がった後に「自分の作品にどういう象徴的な意味があるのか」ではなく，作品の線や形体そのものに焦点を当てるように質問していくのである。フォーカスすべきはイメージの組み立て（structure），構成（construction），さらに解体（deconstruction）にもある。セラピストは，作品の構造について「この形について教えて下さい」とか「どんな順番で線を描いたのですか？」等の質問によって会話していくであろう。イメージの解体とは「もしその部分の形が取り除かれたら，その絵はどのように見えるかしら？」や「ここの線がなかったとして，もう一度イメージを見てみましょう」と尋ねることである。

知覚的情報処理を導くために，次のように尋ねることもある。「あなたにはこれ〔作品〕はどのように見えますか？」「見えている線や形を言葉にしてみて下さい」。またクライエントに治療上の問題を表現する〔描いてみる〕ように告げ，その後，「もしその状況に変化が起こるとしたら，それはどう見えますか？」とか「その状況はほんとはどんな風に見えてほしい〔なってほしい〕ですか？」等の質問に答える形で，状況が変化していることを想像するように求めるやり方もある。このように知覚的なレベルを保つことで，新しい状況になったらそれがどんな意味や感情がもたらしてくれるかではなく，実際どんな風に見えるかにフォーカスしていくのである。

1つ事例をあげると，不登校の9歳女児のアートセラピーの中で，セラピストは教室の様子を描くように求めた。その絵には知覚するのも難しいような，複雑な混沌としたなぐりがきが含まれていた。セラピストは「これって，もっとどんなふうに見えるようになってほしいの？」と尋ね，その後描かれた絵は，最初の作品とは全く対照的なものであった。その絵には秩序があり，すっきりしていた。この2枚の絵が変化への第一歩となった。少女は問題だと思っていることをきちんと見ることができ，そこからセラピスト，教師，両親の援助によって彼女が望む方向に向かって歩んでいくことができたのである。

9. 知覚の創発機能

上記の例にみられるように，目の前にある刺激は，いったん知覚して整理することができるとそれは変化をもたらすことができる。知覚的な作業によって，クライエントが物事をよりはっきりと見る力を高めることができる。物事をはっきりと知覚する力は，体験を言葉にするのを促し，またそれを別の方法で考えることを育むのである。このようにして知覚的体験から，別のレベルである認知機能と自己理解が増幅されてくるのである（Lusebrink, 1990）。視点を変える体験とは，いつも見ているやり方を別の見方に変えて多角的に見るように求めるものである（Graves-Alcorn & Kagin, 2017; Lusebrink, 1990）。まず初めに自分の問題を描くように告げ，2番目にそのイメージの一部をクローズアップして拡大するよう勧め，最後に，最初のイメージを俯瞰して捉えた絵を描くように求める。問題と感じていることに対する3つの異なる見方は，状況の捉え方がいかに考え方や感じ方に大きな影響を与えているかを示している。

アレハンドロは15歳のメキシコ系アメリカ人の少年である。最初，セラピストは，彼が問題と感じている親子関係を描くように告げた。彼は用紙の両端まで枝を伸ばしている1本の木を描いた。2番目のクローズアップでは枝に鳥の巣を描

き，3番目の遠景では，その木が似たような木の集まりである森の中に存在することを表現した。ここでは知覚的な作業の中で「視覚言語」を用いることで，次の認知／象徴レベルの体験に移行していくことができた。すなわちアレハンドロは，自分はメキシコの家族（鳥の巣）の一員であるだけでなく，メキシコ人の両親とは無関係なアメリカのコミュニティ（森）の一員でもあるという体験について語った。紙の両端にまで伸びている枝が，メキシコ人の家族とアメリカ人の友人のコミュニティ間で引っ張られ葛藤している様子を表していると説明した。この一連の体験によって，アレハンドロは，両親との間で抱えていた問題が，両親からの分離と個性化というプロセスに関係していることを理解できた。このプロセスは，アレハンドロの中にある2つの文化が決して重なりあうことができないために，とても複雑なものになっていたのである。

　この事例はまた，ETCにおける知覚的な体験から，象徴的なレベルに機能が高められた可能性があることを示している。実際，クライエントに，作品を形式分析しながら説明するよう求めたり，見えているものの物理的な性質を説明してもらうと，象徴的要素で情報処理できることがある。アレハンドロの例では，木の枝がページの両端まで伸びていると説明した時，それが2つの異なるコミュニティの間に引っ張られているという自分自身に気づくことができた。

10. 知覚のワークに取り組む時

　特定のイメージを知覚する人間の能力は，時間や経験と共に発達していく。つまり人は経験によって，特別な方法で刺激を知覚できるようになるのである。実際，超人的な能力を持っているように見えるような，視覚のエキスパートになることも可能である（Arnheim, 1969）。例えば，熟練したエコー検査技師は超音波診断画像で腫瘍や胎児を知覚できるが，訓練されていない眼にはただの灰色のぼやけた塊に映る。バードウォッチャーは，素人目には木に鳥がいることすら識別できない時でも，さまざまな種類の鳥をたやすく知覚できる

ほどにその視覚は研ぎ澄まされている。さらに，生存にとって知覚は必至であり，危険をきちんと知覚できる種ほど生き残りのチャンスが大きくなる（Arnheim, 1969）。また経験が知覚を形成するので，その経験にトラウマが含まれている場合は，とりわけ脅威を鋭く知覚するようになる。

　知覚次元での治療的な取り組みでは，クライエントが自己や自分の世界を違う見方で認識できるように援助することである。自動的に脅威を知覚してしまうのではなく，世界をより客観的に見られるように再訓練するのである。例えば生活の中のものを描くことは，より正確に「見る」能力を研ぎ澄ますための1つの方法である（Edwards, 2012）。知覚的要素を用いて取り組むことは，ものを客観的に見ることができるようになることである。さらに，知覚されたイメージは具体的なものとして変化させることもできる。実際にイメージの中で知覚する方が，現実の生活でよりたやすく扱えるだろう。またイメージを操作することは，人生のさまざまな要素に影響を与えたり，コントロールしたり，変化させたりするための第一歩になり得るのである（Hinz, 2006）。

　〔自分でなく〕他者を変えるのは難しいのに，他者を変えたいという目的でセラピーに来るクライエントが多くいる。これは夫婦や家族のセラピーではしょっちゅうあることで，そこでクライエントは自分の行動，思考，感情しか変えることができないと学ぶのである。他者を変えたいと躍起になるのではなく，むしろ他の家族の視点からの異なる問題，アイデア，価値観を見ることができるようになると人間関係は最も充実する。Graves-Alcorn と Kagin（2017）は，親子や夫婦，またセラピストとクライエント等の2人が互いの視点から物事を見られるようになるアートセラピーの技法を「非言語的コミュニケーション体験」と称した。この技法では，2人組が言葉を用いずに絵（イメージ）だけを描いてメッセージを伝えあう。この技法を家族に用いると，他者を共感的に理解しようとすることで他者の視点を得ることができた（Hinz, 2006）。

　先に述べたように，トラウマへの「認知の再構成」を用いたアプローチは，トラウマ反応を減じ

させるために，表現されたイメージを修正させたりすることを言う（Steele & Kuban, 2012）。そこでクライエントはこれまでと違う態度やスキルを使ってトラウマのイメージを表現するように求められる。そして年齢や認知能力に応じて，ステップバイステップで，アートを使って厳密にイメージを描き変えるように誘導するか（Smucker et al., 2002），あるいはもう少し自由度を高くして本人がすでに持っている知識やスキルを用いて，これまでと違うトラウマ反応をイメージするように指示するアプローチもある（Diggs et al., 2015; Steele & Kuban, 2012）。

知覚的要素を使って，認知症や精神病のクライエントに対しても有効に働きかけることができる。視覚や触覚にフォーカスし，自分を取り巻く外的な環境や目の前の現実に再適応させることができるからである（Jones & Hays, 2016; Wald, 2003）。また統合失調症のセラピーにおいて，知覚レベルで関わるのに，現実生活でのものを写実的に描いてもらうこともできる。それはこういった知覚レベルでの取り組みが，目前の現実との接触を増やし，そこに留まっていられるのに役立つからである（Lusebrink, 1990; McNiff, 2004）。

McNiff（2004）は，自分の周りにある物を細かく描くことに夢中になっていたアンソニーという統合失調症の男性との体験について記した。McNiffによると，アンソニーは外界にある物理的な物に直接関わるにつれて，あらゆる物事への知覚が高まり，外的現実としての体験が地に足がつくものとなったとしている。知覚レベルで物を見て表現することを数多く行った後，アンソニーは周囲の人々の絵を描き始めた。次第に知覚的な意識が高まり，彼は生活の他の領域でも自律性を獲得し，数年間の入院後，最終的に退院した。

11. 知覚的機能を阻むものを乗り越える

知覚情報処理の使用が妨げられる時があるとすると，それは過度に感情的にとらわれてしまい，自分の状況をはっきりと見ることができない場合である。知覚／感情レベルにおいて，感情的な極側で強力な感情から抜け出せずにいると，対極の知覚が機能しなくなる。さらに運動感覚的活動を過剰に使用すると，知覚次元に移ることが難しくなり（Lusebrink, 1990），動きに熱中しすぎると形体を知覚できなくなるのである。

上述したように，人間の神経系は知覚する間に心理的エネルギーをうまく調整し，線が途中で中断した絵を渡されても，そこに全体性を見ようとする（Arnheim, 1966）。つまり，もしも形体が不安定であったり，不完全な場合でも，知覚閉合と呼ばれる過程を通してその見え方は完結する（Vezzani et al., 2012）。知覚閉合とは，われわれ生物は知覚上の不安定さに耐えられないために，よいゲシュタルトを形成し，知覚しようとすることを言う（Feldman, 1972）。セラピー体験が全くなかったり，モチベーションのないクライエントに対してこういった不完全な形体に耐えられないという特性を治療的に使うことができる。Henley（1991）はこれまで形体等を意図的に知覚したことのない人に対して，未完成のイメージ〔形を描く時の始まりの部分だけ描かれているような図〕や彫刻を見せて，その続きを描き，完結させるように求めた。そして，よいゲシュタルト（規則的，左右対称，全体）が知覚できるようにクライエントの背中を少し押すことで，描きかけの〔線が中断されたような〕絵や不完全な彫刻を完成させたいという願望を満たすことができると理論づけた。

12. 過剰な知覚の使用にバランスをとる

大人も子どもも，スキーマを繰り返し表現し，そこに留まって固定化されてしまっているように見える時がある。このようなイメージの使い方は，自分が望まない思考や感情を防衛するために使われることがある（Henley, 1989; Kramer, 1975a; Lusebrink, 1990）。Lusebrink は幾何学的な形の繰り返しは，抑圧された怒りや不安を避ける方法として使われると述べており，また Lowenfeld（1952）は，反復的に描かれるパターンは極端な認知の固定化，つまり一種の逃避的な表現の表れだとした。子どもたちはニンジャタートルズ，ポケモン，アング

リーバードなど，今の時代どこにもあるテレビ番組のキャラクターを，そして感情移入もせず繰り返しそのままコピーする。こういったステレオタイプな繰り返しは，真に創造的な作業に没頭した時に起こる情緒的な高まりを遠ざけてしまうかもしれない (Kramer, 1971)。強迫性障害で苦しむ人の描画の特徴は，形体への固執と繰り返しであり，不安を避けるために極度に形体を使用するのである (Lusebrink, 1990)。

　摂食障害の人は性別にかかわらず，まずセラピーのはじめにステレオタイプなイメージを描いてくることが多い (Lubbers, 1991; Makin, 2000)。筆者の体験では摂食障害の場合，最初に描かれるイメージはハート，花，虹等である。こういったステレオタイプなイメージの描写というものは，問題があたかも存在しないように装っているのである。拒食症や過食症の人の体に実際に医療的問題があることが多いように，〔一見何事もないようにみえる〕ステレオタイプなイメージにも同様に問題は存在している。

　さらに，物質使用障害のある人が最初にお酒の瓶や麻薬に関する道具を描くこともまた，シンボルというよりむしろ防衛であるように思われる。つまり，これらの描画は**知覚**的要素で機能していることを示しており，多くの場合，物質（薬物）を美化しようとしていたり，少なくとも防衛的態度が表現されていると言える。Dickman ら (1996) は，治療後の絵に描かれている薬物もしくは麻薬道具のイメージ，人物像の欠如，幾何学的な形の大部分が，治療後に再発する重要な予測因子であることを見出した。これらの絵の指標は，クライエントが他の ETC の要素を柔軟に使用しておらず，感情を切り離して，**知覚**的要素のみを示しているため，そういった場合は再発のリスクが高いと仮定しているのである。

　クライエントが繰り返しステレオタイプなイメージを表現する場合，反復することは実は感情のコントロールを必要としているという認識を持って，セラピストは，受容的にそのイメージを受け入れていくべきである (Cavaliero, 2016; Henley, 1989; Kramer, 1971)。また Kramer は特に子どものクライエントの場合，あまりに早い段階でそれを

やめさせるようなことはしない方がよいと警告している。慣習的もしくはステレオタイプ的に生み出されたイメージは，内的混沌や混乱に必要な防衛を表現している場合が多いからである。そういったステレオタイプなイメージから脱却するためには，クライエントがひとまず安心と感じる情報処理のレベルから介入し始めるべきである。まずは反復したイメージを受け入れ，それらの中にわずかな綻（ほころ）びがないかを探し，その綻びを使って後続のイメージに展開できるように関わるのである (Henley, 1989)。例えば，たくさん描いた花の中に，1 つだけサイズや色が異なる場合，セラピストは別の花を描いてみようかと勧めるかもしれない。このようにしてクライエントは，いつものパターンと少し違ったものを描くことが尊重されて初めて，次のセラピーの段階，すなわちより個人的な情報を開示するステップへと開かれていくだろう。

　Henley は，このことに対して Lowenfeld (Henley, 1989引用) が述べている「感覚を高めるテクニック」を用いてアプローチすることを推奨している。それはクライエントにアートと自然に触れてもらって，体験の持つ生々しい感覚的な特性に気づけるように働きかける方法である。

　クライエントに複数の感覚チャネルからのインプットを感じさせ，それをアートで表現してもらうことで，普段のステレオタイプなイメージにある心地よさの向こう側に気づいてもらうのである。この体験は前章の松ぼっくりを描いた例で説明した感覚探索エクササイズに類似した体験である。

13. 要約：知覚における治療目標

- 感情を抱える
- 瞑想状態になるのに役立つ
- 問題になっている部分間の関係性を明確にする
- 視点を変える：未熟な対処スキルから来る認知の歪みを減らす
- 心の体制化 (internal organization) に役立つ：情緒的混乱の中に秩序を捉えることができる

- 関係の多様性を促進する：他者視点を持つ能力を育てる
- 内的状態を描写するために「視覚言語」を発達させ，使用する
- 自己理解を高め，自己と他者への新しい水準での共感を発達させる（創発機能）

14. 事例

導入

カーラは38歳のアフリカ系アメリカ人女性で大うつ病性障害と過食性障害を患っていた。彼女は法律関係のアシスタントで，10代の子どもが2人いる母親であった。カーラは精神科医とソーシャルワーカーに約3カ月かかっていて，抗うつ薬を処方されており，洞察中心の治療セッションに数回参加した。ソーシャルワーカーは，カーラに自分の病気の原因にまつわる基本的な信念を理解し，修正してもらうことへの支援がうまくいっていないと感じ，アートセラピストにコンサルテーションを求めてきた。この信念は幼少期の身体的虐待歴と関連していると思われた。

機能レベルのアセスメント

ETCにおいてクライエントが好む要素やレベルがどこにあるかを知るために，まずアートセラピストは，さまざまなアート画材を並べ，その中のどれかを使うように言った。カーラは水彩絵具を選び，抽象的な風景イメージを描いた。そして描いた作品を垂直に持って話しているうちに，絵具が用紙から垂れ落ちた。すぐにイメージを修正しようとしたが垂れた絵具は，細い線になって紙から流れ落ちた。それを見てカーラは数分間静かに泣き，うんざりした様子でその紙をぐちゃぐちゃにした。アートセラピストは「その絵をとっておいてもいいですか？」と尋ね，同意を得て保存した。

2回目のセッションで，アートセラピストは再び好きな画材を使って，今度は自画像を表現するように求めた。彼女は中くらいの大きさの画用紙を選び，それを水で濡らしてクシャクシャにし，濡れた不均一な表面にテンペラ絵具で絵を描いた。彼女は出来上がったその絵（図5.4）を自画像とし「太っていて醜い」からだと述べた。3回目のセッションではまたもや自画像を描いた（図5.5）。この後のセッションでは，カーラは大きなエネルギーを消費することなく，まるで瞑想でもしているかのようなやり方で静かに念入りに絵筆を動かした。時々涙ぐんでもいたが，尋ねられた質問には答え，自分の過去のことや障害の発症についても語った。

最初の3回のセッションでは，絵が完成した後，セラピストは彼女の生活歴等に関わる情報，つまり否定的自動思考の有無や抑うつ的思考，暴食，そして低い自尊心の感覚などのもとになった中核信念について質問した。アルコール依存症の両親と身体的虐待もあるような環境で育った彼女は自分自身，世界，そして未来に対して否定的な見方を持っていることがわかった。また最初のこれらのセッションでは，同時に過食性障害についての心理教育を受けた。

最終的なアート作品による表現についての指標と図形的な要素を表5.1にまとめた。これらの指標をみると，選んだ好みの素材，素材と関わる態度，完成したアート作品の様式，クライエントの言葉によるコミュニケーションスタイルから，ETCの**感情**的要素を好むことを示していた。最初の3回のセッションでは，カーラは流動性の特徴を持つ絵具を使うことを選択し，それによって感情の流れがよくなり，**感情**的要素が作用したことが示唆された。あまりエネルギーを使わずに絵具を紙の周りに押し付けながら，面倒くさそうに作業をしていた。さらに，作業する前に紙をクシャクシャにしていたが，これはおそらくアートセラピーの最初に浮かんでいた破壊したいイメージを映しているのであろう。エネルギーの欠如と軽度の破壊的な傾向はうつ病の特徴であり，これらもまたETCの**感情**的要素と関連があることを示している。

カーラのイメージは形がはっきりせず，比較的大きく，暗いものであった。暗い色の使用は，大うつ病性障害の診断と関連しているかもしれないし（Gantt & Tabone, 1998; Wadeson, 2010），また低い

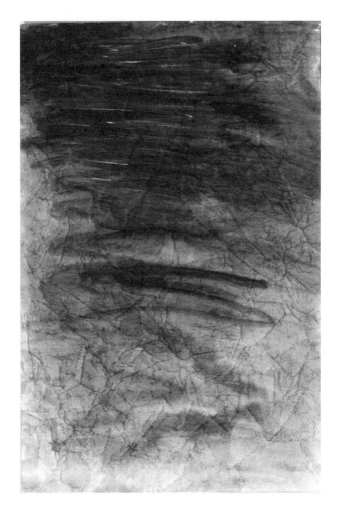

図5.4（上），5.5（下）　ETC 感情的要素による情報処理（感情によって歪められた形体）

表 5.1　カーラが好む ETC の構成要素を示すアートアセスメントの例

アセスメント要素	アセスメントからの結果
素材の好み	水彩絵具，テンペラ絵具
素材との関わり方	面倒くさそうに描く，エネルギーの欠如，軽度に破壊的
最終的なアート作品のスタイル／表現要素	抽象的，形がはっきりしない，暗い色を好む，低覚醒色と高覚醒色の両方
言語コミュニケーション	黙り込む，涙ぐむ，聞かれた質問に答える，自ら情報提供しない

エネルギーと細部への注意力の欠如もまた，うつ病の人の描画の特徴であると思われた (Gantt & Tabone, 1998)。形はないが，色があることは**感情的な要素**を示している。このように，素材の選択，様式の特徴，作品自体の表現要素は，感情的要素で情報を処理することを好むことを示している。最終的に，アートの創作プロセスや他のセラピー中のコミュニケーションの様子から，明らかに抑うつ的な特徴を示していた。その様子は涙ぐんだり，黙り込んだり，聞かれた質問に答えるくらいのものだった。まとめると，カーラの態度や（アートの）プロセス，そしてできた作品から，彼女が好んで用いる機能と表現方法は ETC で言うところの**感情的要素**であることが示唆された。

知覚を利用した機能

ETC の好みの要素がわかった後，セラピストはカーラと一緒にセラピーの目標を設定した。その 1 つはカーラが自分自身と周りの状況について，もっと現実的かつ肯定的な見方ができるようになることであり，それが彼女にとって有益であることを確認した。第 2 に，セラピストとカーラは，ともに，カーラが本当は暴食の頻度を減らしたいと考えていること，そして，適切な感情表現によって自分の要求を満たすのにもっと健康的な方法を見つけたいと考えていることを確認した。そして最後に夫や子ども，そして同僚とのコミュニケーションスキルも向上させたいとカーラは考えた。

最初の治療目標を達成するために，セラピストは，もう少し形のはっきりした自画像を描くように勧めた。これは，カーラが**知覚的**作業に向かって動き出すのを助けるためであり，そうすることで感情を抱え，自身と人生の現状について異なる視点で見られるようになるかもしれないという仮説のためである。さらに，異なる視点で見るようになると，新しい自己理解が進み，他者へも違った形で共感できる可能性があるだろう。

そのために，アートセラピーで次のような「視点の転換」を用いるワークを行った (Graves-Alcorn & Kagin, 2017)。30cm × 45cm の白い紙にテンペラ絵具を使い，3 つのイメージを制作してもらったのだが（図 5.6, 5.7, 5.8），1 つ目〔現在の私〕は図 5.6 の自画像で，その絵に対して形式的要素について説明するように求めた。すると彼女は「太っていて，怖そうで，大きい。紙いっぱいに描いているし，緑と黒で，ジンジャーブレッドマンのように見えるわ。太っているし，あまり好きじゃありません」と述べた。セラピストは，線，形，色などの形式的な特徴以外のコメントは控えるようにと声をかけ，彼女はそれ以上のことは言わなかった。2 番目のクローズアップされた顔（図 5.7）については「丸みを帯びていて，線がカーブしていて，緑で微笑んでいる」と述べた。最後の 3 枚目（図 5.8：1 枚目を俯瞰したイメージ）について，「ここに四角もあるし，長方形もある。虹もあるわ。ここは，赤，オレンジ，黄色，緑，青，紫。あれは，家の中にいる小さな人で，その周りは虹で囲まれています」と述べた。

認知／象徴レベルへの移行

カーラは自分のイメージの象徴的な意味について話したくなったようであり，セラピーに来て初めて元気になったように見えた。「自分のイメー

図 5.6　視点の変化の体験
　　　　視点の転換：もともとのイメージ（現在の私）

図 5.7　視点の変化の体験
　　　　視点の転換：図 5.6 をクローズアップしたイメージ

図5.8　視点の変化の体験
　　　　視点の転換：図5.6を俯瞰したイメージ

ジに緑色を選んだのはなぜかわからないわ。確か
にこれまでは，使わなかった色だったけど，緑か
ら連想されるのは『成長』です。このイメージを
作った時に自分が成長しているように感じたの」
と述べた。そして図5.7のクローズアップされた
顔に笑顔があふれていることに驚いた。このポジ
ティブな表情や態度は，〔やろうと思えば〕でき
ること，つまり自分のことを太っているのではな
く，美しいと見ることができると確信した。
　3番目の俯瞰した自己イメージについては少し
考えていたが，その後，このイメージを描くこと
で自分のニーズは満たされていて，家にある大切
なものを表現できたと熱心に語り始めた。カーラ
は，自分のことをとても大切に思ってくれている
夫と2人の娘がいる素晴らしい家庭があることに

気づいたと述べた。3枚目の中央に描かれている
人〔私〕は，食べ物に頼らなくても必要なものが
すべて手に入る家を安全だと思っているようだと
述べた。カーラは生まれて初めて，自分が恵まれ
ない犠牲者のようにふるまう必要はなく，他の人
に助けを求めてもよいのだと納得した。

知覚と認知の間の切り替え

　カーラは，自分自身に対する新しい見方を強化
し，自己主張やその他のコミュニケーション力を
高めることに重点を置いていった。そして引き続
き自画像を描き続け，知覚で形式分析を行い，そ
こから次の認知での語りに移っていくというワー
クを行った。例えば「内側から見た時，外側から
見た時の自画像（inner-outer self-portraits）」と

呼ばれるワークの中で，次の３つのイメージを制作した。(1) 自分をどう見ているか，(2) 他人からどう見られているか，(3) 今の自分がどう感じているか (Graves-Alcorn & Kagin, 2017; Lusebrink, 1990) である。このワークにより，自分自身を別の視点から俯瞰し，他の人（夫，娘，同僚）が自分をどのように見ているのかを視覚化することができた。またカーラは上記 (1) (2) の自画像についての感情を表現し，３番目のイメージでは２つの矛盾を表現した。このワークを通して，カーラは，幼少期の身体的虐待の被害者である自分とサバイバーとしての自分の役割をさらに探求することができた。

15. まとめ

ETC の知覚要素への取り組みは，クライエントが内的な体験や思考，そして感情を言語化するプロセスと並行するように「視覚言語」を使えるよう援助することである。ここでは，使用してい

る素材の形式的要素と構成的特性を十分に楽しめるように介入する。人はシンプルで，規則的で，バランスのとれたパターンやイメージに惹かれ，同型説の原理により，こういったパターンのイメージは知覚的なアート体験の中で内在化されていく。

知覚的な体験とは，線，形，サイズ，パターンといった，ある意味，客観的な形式的要素である視覚言語にフォーカスしていくことである。クライエントは自己や他者に対して新しい光を当てて眺めたり，他者の視点を通して人間や状況を見たり，また生涯にわたって異なる見方で自身や世界を観察できるようになる。知覚的体験によって，新たな自己理解，そして自己と他者へのこれまでと異なるレベルの共感が生み出されるのである。本章で論じられた知覚的なアート体験の例を表 5.2 に示している。この表には，それぞれの体験によって誘発される治療的な機能と創発機能に関する情報を含む。

表 5.2　知覚的体験の例と治療的機能および創発機能

知覚的なワーク	画材と手順	治療的機能	創発機能
形体を閉じるワーク（欠落している対象について補いながら描き足す）	描画用画材で未完成の絵を完成させる，未完成の粘土彫刻を完成させる	よいゲシュタルトを探すうちに心の中に体制化が生じる	シンボルが形成される／すなわち認知過程が働き，創作の始まりがわかってくる
今知覚していることを考えずに線で描く（doodle）	水彩マーカーと画用紙	思考と気持ちの整理；気持ちを図式化して表現する	気持ちについての考えを明確にする
写生〔現実に形あるものを写し取る〕	画用紙，鉛筆またはペン	外界にフォーカスし，環境とやりとりする	現実検討が増す，または認知機能の改善
ブラインド・コントゥールドローイング；手元を見ないで（あるいは薄目を開けて）モチーフだけ見て描く	鉛筆，色鉛筆，ペン，画用紙／輪郭だけを目で追いながら，手元の紙を見ずに描いていく	線と輪郭，構成に焦点を当て，感情を抱える	〔外的な輪郭を捉え続けることで〕内受容感覚に翻弄されることなく，自己（self）と経験について集中できる
非言語的コミュニケーション	描画用画材，大きめの紙／イメージのみでだまってコミュニケーションする	多様な表現を使ったり，他者の視点を認識する	共感的な理解を深める
視点の転換	描画または絵具の画材で3つの視点を描く（①治療上の問題，②①の部分をクローズアップして描く，③①を俯瞰したところから描く）	「問題」の捉え方が，その問題に対する見方に影響を与えることを知る	自己理解や気づきの向上
内側から見た時－外側から見た時の自己像	描画または絵具の画材で3つの視点を描く（①自分をどう見ているか，②他人からどう見られているか，③①と②を経て今，自分がどう感じているか）	内側と外側の自己像を比較して描き，3番目にそれらの類似点または相違点について，どのように感じるかを描く	クライエントは他者との関係の中で，自分自身の視野を広げ，社会的役割やペルソナ（人格）について探求する

第6章 ETCの感情的要素

1. はじめに

感情は神経生理，認知的，経験的な入力を含む多次元的な構造を示す用語である（Taylor et al., 1997）。アートセラピーにおいて，ETC の**感情的**（Affective）要素は，感情がアートの素材との相互作用を通して喚起され，アクセスされ，表現される（Kagin & Lusebrink, 1978b）。**感情**的要素は，ETC の**知覚／感情レベル**にある**知覚的要素**の対極にある。**知覚**的要素でのワークでは，作ることで形体を構成し，それによって感情を抱える一方，**感情的要素**でのワークでは感情を表現し，かつそれを増幅する作用を持っている。一般に画材を使ったり，アートの制作プロセスに入ることそのものが感情を呼び覚ますので，多くのアート表現には感情が含まれている。つまり創作する側の感情が，アートのイメージに生き生きと吹き込まれていくのである（Lusebrink, 1999）。クライエントの中心的な課題が感情表現であるなら，多くは水彩画に魅了されることがある（Fenton, 2008）のだが，ETC の**感情**的要素でそれを扱う場合は，より明確な指示を出し（さらに流動的な素材を使ったり，鮮やかな色を導入すること等），意図を持って感情表現をサポートしていく必要がある。

DSM-5 の診断カテゴリーの大部分の主な症状に，感情調節や感情表現の障害が含まれる（APA, 2013; Taylor et al., 1997）。アートセラピストはクライエントが**感情的要素**で機能できるようになるために，治療目標や治療計画の作成には必ずアート素材と表現体験を通して，感情にアクセスし，感情

を識別し，適切に表現して調整することに努めるのである。そして，数多くの研究により，アートを作成することがストレスや不安症状の軽減に役立ち（Babouchkina & Robbins, 2015; Curry & Kasser, 2005; Forkosh & Drake, 2017; Kaimal et al., 2016; Laurer & van der Vennet, 2015; Sandmire et al., 2012; Sarid et al., 2012, 2017; Ugurlu et al., 2016; van der Vennet & Serice, 2012），抑うつ症状を減少させ（Bar-Sela et al., 2007; Gussak, 2009; Nan & Ho, 2017; Tang et al., 2018; Ugurlu et al., 2016; Zubala et al., 2017），気分を改善することが実証されている（Abbott et al., 2013; Bell & Robbins, 2007; De Petrillo & Winner, 2005; Drake et al., 2011; Drake & Hodge, 2015; Kaimal & Ray, 2017; Kimport & Robbins, 2012; Northcott & Frein, 2017; Shella, 2018）。アートセラピストは，クライエントが感情を調節できるようになるためのさまざまなアート活動のレパートリーを持ち，自信を持って援助することが重要である。

感情にまつわる事象のうち，次のような場合は大きな問題となる。例えばクライエントが感情によって圧倒されてしまって，それが行動化の原因となったりする場合（Linehan et al., 2007），感情を扱うのに物質が使用される場合（Hinz, 2006; Schmanke, 2017; Sher & Grekin, 2007），または失感情症のように感情が全く表現されない場合（Kalmanowitz & Ho, 2017; Meijer-Degen & Lansen, 2006; Nan & Ho, 2017）等である。クライエントが自分の抱えている複雑で混乱した感情を読み解いて，適切に表出するというハードルの高い課題に取り組むために，感情の機能と必要性を理解できるようにさまざまな援助の準備をしなければならない。第5章で述べたように，例えば色，線，形を通じて感情をスキーマ（形

体）として表現することは〔感情表現に取り組むのに〕良いスタートになるので，そのような**知覚的アプローチ**は，妥当で受け入れやすい導入になる。

またアートの使用と同時に，クライエントは感情とその目的についての心理教育を受ける必要がある。このような基本的な情報があることで，クライエントは，危険だと感じていたテーマに対しても安全なものと理解することができる。感情は人間の基本的な経験であり，その主要なものとして関心，喜び，嫌悪感，怒り，恐怖，悲しみ，驚きなどがあることをクライエントに教えるのである。こういった主要な感情は経験の影響を受けるものの，教え込まれたわけではなく，生まれた時から存在すること（Ekman, 2007; Feldman Barrett, 2017; Taylor et al. 1997）。感情は自分が置かれている環境下での内的な体験や出来事がどのようなものかについて知らせるためのものであり，人間にとって不可欠なものであること等である。つまり感情は，自分の命を守るために，何らかの行動を起こさないといけないのかどうかを伝えている（Ekman, 2007; Feldman Barrett, 2017）。感情信号の典型例は，恐怖である。恐怖は差し迫った脅威のシグナルであり，脅威に反応し，恐怖を感じて人は戦い，逃げ，凍りつくなどの準備をする。また幸福や悲しみは思いやりや関わりを促し，怒りや嫌悪感は行動を促す。

感情は単なるシグナルであり，他のシグナルと同じように一過性のものであるということを知ることが役に立つ。感情はたいてい激しく経験されるが，一時的なものであり，その後ホメオスタシスによってもとに戻ってくる。感情は，シグナルを伝達するために働き，その後沈静化する。まるで波のように，ピークの後はそれが引いていくように経験されるのである（Linehan, 1993）。アートセラピーでは，表現的な体験を用いて，感情を落ち着かせることを教えていく（Drass, 2015; Heckwolf et al., 2014）。例えば摂食障害のクライエントは，自分の感情に脅かされることが多いため，その感情を感じないようにするために食べたり，また感情を吐き出すために自己誘発的に嘔吐を繰り返す。アートセラピーを通して，彼らは「紙の上で吐き

出す」ことを学び，最終的には感情を直接表現できるようになるのである（Hinz, 2006）。

2. 発達階層

ETC は，最も単純な**運動感覚／感覚**処理から，最も複雑な**認知／象徴**レベルの利用によるイメージ形成まで，階層的に配置されている。子どもたちの認知的・図形的能力の発達は，この階層的な並びと平行している。前の章では，子どもが発達するにつれて，**知覚**的要素は，幼児期の絵に典型的にみられるスキーマ的表現として現れると述べた。小学生になると，完全な形のイメージを作ることができるようになり，その後の段階では，スキーマ的表現から離れて，現実的な表現段階に移行する。例えば，1人ひとりが違う人間であることを示すものである衣服や髪型，顔の特徴等に注意を払い，細部へと関心が高まってくる（Lowenfeld & Brittain, 1987）。次に思春期の子どもたちになると，自然主義的な段階に移行する。より重要なのは，自然や外界の物体といかに同じものが描けるか〔写実的に描けるか〕である。アイデンティティの形成や自己を定義づけることは思春期の重要な課題の1つであり，創造的なアートの活動（Carolan, 2007; Linesch, 2016）を通して達成されることも多い。そしてそこにはストレスフルな感情へのアクセス，その表現，解放，変換が含まれている（Beaumont, 2012）。

思春期の子どもたちは，自分の感情をまだ完全にコントロールできないので，この年齢にありがちな強い感情を社会的に受け入れられる形で解放するためにアート活動を用いる。この段階の子どもたちの感情や気分は，アートの表現に誇張や強調を加えたり，形の歪みや普通と違う色使いなどを通じて伝えられることがある（Lowenfeld & Brittain, 1987）。現代美術が，感情を表現するために形の歪みや型破りな色使いを利用していることは興味深く（Arnheim, 1969; Feldman, 1972），思春期のアートと現代美術の両方に，形の歪み，鮮やかな色，型破りな色が使われており，ETC の**感情的**次元を示すかのようである。この ETC の**感情的**要素を使うことで，アートのプロセスや作品は幅

広い感情を効果的に表現することができるのである。

3. 感情の治療的機能

感情的要素の治療的機能の１つは，適切な感情への気づきを高めることである（Lusebrink, 1990）。アートによる表現は，前はつらくて危険だと捉えられていた感情に向き合うための手段になり得る。そして感情をきちんと表現する力を取り戻すためのつらい旅路に一緒に連れ添う本物の仲間が創造性である（Arnheim, 1992; Johnstone, 2006; Swados, 2015）。クライエントは，感情的要素を使ったワークを直接経験する中で，たいてい感情を表現することを許されるだけでなく，それによってストレスを減じ，人生を豊かにするものであることを学ぶ。また言葉にならないものを抱える時，アートは感情表現を促す方法になることがある。思春期の少女によって作られた図版２のイメージは，これまでは言い表せなかった感情を線や形，色で表現している。彼女はそれまで自由に共有できなかった気持ちを表す絵を描いた後，大きく安堵した。このケースの場合は，気持ちを描けたことが重要なのであって，それについて言語化して話すことは，さほど重要な意味を持たなかった。

4. 感情体験の例

先述したように，ETC の感情的要素を用いた活動は，感情を経験して表現しやすくするために，流動的な素材が用いられ，色は暗い色や鮮やかな色が使用されることが多い（Lusebrink, 1990, 2016）。Rominger（2010）によってなされた臨死体験の研究では，肯定的な臨死体験（NDEs: near-death experience）の描写には明るいグリッター絵具が頻繁に使用され，否定的な臨死体験には暗い色調の絵具が使用された。DSM-5 によるパーソナリティ障害の B/C の分類を対象としたアートセラピーの効果に関する記述的研究では，患者とアートセラピストの両方が「色をより明るくしたり，より強くしたり，形をより強力にすることで感情表現が増幅される。またパステルカラーを使った

り，白と混ぜて色をやわらげたり，有機的でやわらかな形を作ることにより，感情の鎮静化が促された」と述べている（Haeyen et al., 2017, p.10）。このように色だけでなくその形体も同様に，感情を増幅させたり落ち着かせる効果がある。

色彩は長い間，感情表現と関連していると考えられている（Birren, 1988; Feldman, 1972）。Feldman によると，抽象表現主義の画家たちは，感情表現のための色彩言語を躍起になって開発しようとした。つまり感情状態を主に伝えるものとして，内容や形体よりも色彩を用いたかったのである。また，いくつかの研究では，線の質も感情表現と関連していると考えられている（Betensky, 1995; Martin, 2003; Rhyne, 1973）。セラピストたちは，クライエントが感情を伝えられるように，線，形，色を用いて導いていくのである。

クライエントが感情に触れ，表現しやすくするためのウォーミングアップとして，音楽に合わせて絵を描いたり，色を塗ることがある。いろいろな感情の種類を捉えて表現するために，さまざまな音楽をかける（Lusebrink, 1990）。このようなウォーミングアップの目的は，頭を使わずに無意識のうちに描くことであり，認知的ではなく，感情的な経験が生じるようにすることである。近年では，完成品の美的な側面に目を向けるのではなく，感情表現を大切にする表現的絵画の運動（expressive painting movement）が展開されている（Cassou & Cubley, 1995; Goldstein, 1999）。

また，運動感覚／感覚のアート体験が，感情的要素を動かすきっかけとなる作用がある。感覚的なワークでは，まずものの外側に注意を向けた後に，内なる感覚に注意を向けるように誘導すると，ETC の発達階層の上位にある感情的機能の方に押し上げることができる。感覚的な体験は，平和的な穏やかさ，冷静，悲しみ，嫌悪感，その他さまざまな感情の状態を引き出すことができる一方で，活発な動きに伴う感覚的な経験は，強い感情を呼び起こす。粘土を叩く，紙をちぎる，釘を打つ，石を削る，クレヨンによる引っかき画などは，興奮や怒りを呼び起こす運動感覚的な活動である。

「クレヨンを使ったスクラッチアート」は，色付きクレヨンで紙を塗りつぶした後，黒のクレヨ

ンでさらに上から塗りつぶす方法である。この方法は，強い感情に脅かされることなく，集中的に運動感覚を刺激する。運動感覚が高まることによって，統制下に置かれていた感情や気づかなかった感情が緩み始めるのである。スクラッチ・アートの場合，暗い背景を爪や棒で引っかくことで下から現れる色によって，恐れずに安心して感情表現ができる。また濡れた紙に水彩絵具で描くと，感情が解放されやすい (Lusebrink, 1990)。水彩の場合，色が流れ出してしまうのをコントロールするのは難しく，それはまるで制御が難しい人生のようである。また，表現したい色をうまく出せないということは，〔意図していない〕感情も表現されてしまうことを意味している (Fenton, 2008)。出来上がった作品が濁った色のせいで満足のいかないものにならないように，セラピストは，必要に応じてさりげなく色の選択や配置を調整し，導いていくことが重要である。

5. 感情的機能を高める素材体験

　素材の特性と感情体験との関係については第2章の図 2.1 に示してある。繰り返しになるが，素材が流動的であればあるほど，表現をする経験が感情を呼び起こす可能性が高くなる。絵具やチョークパステル，水溶性オイルパステルなどの流動的な素材を使用することで，感情表現が大幅に向上する。流動的な素材は素早く，容器からあるいは絵筆から流れ落ちて紙の上に広がるので，その間は考える時間はほとんどない。Kramer (1975b) は，セラピーの中で出会った子どもたちで，線画で描くのはとても上手だけれど，絵具を使わせるととたんに芸術的な能力が後退する子どもについて述べている。Kramer の考えによると，絵具が持つ感情を喚起する性質が，芸術的な退行を引き起こすので，そのような子どもたちは感情をコントロールしたり，抑圧するために知性に頼っている可能性が高い。絵具を扱う時にはそのコントロールが不可能となり，感情であふれてしまうからではないかと述べている。この Kramer の説明によると，感情を呼び起こすために用いるアートの素材は，必ずしも良い経験をもたらすわけで

はないので，素材は慎重にモニターされ，コントロールされなければならない。つまり，ETC の枠組みによって，クライエントを表現の中の形や構成的側面に注意を向けさせることで，絵具による反治療的な退行に陥ることを避けることができるであろう。

　色と感情喚起の関係には，長い歴史がある (Birren, 1988; Hammer, 1997)。例えば，心理アセスメントの分野において，ロールシャッハ・テストは，曖昧なイメージへの反応をもとにパーソナリティを評価する方法である。ロールシャッハの解釈では，抽象的な刺激〔インクブロット〕に対して，色によって刺激を構造化させるのか，形によって構造化させるのかで，その解釈が異なる。もし色を使って刺激を構造化させる場合は，クライエントは過度に感情的であるか，または感情を行動に移す傾向があるとみなされる (Malone et al., 2013; Exner, 1993)。色彩 HTP テスト (Hose-Tree-Person) は，感情的な喚起がどのようなものかを研究するために開発された人格検査である。色彩 HTP テストでは 2 枚目で感情が色によって表出され，1 枚目の無彩色の家木人 (Hammer, 1997) では表現されなかった隠れた防衛を引き起こすと考えるものである。

　また，今日も使用されている色彩療法の 1 つのタイプに，教育と人智学 (Bar-Sela et al, 2007, Hauschka, 1985, Trostli, 1998) のルドルフ学校に関連づけられている絵画療法 (painting therapy) がある。人智学にもとづく絵画療法 (Anthroposophic painting therapy) では，魂 - 精神 (soul-spirit) に対する客観的な生理学的および心理学的効果に応じて，いろいろな色が治療的に適用される (Bar-Sela et al., 2007; Hauschka, 1985)。青は内向きの吸収に，赤は外に向かった体験と関連づけられている (Trostli, 1998)。

　色が感情を表すとする考え方が西洋文化には一般的である。例えば，悲しみは「青」，妬みは「緑」であり，赤は情熱的な愛や制御不能な怒りといった熱烈な感情を指す。黄色は攻撃的，緑は穏やかな色とみなされている (Hammer, 1997)。しかし，色の連想は個人的なものであり，クライエントの人生における過去の出来事と関連してい

る（Lowenfeld & Brittain, 1987）。さらに，色は文脈や関係性——芸術や生活——の中で生ずるものであり，それが感情的な価値観に影響を与えると考えられている（Callejas et al., 2007; Feldman, 1972）。最後に，色は生理学的な反応を呼び起こし，その使用と意味は文化と深く関連していることを付け加えておこう（Hoss, 2005）。したがってセラピストは色の関連性について勝手に判断することはできないし，なぜその色を選んだのか，どのような意味を持つのかについて，クライエントから直接情報を得なければならない。

　要約すると，鮮やかな色や暗い色目の素材，そして流動性を持つアート素材をたくさん用意しておくことは，感情反応を刺激するのに役立つ。しかし，流動的な素材だけに限定されるべきではなく，クライエントがどの素材を必要と感じるかは，彼らの感情表現のニーズによるものであり，それは時に**運動感覚／感覚**作用から発展していく。また実のところ，どのようなタイプの素材でも，感情的な反応を呼び起こすことは可能である。またセラピストが何を描くかを指示するよりも，クライエントが自分でテーマを自由に選ぶ方が，感情をより表現できて，かつ意味のあるアート作品を生み出すことが実証されている（Eaton & Tieber, 2017; Ellenbecker, 2003）。クライエントが色を自分で選択できるようにすることによって，創造性が高まり，より集中できるようになり，不安を軽減することにもつながる（Eaton & Tieber, 2017; Lee, 2018）。クライエントが色や内容を自由に選択できるようにすることが有効な治療となることもあるが，ただそれだけでなく，何がクライエントにとって適切な材料かについての知識を持つ必要があり，そのバランスに気をつけなければならない。

6. 感情における内省的距離

　イメージによる感情の表現は，内省的距離を縮める〔内省が少なくなる〕と考えられる（Lusebrink, 1991b）。極端に感情に巻き込まれてしまうと，前章の図 6.4 や 6.5 のように，形の歪みや欠如が絵に現れたりする。また，**知覚／感情**の横軸上の**感情**側の一番端のあたりでは，クライエントは圧倒

的な感情を経験したり，感情を極端に環境に投影したりするので，これらはいずれも内省的な距離が縮まることを指す（Lusebrink, 1990）。

　しかし逆に，アート活動を通して内省的な距離を縮めさせることがセラピーの目標になり得ることもある。つまりアート活動によってより原始的な状態へ退行させたり，ありのままに自己表現によってがんじがらめの状態から解放されたい場合である（Cassou & Cubley, 1995; Kramer, 1971; Lusebrink, 1990）。そのような場合においては，クライエント自身が今どのように感じているのかわからないために，まずは考えないで，感情を解き放つ必要があるのである。とは言え，ほとんどの場合，治療を進展させるためには，最低限の内省的距離が必要である。内省は適度でないと，クライエントは，考えに没頭しすぎて，表現を行動に移せずに，反芻ばかりしまうからである。特に感情的に脆弱なクライエントにとっては，要らない感情をただ吐き出してしまうだけでなく，内省的距離を保ちながら作品を制作したり，コミュニケーションのためにアートが使えるようになることが治療的と言えよう（Levens, 1990）。

7. 感情的機能を促進する質問と話し合い

　感情機能をクライエントから引き出したり，強調させるためのセラピストからの質問や話の持っていき方については，クライエントがその感情をどのように体験しているのかによる。素材が，クライエントが普段扱い慣れているものよりも流動的なものである場合は，特にセラピストは，その素材に焦点を当てて，それを触ってどのように感じているかを丁寧に尋ねるとよい。「あなたが感じていることを教えて下さい」という言葉かけは，**感情**的要素を扱っていくのに最も基本的な問いである。これはクライエントが制作中あるいは制作後に感情を抱くことをある程度想定したものである。そのように問うと一問一答式に「はい」とか「いいえ」で答えるのでなく自らの言葉で語るのを促すことができる。反対にクライエントが自分の感情を経験しそうになっている時には，言葉にしな

い方が良い。ここでセラピストが言語化してしまうと，それは非難している意味合いになるかもしれず，クライエントとのつながりを切ってしまう恐れもある。それよりも，クライエントに，そのイメージを作った時の感覚や知覚，行動，その結果としてどのような気持ちになったかについて説明してもらう方が，治療的な議論を深めることになる。他にも，「この絵の中にいるとどう感じますか？」や「この絵の中で表現されている感情について話してみて下さい」など，感情に焦点を当てた質問をすることも有効である。

感情的な情報処理を促すために，セラピストはクライエントが気持ちを説明する時の言葉選び等に注意深く耳を傾けなければならない。感情を表現することに慣れていないクライエントは，感情についての質問に対して，意見や批判，説明で返してしまうことがある。例えばイメージで表現されている気持ちについて答えるように求められると，「母のアルコール依存症を表現しているような気がする（I feel like ～）」等と答えるかもしれない。ここで「感じる（feel）」という言葉が含まれていると，まるで感情について述べているのかと思うのだが，セラピストは注意深く耳を傾けた上で，「それはあなたが考えて（think）いることのようですね。あなたが感じている（feel）ことについてよく考えてみて下さい。気持ちとは，怒り，恐怖，喜び，悲しみなどを指すのです」などのコメントを使って，感情的な処理に戻す手助けをすべきである。「私は～のように感じる」というような言い方で自分の思考を表現しがちな人に対しては，こういった感情の目的と機能についての心理教育が必要であろう。

8. 感情の創発機能

感情的要素の創発機能は，感情をきちんと認識すること，その言語化，そして可能であれば感情を伴った象徴的なイメージを心の内に内在化させることである（Lusebrink, 1990, 2016）。本章で述べたように，多くのクライエントは，自分が何を感じているのかについて気づきにくく，感情的な話題について話し合う力を欠いたままセラピーを受け

にやってくる。知覚／感情レベルのワークを注意深く導入することで，クライエントは感情に対する気づき始める。すなわち，感情を認識し，区別し，適切に表現することができるようになるのである。感情を表す語彙を持たなかったり，感情にラベルをつける力がなければ，それ以上の議論ができない。逆にクライエントがそれをきちんと表現する語彙があれば，感情経験から内省的距離を置き，それについて話し，そこから学ぶことができるのである。

感情的なレベルのアート活動の中で，知覚的要素をうまく使うと，脅威を与えない形で感情体験を導入できる。ものの形，境界線，限界に目を向けて知覚経験を大切にすると，圧倒されてしまうような感情も安全に抱えられる。クライエントが感情経験をよりよく理解するのに有効な方法として「心の状態（mind-states）- 気分の状態（mood-states）」というワークがある（Graves-Alcorn & Kagin, 2017; Lusebrink, 1990）。6インチ×9インチ（15cm×23cm）の小さめの紙を8～12枚使って基本的な心の状態 - 気分の状態の絵を描くものである。その感情のリストは，セラピストが提示したり，クライエントと一緒に作ったりする。基本的な感情状態とは，不安，怒り，冷静，満足，好奇心，嫌悪感，興奮，恐怖，幸福，悲しみ，驚き，思いやりである。このように紙のサイズを小さめにすることは，そこで感情を抱えるためであり，そのためにセラピストは抵抗性の高い画材を選んだりすることもある。逆に表現を促進するためには流動性の高い画材を選ぶこともある。

紙の裏面にはその感情が何であるかを言葉で書くが，他者からは表面のイメージ（絵）だけ見ても何の感情なのかはわからない。セッションの後半（あるいは後のセッション）では，クライエントに，自分の描いた表面（おもて）を見て，形式的要素（形・色・線等）だけに基づいて分類してもらう。そうして分類していくうちに，生まれ育った家庭や現在の生活の中で影響を受け，混乱していた感情があることがわかり始めることがある。例えば，たくさんの感情の中には似たような生理的特徴がある。ある感情では，心拍数と血圧が上昇し，筋肉が緊張し，発汗が始まる（Cozolino, 2017; Ekman, 2007;

Plutchik, 2003）のだが，子どもの頃に家族の中で怒りを表さないように求められていると，大人になっても興奮や不安を怒りの感情と混同し，それらの生理的な類似性によって，すべての感情を抑圧してしまうかもしれない。図版3には，ある女性の「心の状態 - 気分の状態」である。このクライエントは絵を分類しているうちに，上部に描かれている「怒り」と下部に描かれている「興奮」を混同していることに気がついた。彼女にとってこのワークは，感情の混乱を解き，正確な感情を表す語彙を開発するための最初のステップとなった。

　このワークのフォローアップでは，クライエントに「4つの主要な感情」に注意を向けさせ，できる限りその4つが異なる絵画表現となるように指示する。12インチ×18インチ（30cm×46cm）の紙を2回折り，6インチ×9インチ（15cm×23cm）の4つの区分に分け，描くスペースを小さく制限した上で怒り，恐れ，幸せ，悲しみの4つの主要な感情を描いてもらう。図6.1は4つの主要な感情の例である。このワークでは，その4つの感情を線，色，形の使い方において，でき

るだけ違う描き方をしてほしいと強調することが重要である。描く前にクライエントには，それぞれの感情を確かに経験した時を思い出してもらいながら，その感情を再体験した上で，それぞれの特徴をイメージし，描くように伝える。ひとつひとつの感情状態に焦点を当てることで，4つの主要な感情が持つ異なる**感情的・認知的**側面についてクライエントを再教育するのである。

　もう1つ別のワークとして，クライエントが内省的距離を保ち，原因と結果という視点で感情を眺めるものがある。対象は，子ども，青年，大人である。**知覚**的要素のワークとして，まずクライエントには雑誌の中からいろいろな顔を切り抜き，さまざまな感情を示す表情のコラージュを作成するように求める。その後，ひとつひとつの顔の表現の前に何が起こったと思うかを考えてもらい，その後の結果がどのようなものであったかについても書いてもらう。この活動によって，「感情は次の行動に移る前の一種のシグナルであり，それに対してどう反応するかを選べる」ということを教えることができる。

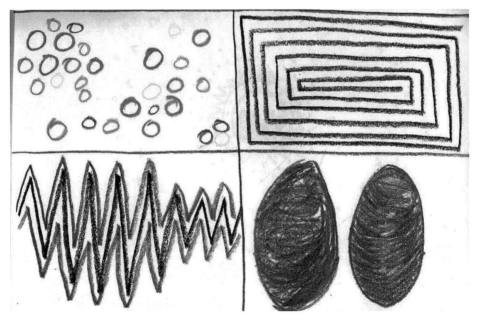

図6.1　「4つの主要な感情」を描くワークは感情の弁別に役に立つ。左上から始め右回りに描き進める（ここに描かれているのは幸せ，不安，悲しみ，怒り）

9. 感情的機能を阻むものを乗り越える

　感情処理の抑制が特徴となる DSM-5 の診断には，心的外傷後ストレス障害，強迫性障害，身体症状，物質使用障害（APA, 2013）等がある。[アートの創作において] その感情処理の抑制は，クライエントの表現スタイルおよび創り出された作品そのものに表れる。感情がブロックされるのを，アートを通して治療的にワークスルーすることが，セラピストの主要な課題の1つとなる（Collie et al., 2006; Hanes, 2007; Haeyen et al, 2015; Kagin & Lusebrink, 1978b; Lubbers, 1991; Morgan et al., 2012; Visser & du Plessis, 2015）。先に述べたように，ETC の**感覚**的要素で作業すると，**感情**的な処理が喚起されることがある。感覚的に豊かな素材を使用する際には，注意は感情を生み出す感覚の質に向けられる。イライラした感覚や嫌な感覚，あるいは穏やかな感覚に焦点を当てると，これまで感情を捉えにくかった人にとっては，感情経験への入口になるであろう。しかし，一方でそれによって再トラウマ化を引き起こすことがないように，クライエントのニーズと素材の特性のバランスを考えて提供しなければならない（Kalmanowitz, 2016; Kalmanowitz & Ho, 2017; Naff, 2014）。

　抑圧された感情の調節の難しさは，身体症状の発達とも関連している（Taylor et al., 1997; Waller & Scheidt, 2006）。心身症疾患を持つクライエントは，健康上の愁訴の背後にある圧倒的な感情に悩まされているかもしれない。このような身体症状は，手に負えない感情に対する防御であり，また感情の存在を伝える手段としても機能している（Lacroix et al., 2001）。このように身体化を起こしているクライエントを対象としたアートセラピーの目的の1つは，抑圧された感情に声を与えることであろう。感情的な葛藤がイメージを通して表現されると，身体的な手段で葛藤を表現することがなくなるのである（Lacroix et al., 2001）。Elkis-Abuhoff ら（2008）は，パーキンソン病患者の身体症状を軽減するために粘土を利用し，その有効性を実証した。粘土を使って作業することで感情的な苦痛が緩和され，身体症状が軽減されたのである。また身体症状症のクライエントに，4つの基本的な感情（怒り，恐れ，幸福，悲しみ）を異なる色で連想してもらい，それらの感情を経験している身体の部位を，その色のマーカーで塗っていってもらう「感情のボディマッピング」というワークがある。これによって感情と身体症状の関連が見出された（Hinz, 2006）。

　失感情症は感情を意識的に経験することができず，それを説明する言葉も持たない疾患である（Meijer-Degen & Lansen, 2006; Taylor et al., 1997）。失感情症は，感情よりも論理的思考を重視する我々の社会的価値の極端な状態と言える（Greenspan, 2004）。事実上，私たちのアメリカ文化では，ほとんどの人々は感情を抑え，うわべのストイックさを見せることで社会に適応させられている。このストイックさは，「規範性男性失感情症（normative male alexithymia）」（Levant, 2003）の人に特に当てはまり，感情を言葉で伝えたり，視覚的に表現することができないのである（Trombetta, 2007）。アートセラピーは，失感情症に苦しんでいるクライエントが感情を認識し，命名するだけでなく，日常的にも感情表現ができるという意味で有効であった（Hinz, 2006; Meijer-Degen & Lansen, 2006）。上述のいろいろなアートのワークを通して，**感情を識別・命名**した後，アートを使えばいつでも安全に感情表現できることを伝えることができる（Hinz, 2006）。それによってクライエントは，小さなノートと色付きのマーカーさえあれば，以前は明らかにならなかったであろう感情を表現することができる。図 6.2 はそのような感情の絵日記の使用例である。

　日記の形式で安全な表現ができるようになると，次に異なる形の感情表現へ発展していくように介入する。このようなアートセラピー体験の最終的な目標は，クライエントの情動知能，すなわち感情の理解，感情表現，そして感情調整する力を高めることであり，それと同時に感情を行動の指針として利用することである（Ekman, 2007; Haeyen et al., 2017; Taylor et al., 1997）。

図 6.2　感情的要素でのアート表現の例：感情の絵日記が感情表現を抱えるのに役に立つ

10. 過剰な感情の使用にバランスをとる

　感情作用の過剰とは，感情処理の戦略に極端に依存したり，全く排除したりすることを言う。ETC の**感情**的要素が過剰に使われると，形が歪んだり失われたりするが，そうなると圧倒的な感情に脅かされたり，環境や人に感情が投影されてしまったり，さらに感情に翻弄されて攻撃的，破壊的な行動をとってしまうのである（Cooper & Milton, 2003; Lusebrink, 1990）。感情の過剰使用は，重度の気分障害，不安障害，境界性パーソナリティ障害に見られる状態である（Haeyen et al., 2017）。

　激しい感情が襲ってきたり，日常的に行動化してしまっている場合に，アートはそれに対処するツールとなる。自傷行為にふけるのではなく，精神的苦痛を表現する方法として，アートがあり，耐え難い感情を行動に移す代わりの具体的手段となる。また，苦しい感情をアートで表現することによって，次第に攻撃的な感情を受け止められるようになり，それまで脅かされていた感情に圧倒されなくなってくる（Cooper & Milton, 2003; Haeyen et al, 2017）。過食症のクライエントが自己誘発性嘔吐によって吐き出しているであろう感情は，紙の上に吐き出すことができる（Hinz, 2006; Levens, 1995）。面倒な感情を繰り返しアートで表現することよって，激しい感情への許容レベルが高くなってくる。加えて行動化をしてしまうクライエントが，耐え難い感情をただ吐き出すだけでなく，他者に伝える手段としてアートが使えることを学べると，治療上非常に有益となる（Levens, 1995）。Levens によると，アートを通して単に感情を吐き出すのではなく，感情ときちんとやりとりすることができると，大きな治療的な成長につながると言える。

11. 要約：感情における治療目標

- 感情への気づきを高める
- 自己や他者の感情を理解することができるようになる
- 感情を認識できるようになる
- さまざまな感情を区別していけるようになる
- 効果的かつ肯定的に感情を調節できるようにサポートする
- 適切かつ創造的な感情表現を促す
- ネガティブに行動化せず，感情を和らげられるよう強化する

● 感情を表す語彙を増やし，感情的で象徴的な
　イメージの内在化を促す（創発的機能）

12. 事例

導　入

　ダンは27歳独身の中国系アメリカ人で，郊外
にある救急外来病院所属の看護師だった。彼は病
院で行われていたストレスマネジメントのプログ
ラムで，アートセラピーのことを知った。自分で
はアートセラピーを受けようとは思わなかった
が，職場の上司から「時折欠勤することについて，
何かしなければならないのでは？」と勧められた
そうである。ダンは，頭痛，腰痛，胃の不調のた
めに週に平均1回シフトを欠勤していた。自分の
症状について，救急治療室の医師にそれとなく相
談しており，何度か，かかりつけ医にかかったが
痛みは緩和されなかった。ダンは，「正式に診断
されたことはないが，自分の症状は過敏性腸症候
群，片頭痛で，十二指腸潰瘍の可能性があり，慢
性的な腰痛もある」と述べ，医師に薬を処方して
もらうことはせずに，多くの市販薬を服用してい
た。救急外来の仕事は常に挑戦的で，状況を即断
して瞬時に対応せねばならないし，「アドレナリ
ンが出る」仕事なので，自分は仕事を愛している
と述べた。12時間のシフト制勤務と病気の狭間
に，適度な社会生活を送る時間はなく，日曜日に
両親と大学院に通っている妹と一緒に夕食をとる
くらいであった。

機能レベルの評価

　アートセラピーの最初の3回では，さまざまな
種類の画材が提示され，自分の好きな素材を使用
するように言われた。ダンはマンガを描くことが
好きなので，はじめのうち先の細い油性マーカー
を使って，過去から現在までの人生を物語るマン
ガを描いて見せた。そして南カリフォルニアで，
中国人の上流階級のハーフコミュニティで育った
子どもの頃の自分を描いて見せてくれた。ダンが
生まれた時に台湾から移民してきた両親は，卓越
した学業，音楽のパフォーマンス，そして中国語

とその文化を大切にしていた。ダンは学業面で優
秀な成績を収め，中国の伝統文化をしっかり学べ
ば，両親は自分のことを誇りに思ってくれるとい
うプレッシャーを感じながら成長してきたことを
マンガによって表現した。そして医者ではなく看
護師になるという決断をしたことで，いかに両親
が深く失望したかを絵で教えてくれた。高校を卒
業する頃にはすでに学業のプレッシャーで燃え尽
きていたので，大学の4年間を乗り切ることが精
一杯だったと述べ，自分は中国人学生のステレオ
タイプではなかったと笑いながら話した。両親の
失望に対し，その時どう感じていたのか尋ねられ
ると，「大丈夫。何も問題ありません」と答えた。
また何らかの感情に関連がありそうな話題が出た
時も，同じような反応を示した。

　細いマーカーを選んだり，マンガの中で細かい
線画を計画して描き表すのを好むことから，ダ
ンがETCの認知的要素で情報を処理しているこ
とが明らかであった。また幼少期の痛烈な物語を
淡々と語る様子や，なんでも「大丈夫，問題ない」
と片づけてしまう態度からも，認知的な情報処理
戦略が支配的であるという印象を受けた。アート
セラピストは，文化的な背景や性別，そして性格
要因が混ざりあって，ダンは感情的な反応を抑制
しており，その抑圧された感情が，未解決の身体
症状の原因の1つであるという仮説を立てた。ダ
ンはアートセラピーの中で少しでも感情的要素を
とり戻し，感情の理解と表現が進むことをその
ゴールにすることをセラピストと話し合った。

認知レベルから始める

　これまで述べてきたように，感情的な反応は
往々にして，鮮やかな色の素材や流動的な材料の
使用によって刺激されることがある。しかし，こ
れらの材料がすべて利用できた時にも彼はそれを
選ばなかったことから，アートセラピストはこう
いった明るい色や流動的な素材を急に導入するこ
とはあまりにも大きなシフトチェンジになるだろ
うという仮説を立て，その代わりに，色の要素を
コラージュを使って導入することを考えた。コ
ラージュは，コントロールがききやすく認知的な
経験であるが，選ぶ紙片の内容には気分や感情を

表現することができる。ダンは最初，いろいろな表情のイメージを見つけるのにたいへん苦労した。最初の作品のコラージュは，すべて笑顔の表情であった。

制作の後，完成したコラージュについて話し合った時，ダンは，広告で幸せそうな表情の写真だけが使用されるのは，そうでないと物が売れないからであると述べた。セラピストがなぜ幸せそうな顔の写真だけなのかを尋ねたわけでもないのに，そういう彼の答え方は，自分は幸せ以外の感情表現を避けていることを自覚しているとほのめかしているようであった。

図6.3は2枚目のコラージュで，さまざまな感情表現を含む顔の作品である。アートセラピストと話し合う中で，コラージュが表していそうな感情に名前をつけたり，それぞれの感情に至るまでに何があったのかを考えたり，その結果として何が起こるのかを想像したりした。アートセラピーで体験したこのような感情の学習を強化するために，セラピストはマンガでさまざまな感情を表現する練習をしていくことを勧め，彼は喜んでそれを実行した。その後のセッションでは，似たよう

なコラージュ作品を2つ作り，アートセラピストと話し合った。

感情反応

コラージュの導入がある程度成功した後，アートセラピストはダンにチョークパステルを試してみるように告げた。流動的で色鮮やかな色の特性を持つパステルを使うことは，**感情的要素の機能**を刺激するだろうと思われたのである。ダンは最初，マンガを描くのと同じような正確な描線をパステルで描こうとしており，たじろぐ姿があった。しかしアートセラピストは，パステルのさまざまな使い方を実演して見せ，彼に試しみるように告げた。だんだん彼がパステルを使うことに慣れてきたので，次は自由に絵を描くことを勧めた。彼はセッションの残りの時間を使って図6.4のような絵を描いた。セラピストはその絵をオフィスで保管するが，次回までにそれについてよく考えて，次の時に話し合おうと告げた。次の回，彼は前回のセッションからこの1週間は他のことは何も考えられなかったと報告した。彼は，絵を描いたことは1つの「啓示」だったと述べた。そして，自

図6.3　さまざまな感情の表情を集めたコラージュ

分が職場で中毒になるような刺激的なストレスを引き受けてしまい，それらは表現されることなく自分の身体に入っていって，頭痛や胃痛などの身体的な症状を引き起こしていたこと，また仕事でストレスを抑え込んだことが，自分を病気にさせていることがわかったと述べた。

次の数回のセッションでは，ダンはパステルを使って，仕事のプレッシャーに関する感情を吐き出すためにさまざまなイメージを描いた。その中でさまざまなルートと出口を示す絵を描いたが，それは彼に大きな満足感をもたらした。ダンは，アートセラピーのセッションを始めてから，身体の痛みを感じることが少なくなり，病気で仕事を休むほどではなくなってきたと話した。アートセラピーが継続的な感情の発散口となって，自分の生活の質を向上させることができたと述べた。その後に続くセッションでは，文化的・ジェンダー的な側面から影響を受ける感情に焦点を当て，アートや人生の中で感情表現がより充実するように支援を行った。

13. まとめ

ETC の**感情**的要素は，特定の素材を使ったり，イメージを形づくることを通して喚起され，また表現される感情と関連したものである。**感情**的情報処理がブロックされて利用できないような障害，すなわち失感情症や身体症状症，その他の精神疾患のような場合では，感情に関わる情報は命名されず，処理されず，生活の中でも活用されない。一方で，気分障害や境界性パーソナリティ障害，攻撃的で破壊的な行動をとるような場合は，感情は圧倒的なものとして経験され，感情反応が過剰となることがある。**感情**的要素の治療的機能

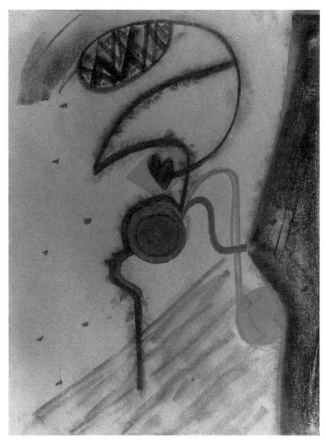

図6.4　感情的要素での描画表現の例：クライエントはこの自由画により，ストレスがからだの症状に関連していることに気づいた

表 6.1　感情的体験の例と治療的機能および創発機能

感情的なワーク	画材と手順	治療的機能	創発機能
音楽に合わせて描く	さまざまなタイプの音楽 CD；絵画材料	音楽によって湧き起った感情や気分を視覚的に捉える	感情を識別し，命名する能力
心の状態－気分の状態	描画用画材；本章の手続きを参照のこと	図式的に表すことによって感情を安全に表現する	感情を命名する能力／感情状態の語彙の充実
4 つの主な感情	描画用画材／ 30 × 46cm 用紙を 2 つ折りにして 15 × 23cm を 4 枚作成し，感情を描かせる（怒り，恐れ，幸せ，悲しみ等）	図式的に表すことによる安全な感情表現	それぞれの感情を区別する／感情を表す語彙をより発達させる
顔のコラージュ	雑誌，紙，のり／さまざまな顔の感情表現を識別し，その原因－結果を考える	感情の識別	シグナルとしての感情と感情に対応する選択肢を強化
抽象的感情	絵画材料；線，色，形を使って気持ちを表現する	非侵襲的な感情表現	安全なやり方で感情が表現される 内省的距離を増やすことにより話し合いを促進する
感情のボディマッピング	身体の輪郭，マーカー／クライエントは自分が感じる 4 つの基本的感情（怒り，悲しみ，恐れ，幸せ）を感じる身体の場所に色付けをする	感情が身体症状に関連することへの気づき	身体症状を軽減するために感情表現を発展させる

とは，感情への意識を高め，衝動に対して建設的な感情表現ができるようにサポートすることである。クライエントには，アートが感情の破壊や自己破壊の脅威に見舞われることなく，気持ちを伝える方法となり得ることすなわちアートセラピーは，感情的な言語であることを教えるものである。またアートの経験は，クライエントに自分の感情に名前をつけ，識別し，表現して安心に変えることができることを教えるものなのである。

ETC の**感情的要素**の創発機能は，感情的な経験から十分な内省的距離を得て，感情にラベルづ

けし，考え，そこから学ぶことである。また感情を伴ったシンボルあるいは個人的なシンボルを心の内に内在化させることも創発機能となる。感情的な反応は，しばしば ETC の**認知／象徴**レベルの機能を引き出すのである。

感情的な機能は，明るい色や暗い色の素材や流動的な素材によって促進される。この章で取り上げた**感情的要素**を使ったアート体験について，使用する材料や教示，それぞれの感情的な体験に参加した結果，期待される治療的・創発的な機能を表 6.1 に示した。

第**7**章 ETCの認知的要素

1. はじめに

ETCの中の**認知**的（Cognitive）要素を伴う作業では複雑な思考過程が重視される。思考過程とは，抽象的な概念形成，分析的で論理的な思考過程，認知地図，現実に即した情報処理，ストーリーテリング，複雑な課題を遂行する際に自分に言い聞かせること〔自己教示〕等が含まれる（Kagin & Lusebrink, 1978b; Lusebrink, 1990, 1991b, 2016）。アートを用いた作業の中での問題解決にとって，認知レベルは重要な部分であり，治療的に用いられる要素でもある。さらにアート活動の中の**認知的要素**の機能は，さまざまな素材の物理的特性に基づいて素材を分類する力や対象物の相互の関連をみる力，そして事象を時間軸に沿って整理する力などを含んでいる（Kagin & Lusebrink, 1978b）。

多くのアート体験には**認知的**な情報処理が必要となる。例えば絵を描くことは多くの計画や決定を伴う作業であるため，幼い子どもの認知能力や問題解決スキルは，描画に関わることによって改善する（Morra, 2008）。つまり描く中で，どこから描き始め，どの方向に向かって描き，空いている空間と関連してどのくらいの大きさにするか等を子どもは決めなくてはならない。加えて，どの形を最初に描き，どのようにそれぞれを関連づけるかを考え，最後に，どのように絵の細部を描き加えるかといったことを計画しなければならない（Thomas & Silk, 1990）。しかしながら，それだけが，ETCの**認知的**要素に焦点を当てた認知活動の全容ではない。ETCにおける**認知的**なアート活動は，意図的で熟慮された思考過程がさらに含まれる。そこでは，計画し，意思決定し，順序に沿って問題解決を図っていくような集中的な努力を要するのである（Lusebrink, 1991b, 2016）。

いろいろな特性の素材を試し，イメージとして取り込むことは，それを使って制作するために必要なことを理解するのに役立つ（Lusebrink, 1990）。素材の特性を心の中にイメージの形で内在化できると，制作にとりかかる前に，起こり得る結果を想定しやすくなる。つまり**認知的要素**とは，これまでみてきたETCの他の要素やレベルとは質的に異なり，それまでの過去の経験から次に起こる経験をイメージして考えることを指すのである（Lusebrink, 2016）。

2. 発達階層

4−6歳になると，子どもは他の人が自分と違う考えや信条を持っていることを知っている。その後，成長して思春期になると，出来事を別の視点から評価できるようになってくる（Singer, 2006）。実行機能は，反応抑制，ワーキングメモリー，そして認知的な柔軟性からなる（Diamond & Ling, 2016），それらによって一連の行動を計画し，行動を統制できるようになり，思春期の間も引き続き発達し続ける（Cozolino, 2017; Donders, 2002）。**認知的**要素は，抽象思考能力を要し，複雑な思考や価値を伝えるために言葉を使用する点で，他の要素とは明らかに異なる（Kagin & Lusebrink, 1978b）。同様に思春期になると，より抽象的な考え方が必要となり，それより早い発達段階でみられた具体的体

験やスキーマから解放されるようになる。思春期
より前段階では，子どもの認知は具体的体験に基
づいており，一見異なった対象や出来事間の類似
性といったものが理解できないことがある。

　思春期になると抽象思考が可能になるのだが，
そこではいくつかのことが集中して生じる。注意
スパンが長くなることと，自律性（自律的思考を
含む）が高まることが同時に起こり，基礎的な知
識は学校や幅広い人生体験で広がっていく。また
問題解決の方略がより効果的になって，自身の思
考過程へのメタ認知が進んでくる（Arnett, 2006）。
思春期になると，出来事や物事の具体的事象を実
際に見なくても，概念で考えられることができる
ようになり，いわゆる形式的操作期と呼ばれる時
期において，抽象思考を通して，現実として受け
取れるようになる（Piaget, 1969）。

　高齢者の場合，文化の違いに関係なく，健康で
あっても記憶や実行機能を含む認知機能は加齢と
ともに低下する（Farias et al., 2018; Kramer et al., 2007;
Lin et al., 2007, Tucker-Drob, 2011）。幼少期や青年期に
発達した認知機能は，やがて脳委縮や新しい脳血
管が作られなくなることで減少していく（Kramer
et al., 2007）。アルツハイマー型認知症などの認知症，
せん妄など，高齢者に多い疾患では，加速的に進
行する認知機能の低下が特徴である（Silveri et al.,
2007; Stewart, 2006; Wald, 2003）。**認知**的要素を用いた
アートセラピーは，精神機能を高めるために高齢
者の治療でよく用いられる（Stallings, 2010; Wald, 1984,
2003）。**認知**的なワークを行い，〔目の前に見える〕
現実にフォーカスすることで，短期記憶の喪失，
喚語困難，処理速度低下といった自然に生じる認
知障害の低下を抑え，その代替スキルの構築に役
立つのである（Landgarten, 1981; Lee et al., 2018；Wald,
2003）。Lee ら（2018）は，週1回のアートセラピー
により，高齢者のクライエントの全体的な記憶と
注意が，音楽療法と無治療の統制群よりも改善し
たことを明らかにした。さらに，ワーキングメモ
リと実行機能は，アートセラピーのセッションの
頻度が隔週に減少したにもかかわらず，さらに6
カ月間にわたって維持できた。

3. 身体化された認知

　21世紀に入って以来，身体化学習[訳注1]理論で
は，経験していることを一貫したナラティブに変
換する際に，身体の役割が果たす重要な役割に
ついて論じられてきた（Tobin & Tisdell, 2015）。つま
るところ「身体化認知仮説とは，概念というも
のを形づくるフォーマットとは感覚運動的なも
のであり，抽象的，非形式的（amodal），象徴的
なものではないという主張のことである」（Mahon,
2015, p.172）。実際，それがアートセラピーの特徴
である感覚運動的（sensori motor）な体験こそ
が，言語的な心理療法よりも効果があると言われ
る時の1つの要素なのである（Moon, 2016; Carolan &
Stafford, 2018）。触覚や視覚からの情報が加わるこ
とで，アートは心だけでなく，身体で体験するこ
とができる。アートは意味づけや象徴化と関係
する行為ではあるものの，周りの環境との，個
人的で物理的な相互作用の産物なのである（Koch,
2017）。アートセラピーにおけるこの情報の身体化
が，注意力，ワーキングメモリ，実行機能を高
め，それによって自己物語（self-narrative）を高
めることが示されており（Lee et al., 2018），ETCの
認知的要素での作業を通じて強調されたスキルで
ある。アーツセラピーの身体化された性質に関す
る詳しい記述については，Koch（2017）を参照し
てほしい。

4. 認知の治療機能

　ETCの**認知**的要素の治療的側面は，1つの具
体的体験を他の状況に般化する能力である。そし
てこの要素では，認知的に問題を解決するスキル
が重要視される（Lusebrink, 1990）。第3章で紹介し
たように，運動感覚が過剰な注意欠如・多動症の
クライエントは，行動を認知的にコントロールで
きるようになったことで大いに利益を得ることが
できた。また，感情的に圧倒されて巻き込まれて

訳注1）注意，知覚，記憶，推論など，認知のさまざまな
　　　機能は身体の影響を受けていて，認知の特徴は身体の特
　　　性に依存し，形づくられるという考え方。

しまっているクライエントには，因果関係を考えさせたり行動計画を立てさせたり，行動の後にふり返りを行うというような認知スキルを強化する作業が有効である。

ETC の認知的要素の治療的な機能とは，個人が必ずしも実体験をしなくても，ある具体的な経験から得られた知識を，他の生活の領域に応用することである。それによってクライエントは，1つの経験から得た教訓を，自分の人生の他の領域に関連づけることができる。2歳の子どもは，ストーブのバーナーに触れたら熱いという経験から，コンロも同様にやけどすることを学ぶかもしれないが，この知識を，電球や暖房器具など，他の熱いものに応用するには，もう少し直接的な経験が必要となる。一方，年長児や青年は，熱いものは，やけどすることを理解できるので，他の熱いものに触れなくても，それが実際に熱いことを知っている。

認知的要素でのアートセラピーは，具体的体験を超えて一般化することを学ぶ1つの方法である。つまりイメージというものは，いろいろな考えが関連する抽象的な原理・原則の基礎を形成するものなのである。加えて，アートセラピーは心理的な問題に発展し得る中核信念のような抽象思考を見直す上で大いに役立つ (Rosal, 2016a; Singer, 2006; Steele & Kuban, 2012)。例えば子どもの頃，性的虐待を受けてきたある青年の事例では「自分は無力だ」という中核信念を持っていた。その結果彼は，いつも無力感を持ち，薬物を使用し，虐待的な性的出会いを繰り返してコントロールがきかない状況にあった。ETC の認知レベルでワークすることで，この青年は「自分は力強い」という信念を表現するイメージを作り始めた。セッションで話し合う中で，図 7.1 に示されたイメージのような適切な自己主張ができる行動を強化していくことができたのである。

5. 認知体験の例

Gabriels (2003) や Silver (2001) の行った認知的要素を使った〔セラピーの初めに行う〕ウォーミングアップは，学習障害や知的障害の人が視覚や

図 7.1　タイトル「私は力強い」
認知的アート体験により示された自己主張

空間理解を改善するのに非常に役立った。そのワークとは，左／右，上／下，前／後ろといったような対象間の関係を観察し，描写し，名づけることに重点を置いたものであった。また，もう1つ別のワークとして，あらかじめ紙に輪郭が描いてあるところに，いろいろな形の紙をあてはめて貼る課題が知的障害，学習障害，自閉傾向のある人の認知機能を高めるために用いられた。この方法だと，クライエント個人の発達や機能レベルに合わせて，〔当てはまる紙の形や大きさ等で〕課題の複雑さを調整でき，より複雑な空間や順序，分類の概念を獲得できる。

アート素材の扱い方の説明にきちんと耳を傾け，指示に従えることは，社会的（コミュニケーション）スキルに基づく認知的な機能である。アート素材を使うワークの視覚的特性は，自閉スペクトラム症の子どもたちが〔視覚的な手がかりによって〕コミュニケーションを学習する手助けと

なる（Gabriels, 2003；Schweizer et al., 2017）。Roth（2001）は，アートセラピーにおいて，放火を犯した思春期の少年が 2D と 3D の家を作成することによって，自分が引き起こした物理的・感情的な被害と事の重大さを，よりよく理解できたという例を紹介している。また Hoshino（2016）らが行った家族アートセラピーでは，〔話すだけでなく〕家族が有形で触れられる作品を生み出すことによって，複数の年代層を含む自分たち家族のダイナミクスのパターンを抽象的に理解し，読み解くことができたとしている。

また，Silver（2002）によるアートセラピーは，予測して描く，観察して描く，刺激となる描画から想像して描くといった認知的活動を含んでいる（Silver, 2002）。Silver によると，描画に使用するためのあらかじめ決められた刺激を個人に提示することで，自由度が高すぎて，不自由に感じることから解放されるという。その「刺激描画法」では，クライエントは 50 枚の小さな刺激描画の中から 2 〜 3 枚を選び，それらを組み合わせて，描画の中で何かが起こっている様子を作成する。この作業には，選択，結合，投影，表現，記述という認知スキルが必要である（Silver, 2002）。

「テーマを指示されて作るコラージュ」では，ある言葉に沿ってイメージを切り取り，作品を作った後，それを詳しく説明することはクライエントにとって，選択，結合，表現，説明を要する作業である（Landgarten, 1981）。このような高次の認知プロセスは，クライエントが人生の選択や核となる信念について考える際に，治療的に用いることができる。さらに，コラージュはさまざまな感覚を用いる多層的な特徴を持ち，それゆえに**象徴**的な要素への移行をおし進めることができる（Bird, 2018）。また「メリットとデメリットを考えるコラージュ」のような，イメージを比較するコラージュ（Horay, 2006; Linesch, 1988）も，複雑な思考と行動を必要とする認知活動であり，予測能力を高めるために用いることができる。

Lusebrink（1990）によると，複雑な手順を要するアートセラピー課題は明らかに認知的な特徴を持つ。第 2 章で説明したように，複雑な手順を含む体験には，完成するために多くのステップが必要である。入り組んだ行程になると，思考，記憶，計画において相応の努力が必要であり，さらなる認知機能を要する。例えば，子どもの頃の「家の間取り画」を描くことがその例である。特に近親者による性的虐待のサバイバーを対象としたアートセラピーにおいて，セラピー開始時の強い感情を抱える方法として用いられる（Hinz, 2006）。「家の間取り画」を実際描くためには複雑な認知プロセス，すなわち想起し，視覚化し，計画することが含まれるので，感情エネルギーが安全に抱えられるのである。

「ライフライン」は，また別の認知的ワークであり，クライエントが過去の体験をふり返り，その体験を現在の行動と関連づけて，さらに将来の計画につながるように援助するものである。「ライフライン」では，クライエントは大きな紙を用い，出生から現在までの人生の浮き沈みや紆余曲折を表す線を描く（Graves-Alcorn & Kagin, 2017; Martin, 2003）。人生に起こるライフ・イベントが線の方向性や質等を決めるため，「ライフライン」そのものが，人生の節目やその時の経験と相関するのである。他にも同じ「ライフライン」を 3D 素材を使って表現してもらう方法があり，それによって人生経験を明確に具現化させることもできる（Stace, 2016）。2D でも 3D でも，「ライフライン」を完成させるために，自分の人生の出来事を思い出して評価し，抽象的に人生を表現するという複雑な思考プロセスを用いなければならない。それにはたいへんな認知的努力を要するのだが，〔もし過去にトラウマがあれば〕それを思い出すことは，激しい感情に見舞われることになる。そのトラウマを冷静にみつめ，表現できるようになるには，セラピストが，クライエントを注意して導くだけでなく，そこには十分な時間と空間が必要となるであろう（Haeyen et al., 2017）。

「認知地図」[訳注2]は，日常生活にある場所や物事の相対的な位置をイメージする表象であり，視覚 - 空間関係を強化するのに用いられる（Redish,

---

訳注 2） 新行動主義のトールマンの言葉で，空間情報を頭の中で地図化し，理解を可能にするために図式化したもの。

1999)。「認知地図」は自己と世界，自己とコミュニティ，そしてその人の心の風景などを表現させるものである（Harmon, 2004）。また「認知地図」は，セルフケアができないクライエントに対して，感情やニーズの優先順位を整理させるために用いられてきた。Pifalo（2009）は，「視覚地図」の手法（visual mapping technique）を用いて，幼少期に虐待の影響を受けた家族のメンバーがそれぞれ〔今の〕生活に秩序とコントロールを取り戻すことを支援した。そこでは「視覚地図」の具体的な性質を利用して，参加者に過去の行動パターン（特に加害者の行動）を特定させた上で，法的な対処が使えるように援助し，そこから将来の計画を立てるようにしていった。

Janie Rhyne（1973）は「問題解決コラージュ」の方法を開発した。クライエントは初めに，できるだけ詳しく自分の問題が何かを定義するように言われ，その問題のいろいろな側面にそれぞれの色や形を決めていく。そして，それらをひとつひとつ説明するのではなく，〔全体的な〕問題解決のイメージを作るように指示される。この体験から生じるイメージ上の解決というのは，しばしば新しい概念の登場ではなく，むしろ心の中にすでにあったけれども実行できると思えなかったものが浮上してくることが多い。Hinz（2006）は第1子出産後，復職する時にいろいろな課題に取り組む女性弁護士を対象にこの技法を用いた。「問題解決コラージュ」で浮かび上がったイメージは，日の出／日の入りのイメージであった。このイメージから，自分の赤ちゃんを朝から夕方まで託児所に預けたくない，つまり託児所に預ける時間を短縮したいという目標に気づき，パートタイム勤務の希望を改めて認識した。パートタイムで働くことは新しい考えではなかったが，このワークを経て強まり，正当だと思えるようになった。

最後に，美術館とアートセラピーのコラボレーションは，認知的に優れた体験を提供することができる。Treadon（2016）は，美術館が企画を立てるにあたり，アートセラピーを加えることで，その教育効果を高める可能性があることを強調している。美術館とアートセラピーの連携は，心理社会的に難しいテーマに取り組むための枠組みとして提案されることもある（Rochford, 2017）。また高齢者を対象とした美術館への訪問とそれに関係するアートセラピープログラムを提供することにより，記憶を刺激し，認知的機能を向上させることができた（Flatt et al., 2015, Peacock, 2012）。また摂食障害のために入院している女性を対象とした自己発見と学びを促進するのための方法としても用いられている（Thaler et al., 2017）。同様にColbert ら（2013）は，アートギャラリーでの体験を活用して，重度の精神障害を持つクライエントが自分の人生の支配的な物語について考え，それを変えていくように働きかけた。これらの研究は，美術館で認知的な方法でアートセラピーが活用されている方法の一部を示している。

6. 認知的機能を高めるための素材体験

第2章で述べたように，抵抗性を持つ素材は，そもそも構成を作り出すタイプの素材であるため認知的体験をもたらしやすい。それにはいろいろな使い方があるのだが，この素材が持つ高い構成度や複雑さ（うまく制作を進めるための道具やステップが多いこと）という特徴のために，情緒よりも認知を引き起こしやすいと考えられる。また構成度の高い素材の例としては，木材，石彫，モザイクタイル作業，粘土作業（ろくろもしくは手練り），コラージュ等があげられる。

コラージュは，先に述べたように，視覚的な手段を使って概念を集め，選択し，整理し，統合するという複雑な認知タスクからなるため，認知的活動と考えられる（Chilton & Scotti, 2014）。コラージュは既存の画像を使用するため，芸術的な作業に慣れていないクライエントにとっては，描画や，絵具で描くよりも脅威を感じにくいであろう（Landgarten, 1993; Raffaelli & Hartzell, 2016）。またコラージュはゼロからものを作り出す作業ではないために，選んだり組み合わせたりする際，その経験から距離をとることができ，感情表現を制限すると考えられている。また絵を描くスキルがない人でも，自分の強みや長所を伝えるには優れているであろう（Raffaelli & Hartzell, 2016）。コラージュ作業は，

言葉の切り抜きを貼ったり，また口頭で説明する（＝言語化する）ことが多く，この点についても認知的関与を高める作業である。

前述したように，完成にたどり着くまでのステップの数を増やすことで，**認知的機能**は大きく向上する。多くのステップを要する課題では，いくつもの操作を念頭に置き，特定の順序で行う必要がある。ワーキングメモリや順序づけのスキルが活性化され，完成に必要な操作に注意が向くことで，**認知的要素**が活用されると同時に，内省的距離が遠ざかる〔内省が多くなる〕。

7. 認知における内省的距離

繰り返しになるが，内省的距離は，衝動もしくは刺激と，それへの反応との時間差を指している（Lusebrink, 1991b）。クライエントは課題の教示に従ったり，操作する際に，心の中でイメージしているため，**認知的要素**を用いた内省的距離はETCのどの要素よりも長くなる（Kagin & Lusebrink, 1978b; Lusebrink, 1990, 2016）。そこではクライエントは活動や課題を心の中でイメージしながら，反応を遅らせたり，計画したりすることができるのである。

また内省的距離の増加は，クライエントに幼少期の出来事を再解釈する機会を与える。自分の歴史を変えることはできなくても，その解釈を変えられるということをクライエントは学ぶ。記憶からのつらい感情よりもむしろ，子どもの頃に本当に起きた出来事の詳細やそれに関する客観的事実をふり返る機会となる。

また，抽象的表現も内省的距離を増やし〔内省を多くし〕，アート体験への感情的な関与を減らす可能性がある（Kagin & Lusebrink, 1978b）。実際に描いて表現するのではなく，抽象的に表現された考えや感情は，抽象性というベールで覆われるため，感情的になりにくいのである。例えば図7.2に示されたような「抽象家族コラージュ」は厚紙を用いて，色や形でそれぞれの家族メンバーを表現するものであり，具象画として表現される家族画と比べて感情的に脅かされない（Kagin & Lusebrink, 1978b）。色や形，大きさ，空間関係を利用して表現することで，家族メンバー同士の類似性や違いを，実際の身体的な特性を超えて吟味することができる。このように，抽象化することによって，人格特性，価値観，興味に基づいた複雑な家族力動についてクライエントが理解を深めることができ，家族アートセラピーでの相互作用に

図7.2 抽象家族コラージュ。このアート体験は，家族を抽象的にイメージすることで，より長い内省的距離を生じさせ，感情的関与を減らす

大いに役立てることができる。

8. 認知的機能を促進する質問と話し合い

　問題とその解決について考えさせるような話し合いは，**認知**的機能を高める効果がある。**認知**的要素を活性化させるためには，作品をどうやって作ったかを話してもらうだけでよい (Lusebrink, 1990)。人に話すと，思考は論理的な順序で組み立てられていく。また，少し作り方を変えると作品がどう変わるかを説明してもらうことによって，認知的処理を深めることができる。このような思考や説明には，具体的なプロセスを超えたところの抽象化が必要なのである。

　認知的要素では，抽象思考の複雑さを伝えるために，言語化を必要とすることが多い。何かのために濃い話し合いをするには，原因と結果をよく考えて，問題解決に臨み，意思決定をしていくような**認知**的経験がなくてはならない。クライエントになぜそういうことをしたのか，なぜそういう方法で描写したのか等と質問すると〔防衛機制の1つの〕合理化をもたらしてしまうので，やめた方がよい (Lusebrink, 1990)。「なぜ」という質問は，自分について説明しないといけなくなるので，自分についての理解を深めるのではなく，むしろ防衛してしまうことになる。そのような「なぜ」を問う質問の代わりに，もっと違うアイデアを膨らませてもらったり，イメージの部分や全体について「それについてもう少し話してみて」等と尋ねて，作品についての話し合いを充実させる方がよい。色については，クライエントに，その色から何かを思い出すことがあるか，どのような場面で見た色か等を尋ねることで，認知的な方向に進むことができる。記憶や分析機能を働かせることで，クライエントは**認知**的要素に移行するのである。

　また，作品の全体的なイメージを構成するそれぞれの要素の関係に注意を向けることで，**認知**的なプロセスは喚起される。クライエントに，イメージ各部分が，互いにどのようにつながっているかを話してもらうのである (Levens, 1990)。描かれているもの同士の具体的な関係について話すことが

できれば，それをより抽象化させて考えてもらうこともできる。例えば，作品の中で少し孤立した部分を指して，セラピストは「この部分は，全体とどのように関係しているのか」あるいは「この部分は全体の中でどのように位置づけられるのか」等と尋ねてみる。もの同士の関係性について話すことで，より抽象的な思考能力が強化されたり，一部を全体と関連づけることで，よりグローバルでかつ，一歩引いた目で状況を見れるようになる。原因と結果を考えるには，前，中，後や始め，中，終わりのような3コママンガが有効である。

　最後に，クライエントに絵のタイトルをつけてもらうことで，**認知**的機能が高まる。絵のタイトルをつけると，これまで気づかなかった問題の状況の本質を抽出することができることがある。

　ある事例を紹介しよう。28歳の白人女性は，コミュニティカレッジの提供するアートセラピーの中で，自己表現のためのアートを学んでいた。彼女がはじめに制作したのは，ハリケーンを上から見て描いたものだった。タイトルをつけるように言われた彼女は，「嵐（台風）の中の私（I of the Storm）」とした。クラスのメンバーが「なぜ台風の Eye（目）ではなく I（私）を使ったのか」と質問すると，彼女は，その間違いに気づき，うっかり「Eye」の代わりに「I of the Storm」と書いてしまったと説明した。しかし，よくよく考えてみると，アルコール依存症の母親の怒りの中心にいて，寂しさと責任を感じていた自分自身の姿が台風の中に描かれており，「嵐の中の私」というのは，ぴったりなタイトルだと気づいたと述べた。このように，イメージに名前をつけることで，複雑に表現されたものの中でも，違った層の中からの表現を見出すことができたのである。

　要約すると，**認知**的情報処理を活性化させる体験は，計画を立てること，複雑なプロセスや順序で考えること，問題解決的に考え，意思決定を行い，空間的な関係を考えたり，抽象的に思考することを含む過程を重視する。**認知**的機能を補完し，強化する素材の種類は，モザイクタイル，木材，粘土細工，コラージュなど構成度の高いものである。完成までに複数のステップを伴う複雑な活動は，**認知**的要素による処理を必要とする。いくつ

かのステップを含むことは，材料や方法を内的な表象としてイメージできることを意味し，同時に内省的距離も長くなる。また作品にタイトルをつけることは，思考を洗練させ，認知的経験を拡大させやすくする。時に，作品のタイトルやコメントがすぐに出てこない時もあるが，筆者の経験では，クライエントが認知的な方法で制作することにあまりにも没頭すると，その意味がすぐに明らかにならないこともある。

9. 認知の創発機能

　認知的要素の創発機能とは，認知／象徴軸上の〔認知の対極にある〕象徴的表象を含みつつ，言葉とイメージが相互に行き来しながら創造的に問題解決が起こる時のことを指す（Lusebrink, 1990, 2016）。

　ある状況のさまざまな側面を考えぬき，それに関する自分の考えや感情を表すイメージを創ることで，しばしば新しい可能性が明らかになってくる。こういったプロセスの例が顕著なのが，先に述べた Rhyne（1973）による「問題解決コラージュ」である。Rhyne は問題状況のいろいろな側面を表すために，さまざまな形や色のシールを用いた。紙は，新しい考え方を構築するために，古い考え方を破棄するという意味で破り捨てることができる。

　ドロシーは 64 歳の白人女性で，将来に苦悩し，アートセラピーを受けにきた。彼女は退職が近づいていて，その後，85 歳の母親をどのように介護するかで悩んでいた。母親はいよいよ弱ってきたが，大きな健康上の問題はなかった。母親はドロシーとは違う町に住んでおり，介護付き高齢者住宅に移ることは考えていなかった。ドロシーは数セッションにわたって母親を介護付き高齢者住宅に入居させたい理由と必然性について話し，それについて議論を重ねた。アート作品を作ることもそこそこに，彼女は執拗に話し続けたが，4 回目のセッションでは，母親が今住んでいるところと介護付き高齢者住宅に移ることのメリット・デメリットのリストを書き出した。

　5 回目のセッションで「問題解決コラージュ」に取り組み，図 7.3 のイメージを作りあげた。彼女は今の状況について 5 つの問題点を考え，それぞれを表す色を選び，リストにした。その後いったんそのリストを片づけてから〔色で表す問題自体には注目しないで〕，切ったそれぞれの色のティッシュペーパー（花紙）を新たに使ってイメージを創った。コラージュが完成すると，セラピストはそのイメージが今のジレンマにどのよう

図 7.3　「Mountain out of the molehill」（「針小棒大」の意）問題解決のためのコラージュの例

な解決を提示しているかの説明を求めた。長い沈黙の後，ドロシーは「モグラ塚のわずかな土のような些細なことから山を作っていた〔針小棒大〕」ことに気づき，ストレスが存在する必要のないところで，自らストレスを作り出していたことがわかったと述べた。

ドロシーは，夫の母が介護付き施設に移ったのだから，85歳の自分の母もそうすべきだと勝手に思い込んでいたことがわかったと言った。義母は肥満，高血圧，糖尿病といった複雑な健康上の問題があったことに比べ，自分の母親は健康で，ドロシーが考えているレベルの介護は必要ではなかった。彼女は母親が自分の家に居たいと決めたことを尊重し，できるだけ頻繁に訪問するが，それ以上心配しすぎることはないということで解決した。

実はドロシーは強迫的人格障害の多くの特性を持っていた。彼女は話したり，合理化したり，知性化することを好み，話す時には同じことを何度も言った。感情よりも思考にアクセスしやすいタイプであった。そして普段，自分の視点からしか物事を見ることができなかった。はじめは精力的に議論し，知性化を駆使したが，何ら状況が変わることはなかった。しかしアートセラピーによって，異なった側面から状況を再評価できるようになっていった。新しい視覚的な刺激を入れ込むことで，同じ事実でも，再構成して捉えることが可能となり，異なる平和的な解決策を得ることができるようになったのである。

創造的な問題解決をもたらす**認知**的レベルへの働きかけのもう1つの例として，個人やグループで「無人島でのサバイバル」を想像するアートセラピーのワークがある（Graves-Alcorn & Kagin, 2017）。このワークでは，クライエントは沈没する船に乗っていて，島で生き残るために3つのものしか持っていけない。グループであれば，参加者が島で一緒になってサバイバル体験をする時に互いに交渉しなければならない状況であるとする。交渉のスキルは，摂食障害や薬物使用のクライエントの多くには欠落している重要な認知機能の要素である（Schmanke, 2017; Taylor et al., 1997）。

このワークを個別に行う場合，クライエントは自分の中にあるポジティブな性格や対処法を見出すことができ，結果的に自分のリソースの豊富さを新たに認識することになる。特に摂食障害や薬物依存のクライエントを対象とした場合，このアート体験は，生き残る（surviving）ことと，よりよく生きる（thriving）ことの違いを彼らに示すことができる。薬使用は，生き残ることにしかつながらないが，創造的な活動は，よりよく成長する（grow and thrive）力をもたらすのである。クライエントは，この認知的な体験によって，問題解決のスキルに対する意識が高まるだけでなく，自分自身の内なる知恵を理解することができる（Hinz, 2006）。

10. 認知的機能を阻むものを乗り越える

人間がうまく機能して生活するためには，ETCのすべてのレベルとすべての要素での情報処理にアクセスする必要がある。しかしながら，生物学的，環境的影響によって，ある要素が，他のものよりも機能しにくくなることがある。トラウマ回復の神経心理学研究によると，解決されていないトラウマは脳の情動中枢の調節異常を招き，脳の認知・論理中枢による調整の影響を受けにくくなる（Schore, 2002, 2012; Taylor et al., 1997）。心的外傷後ストレス障害（PTSD）は児童虐待やネグレクト，大人のトラウマの後に生じる一般的な診断名であるが，その影響は〔認知の〕反対〔すなわち感情〕で顕著になることがある。つまり時にクライエントは感情にとらわれ，感情を避けるのである（Keane et al., 2000）。

高次の実行機能に十分アクセスできない人は，過度に感情的になっていることがよくある。情動調節の難しさによって，欲しい報酬を得るための物質（アルコール，薬物，食品）〔依存〕や〔不適切な〕行動（ギャンブル，演技，性的行為）によってセルフメディケーション〔軽度の不調を自分で治療すること〕しようとしてしまうのである。怒りや不安を我慢することが困難で，過度に情緒的なクライエントは，心の落ち着きを得るためにヘロインやアヘンに手を出してしまうかもしれな

い（Taylor et al., 1997）。そういう場合の治療として感情を和らげるために行うポジティブなアプローチに、アートセラピーがある。

11. 過剰な認知の使用にバランスをとる

認知的機能を過剰に志向しすぎるクライエントは、他の情報処理モードを排除しようとして合理的思考を用いる。つまり感情を認識し、表現する能力に欠けるアレキシシミック（失感情的）と称される状態である。クライエントが認知的要素を過剰に使用していると、アートセラピーの中では、例えば〔形などの〕構成や決まったイメージに固執して一般化することができなかったり、細部をどんどん追及していったり、個人的な意味を見つけられなくなったり、作品を抽象化させて感情から距離をとるというような形で現れることがある（Lusebrink, 1990）。物質乱用者は、物質使用によって払った代償を認める代わりに、その防衛として抽象的合理化を伴った複雑な知性化を用いることがよくある。

失感情症の人は、コカインやアンフェタミン（覚せい剤）を常用したり、退屈や空虚感から逃れるために過食したりすることがある（Taylor et al., 1997）。アートセラピーでは、そのようなクライエントが自分の感情に気づき、表現し、そしてそれを慰めるための言語を与えてくれる。そして空虚感を埋めるために物質に依存するのではなく、アート活動を通して人生を意味のあるものと感じられるように援助していくのである。

物質使用障害や摂食障害の他に、認知的な情報処理に過度に依存している人の中で、心的外傷後ストレス障害と診断される人がいる。認知指向的アートセラピーでは、グラフィックナラティブ（graphic narrative）（Howie, 2016）を使って、圧倒的な感情に翻弄されずに心的外傷の記憶にアプローチできる枠組みを提供している（Hinz & Ragsdell, 1991）。Campbell ら（2016）はアートセラピーと認知再処理療法（cognitive reprocessing therapy）を組み合わせて、戦争帰還兵が心的外傷後ストレス障害の症状に対処する

ために、視覚的なトラウマ物語を作成するのを支援した。Campbell らは認知の転換が治療のカギとなると述べ、この転換とは閉じ込められた記憶を開放し、新しい洞察や気づきが生まれ、そして世界が新しい視点で見えることであると述べている。

また、身体的な症状のために繰り返し医療機関を受診するが、医学的な原因はほとんどない不定愁訴を持つ患者（Verkuil et al., 2007）は、自分がどう感じているかわからず、感情の区別がつかずに表現できないで苦しんでいることが多い。彼らは幼少期から感情を身体症状として表現することを学んできてしまっており（Taylor et al., 1997）、気持ちにまつわる語彙が大きく制限されてしまっているのである。加えて未解決のストレスの存在やそれに対処するスキルのなさが、多くの慢性的健康問題と関係していたり、病気からの回復を遅らせるのである（Oakley, 2004）。認知的戦略を用いたアートセラピーは、身体化して症状を出すクライエント、慢性疾患患者、そしてストレスマネジメントのスキルを高める必要があるクライエントにとって、治療のスタートになり得る。その治療目標は、第6章で論じたように、環境から要請されるものに折り合いをつけ、感情について学び、そして未解決のストレスや情緒のはけ口を持つことである。

また認知的機能を過剰に使う人の中で、強迫性パーソナリティ障害（OCPD）と診断される場合がある。OCPD の人は、思考に過度に依存し、硬直した思考パターンを示し、感情にアクセスすることができないとされる。彼らは、細かいことにこだわりがちで、付き合いにくいとか融通がきかないなどのイメージを持たれがちである（APA, 2013）。強迫性パーソナリティ障害患者は、最初は画材を用いて1つの作業しかせず、それを般化させて違う作業に移ることなく、堅苦しいやり方で反復ばかりしているかもしれない。そういう場合のアートセラピーはまずは認知的要素を扱うことから始め、その目標を感情情報へのアクセスを高めることに向かうようにしていけばよいであろう。

12. 要約：認知における治療目標

- 計画性と問題解決能力の向上
- 欲求不満の解消
- 意思決定能力の向上
- 原因と結果の思考を促進する
- 出来事を時間軸で整理する能力を高める
- 一貫性のある（人生の）物語やトラウマティックな物語の展開を助ける
- 認知の歪みの軽減
- 相互に関連する物体の認識を深める
- 言葉やイメージを使った創造的な問題解決を可能にする（創発機能）

13. 事　例

導　入

　ブリアンナは 10 歳の白人の少女で，強迫性障害（OCD）と診断された。汚れやばい菌を恐れ，繰り返し手を洗う儀式にとらわれており，それに対する投薬が最近始まったばかりであった。両親は，アートセラピーによってブリアンナに考えや気持ちを表現してほしいと思っていた。ブリアンナは最初のアートセラピーセッションで自由画を描くように言われたが，どの画材を使って何を描いたらいいのかわからないと述べた。自分が好きな心に浮かんだどんなものでも描いていいと優しく提案しても，少しも反応しなかった。アートセラピストは動的家族画（KFD）(Burns & Kaufman, 1972) を実施することに決め，8.5 × 11 インチ（22 × 28㎝）の紙と鉛筆を渡した。KFD を選んだのは，家族という馴染みのある課題と鉛筆と小さな紙というコントロールできる素材によって，**認知レベル**の体験が保たれるだろうと考えたからである。結果的にブリアンナはこの絵を描くのに恐ろしく長い時間を要してしまった。どのように人物を配置し，どの活動を含めるのかにブリアンナが悩みぬいたからである。後から考えると，Silver (2002) の「刺激描画法（Stimulus Drawing Test）」(Silver, 2002) のような課題の方が，既存の刺激画が選べるので，自由画で生じる不安よりも適切な方法

だったのかもしれない。

機能レベルの評価

　ブリアンナは ETC の認知的要素の中で機能していることを示す多くの特徴を持っていた。最初のセッションの後も彼女は認知的機能が優位である抵抗性のある画材と小さな紙を選び続けた。最初のセッションの例を根気よく踏襲しながら，その後 2 回のセッションで同じ絵を繰り返した。彼女は家族メンバーの服装や行動などを具体的に語ったが，絵からはわからない性格などの特徴へと広げて話すことはなかった。とにかく認知的に情報を処理しているのが心地よい様子で，このレベルで自分の障害を理解することができた。しかし，彼女が OCD についての感情を表現するためには，セラピーの過程で，感情の要素を扱うことに慣れていく必要があるだろうと仮定した。

認知的要素で始める

　最初の動的家族画を完成させた後，ブリアンナは上記のサイズの小さめの画用紙にも同様に鉛筆で家族の絵だけを描きたがり，次の 2 回のセッションも同じように続けた。彼女は，前回のセッションで描いたのと全く同じ絵だと主張した。動的家族画を繰り返した経験を解釈し，話し合うことを通して，ブリアンナは，物事の同一性がいかに自分の不安を軽減し，逆に変化がいかに不安のレベルを高めるかを理解した。彼女はアートセラピーに来ることに不安を感じていたことを認め，同じイメージを描くことで自分の気持ちが楽になることを理解しているようだった。

感情的要素への導入

　感情的要素への移行を開始するために，色彩画材が少しずつ導入された。第 6 章で述べたように，色彩を加えることによって感情へのアクセスが助けられる。色鉛筆のような，色はついているが抵抗のあるメディアを最初に導入することで，**感情的要素**への移行を徐々に進めていった。メディアやスタイルの変化が急であったり突然であったりすると，クライエントはコントロールできないと感じ，退行や拒否によって抵抗する可能性がある

図 7.4　強迫性障害の 10 歳の少女による描画：絵具を使うことで強迫行為に退行した

（Grandin et al., 1992）。

　ブリアンナは，家族の絵を描くために，次に色鉛筆，後には細いマーカー，クレヨン，オイルパステルやチョークパステルを使うことに同意し，セラピストはこの進歩を好ましいものとして評価するように援助した。そして自分の思考の内容やそれらの間のつながりを広げるために，イメージの対象を広げることを勧めた。しかし，何でも好きなように描いていいという選択肢を与えられても，ブリアンナは多くのセッションで自分の家族だけを描き続けた。

感情的要素へのさらなる移行

　色を加えることは，ETC の**感情的要素**への小さく扱いやすいステップであった。色を加えることで，ブリアンナは感情体験に開かれるという仮説が立てられた。しかし彼女は色彩，および徐々により流動的な画材を使って実験しながらも，安全な題材に留まることを選択した。画材を少しずつ変えるたびに，セラピストは不安レベルをスケール 0（不安なし）から 10（最大の不安）で評価するよう求めた。これらの数字は，新しい状況での最初の不安経験は通常高く評価されることが多いが，継続して経験していくことで不安が和ら

ぐことを理解するために用いられた。オイルパステルやチョークパステルのような汚れやすい画材が，汚れにくい画材に比べて，いかに不安と関連しているかにブリアンナは気づき，落ち着いて使えるようになるには，より多くの場数を踏む必要があることに気づいた。彼女は自分と忍耐強く向き合うことを学び，不安を軽減するための儀式（手洗い）に依存しないことを学んでいった。

感情的要素で機能する

　アートセラピーでの最終ステップの 1 つは，絵具を用いて 12 × 18 インチ（30 × 46㎝）の大きめの紙に家族画を描くことであった。大きな紙を選んだのは，第 4 章で述べたように，大きな紙はより大きな表現を促すからである。絵具は絵筆を用いることができ，手が汚れないため，他の画材と比べて不安を喚起することは実際少なかった。ブリアンナは家族の絵を絵具で描き，各々が好きな色と，彼らが大事にしていることについて話すことができた。彼女は自分が家族と似ている部分も似ていない部分もあると話したが，特に自分の強迫的な性質を過度に批判することはなかった。

　次のセッションで彼女は虹を描きたいと言ったが，図 7.4 の彼女の絵を見れば，慣れ親しんだテー

マから離れたことで，強迫行為に戻ってしまったことは明らかである。彼女は，絵具で自由に描くのではなく，硬いブラシを使って虹の形に絵具をなすりつけた。しかし続くセッションでは，より自由に絵具を扱って，さまざまなテーマの絵を描いた。絵具を自由に使うことで，言葉の表現にも新たな自由が生まれたようだった。ブリアンナはOCD の診断についてより積極的に話し，受け入れ，そして手洗いの儀式が自分の人生を支配する必要はないという新しい考えを示した。全体的に，**認知**的次元での取り組みは，ブリアンナが自分の障害を理解するのに役立ち，**感情**的要素への移行は，彼女がその障害に対する感情を表現するのに役立った。

14. まとめ

　ETC の**認知**的要素は，抽象的思考，計画と順序づけ，問題解決を必要とする。**認知**的要素を扱うことは，認知的スキルの発達を促す。木，モザイクタイル，画用紙，コラージュなどのようにそもそも構成を促すタイプの素材は，**認知的機能**を補完し，強化する。**認知**的要素を用いた活動の例としては，間取り図，ライフライン，認知地図，問題解決のためのコラージュなどがある。いくつかのステップを含む複雑な経験は，**認知**的要素による処理を必要とする。複数のステップを念頭に置くことは，素材をイメージすること（mental representation）であり，**認知**的な経験の内省的距離を増幅させる。

　質問や話し合いによって内省的距離を遠ざけることは，クライエントが状況を分析し，新たな結論を導き出すのに役立つ。また**認知**的要素の治療的機能は，1 つの具体的な経験から他の異質な状況へと一般化する能力である。**認知**的要素への働きかけから生まれるのは，シンボルの創造的な使用を含む，創造的かつ想像的な問題解決である。創造的な問題解決は，癒しの内なる知恵との接触を促し，自己受容力を高め，平和的な自己理解を促進する。認知的過程を過剰に使う場合や，ほとんど使われていない場合にこそ，**認知**的要素に着目したアートセラピーを始めることが治療的になり得る。**認知**的要素で最適に機能することは，交渉力とセルフケア能力を高め，成熟した意思決定と問題解決を促すことになる。

表 7.1　認知的体験の例と治療的機能および創発機能

認知的なワーク	画材と手順	治療的機能	創発機能
物体間（上や下など外部の現実にある物体の関係）を描く	さまざまな形や色のもの	空間的な関係やさまざまな物同士の関係を理解する	空間，秩序，階層の概念が発達する
素材の使用に関する指示を聞き，それに従う	2つ以上のステップを必要とする複雑なタスクや手順に従う	情報をワーキングメモリに保持し，複数のステップを計画・実行する	原因と結果を考える力がつく
テーマを指示されてコラージュを作る	コラージュ素材，台紙，のり	テーマに焦点を当て，切り抜き同志の関係をトピック全体に反映させる	問題解決能力が高まる
長所・短所を考えてコラージュを作る（例：薬物を使用することの長所と短所，使用しないことの長所と短所を表現する [Horay, 2006]）	コラージュ素材，紙，のり	過去と未来の行動を関連づける どうすべきかなどの行動について熟考する	複雑な問題解決能力，依存物質を使用する前に止まって考える力，意思決定が増える
幼少期の家の間取り画	リラックス法や誘導イメージを使って幼少期の家の間取りを思い出して描く	感情を整理し，抱える／当時経験した感情的な内容に関連して，間取り図を組み立てる	問題解決能力の向上／過去の出来事をみつめ，現在の行動との関連を考える
ライフライン	人生の浮き沈みを意味する線（方向や運筆の質で表現）を誕生時から描く	ライフイベントを順番に並べ，原因と結果の関係性について表現する	問題解決能力の向上／過去の出来事をみつめ，現在の行動との関連を考える
抽象家族コラージュ	画用紙，ハサミ，のり／家族のメンバーを色，形，大きさで表現する	家族メンバーの特徴が，具体的でなく抽象的に表現される	家族力動について気づく
無人島サバイバル	難破した時に持っていきたい3つのものを表現する	自分の中にあるポジティブな対処法を見つける，抽象的な問題解決を促す	内なるリソースや能力に気づく

第8章 ETCの象徴的要素

1. はじめに

　象徴的（Symbolic）要素はETCの認知／象徴レベルにおける認知的要素の対極に位置する。認知的要素が事実や論理的思考を強調するのに対し，象徴的要素は直観的，神話的，もしくは現実離れした思考と関連している。第1章で述べた通り，ETCの左右両極の2つの要素は（逆U字型の）曲線の関係にある。したがって，認知的情報処理が増えると，象徴的機能は，認知的入力によって強化される。つまり神話的なものを理解するためにはある程度の論理的思考が必要となるのだ。創造的移行領域で，各要素がそれぞれ適当なレベルで創造的な活動に寄与する，直感的な問題解決，自己発見，自己受容が可能になる。しかし，認知的思考が高まりすぎると，象徴的情報処理は低下し，最終的には遮断される。ETCの認知的要素における論理的で直線的な意思決定と問題解決の特徴は，象徴的要素に特徴的なホリスティック（全体的）で超自然的（ヌミノース的）な特質とは正反対である。ダニエル・カーネマンが2011年に発表した著書『ファースト＆スロー：あなたの意思はどのように決まるか？』（邦訳：早川書房．2014）によると，努力を要する認知が支配的な場合，直感的な洞察のひらめきは起こりにくくなるとしている。

　象徴的要素には，直感的で自己指向的（self-oriented）な概念形成，メタフォリックな表象，統合的思考，象徴（シンボル）の表現とそれを用いて解き明かしていくこと等が含まれる（Kagin &

Lusebrink, 1978b; Lusebrink, 1990, 1991b, 2016）。ETC の文脈で使われる象徴的情報処理という言葉は，ホリスティックに凝縮されていたり，置き換えられていたり，あるいは作者自身も頭で理解できないようなものに関する情報を指す。象徴（シンボル）は多層的なものであり，目に見える視覚イメージだけでなく，それまで抑圧されてきた運動感覚的，感覚的，感情的側面を含んでいることが多い（Kagin & Lusebrink, 1978b）。精神分析では，象徴（シンボル）には，顕在的（明らか）な内容と潜在的（隠れた）な内容の両方が含まれており，後者は自我が直面するにはあまりにも脅威となる内容が形を変えて表現されることである（Levick, 1983; Lusebrink, 1990; Wilson, 2001）。つまり象徴（シンボル）は，特定の対象や思考が主観的に描画として表現された場合，防衛機制として働くこともある（Levick, 1983）。

　象徴（シンボル）では，これまでの章で述べてきたようにETCのさまざまな要素が作用するため，統合的に理解されるものである。象徴的な思考は，具体的ですぐにわかる知識を超えたところにあり，さらなる自己理解を深められる可能性がある。象徴（シンボル）は外界の現実と心の中（内界）の意味の間の橋渡しをするのだが，それはつまり象徴（シンボル）が，言語のような認知的な作用では説明できないような，その人の全体性を映し出すからなのである（May, 1960）。往々にして言葉では分裂を生んでしまう中で，象徴（シンボル）は，言葉のもつ二面性やあいまい性を考慮しつつ，統一性を提供する。そして象徴性はしばしば，聖なるもの，宗教的な超越，精神的な成長と関連しているのである（Jung, 1964; May, 1960）。

2. 発達階層

　シンボルとは，すぐにわかりやすく，明白なもの以上の意味を示す（Jung, 1964）。シンボルは単なるサイン（指し示すもの）を超えた存在であり，意味を表し，超越し，変換する。サインというものは，何かが現れようとする直接の信号であるが，シンボルというのは，現在の状況を必ずしも映し出しているわけではない。人間が他の動物よりも優れているのは，シンボルの使用であると言われてきた（Greenspan & Shanker, 2004; Isserow, 2013; Langer, 1967）。Langer は，人間には元来象徴化の欲求があり，それはいわゆる人間界のすべての事象を生み出していると述べている。シンボルを生み出すことは，意識的に行われることもあれば無意識的に行われることもあり，継続的な基本的精神活動なのである。それは一般的に思考と呼ばれているもの以上のものであり，空想や価値観，情熱に通じている。Edinger（1973）は，シンボルは，生き物のようなエネルギーを持ち，人を魅了して，何かを解明するまでに至ると述べている。同様にアートセラピストも，イメージは生きて，エネルギーを持ち，その声を聞いてほしいと願っている存在なのだと主張している（Hinz, 2013; Moon, 2015）。

　Langer（1967）は，人間の脳はそもそも単にデータを伝達するだけではなく，感覚や知覚から送り込まれてくる情報は常にシンボルに変換されており，それらはまるで胚胎のような（embryonic）情報であると指摘した。つまり感覚／知覚データの入力と出力は一対一で対応しておらず，そのコミュニケーションに齟齬が起こるのである。脳は1つひとつの情報を少しずつ違えて基本的なシンボルに変換していく。例えば，「語る」ことは脳が体験を変換する1つの方法なのであるが，同様に儀式やアートの行為も，体験の象徴的な変換の方法である。あらゆる象徴化のプロセスは，言葉だけでは十分に伝わらないアイデアや感情の表現を促進する（Langer, 1967）。

　このような象徴的な思考は，生まれた時からあるわけではないのだが，比較的早い段階でイメージの表象や言語の発達とともに始まるとされ

ている（Greenspan & Shanker, 2004; Isserow, 2013; Wilson, 2001）。先の章の形式的操作期[訳注1]のところで述べたように，クライエントの中にはその認知レベルまで達しない人もいるし，同様に，内界の神秘的な象徴プロセスには馴染みにくく，むしろ外界で触れられるものが最も心地よく感じる人もいる（Signell, 1990）。しかし多くの場合，象徴的ニュアンスを含むアートや文学作品を導入したり，神話に触れたり，民話を再体験すると，基本的な象徴的思考プロセスにアクセスすることができる。またアートセラピストと共に絵を描いたり（Levens, 1990），好きな童話のシーンを表現したり（Lusebrink, 1990），夢を探索することによって（Moon, 2007; Signell, 1990），クライエントは象徴的な段階へと移行することができるのである。

3. 象徴の治療的機能

　ETC の象徴的要素において，何が治療的に働くかは，普遍的なシンボルの幅広い文脈の中で，いかに個人的な意味を理解するかにかかっている（Kagin & Lusebrink, 1978b; Lusebrink, 2016）。個人的なシンボルを扱うというのは，クライエントが自分の具体的，個人的体験の持つ意味を抽象的に捉え，一般化できることに気づくことを指す。例えば，象徴的要素を使ったワークを通して，これまでさまざまな援助活動をしてきた人は，〔改めてそのことに気づき〕自分を癒し手（ヒーラー）だと認識し始めるかもしれない。これまで気づかなかった新たな自分の側面を統合していくことで，将来に向けて新たな個人的成長が訪れるのである。

　個人的なシンボルを理解することは象徴の解明（symbol resolution）と呼ばれてきた（Lusebrink, 1990）。解明という言葉には多くの意味があるのだが，シンボルの意味を「荷ほどきする（中身を出す；unpacking）」プロセスと表現するのがふさわしい。解明とは，解決（solved）されたことや解き明かされたことを意味する。すなわち解明とは，

訳注1）ピアジェが提唱した発達段階の1つで，物事に筋道を立て予測しながら考える論理的思考の他に，抽象的思考ができるようになり，11歳くらいから概念を獲得する。

構成要素に分離したり，別の形へ変換したり，また見る視点が増えることを指し（DK, 2003），これらはすべてシンボルを理解するプロセスを表している。シンボルは必ず複数の意味の層を含んでいるものとして理解しなければならない。こういった多層構造によって，シンボルは言葉以上のことを伝えられ，見る視点が増えていくと，シンボルの意味理解がより深まっていく。象徴的な情報を理解し，受け取るためには，構成要素に分離したり，異なる形への変換が必要になる。**象徴化する**過程に取り組む時は，個人的なシンボルと普遍的なシンボルの両方を行き来することで，自己発見と個人的洞察が起こりやすい（Frost, 2010）。

象徴を使った治療の力は，退行的な方向に働くか，あるいは未来的な前方向に進むかに分類される（Lusebrink, 1990; May, 1960）。退行的な象徴は無意識の原始的な欲求，ニーズ，衝動を表し，その人にとっての個人的な意味を明らかにするのに役立つ。それを扱うことは，クライエントの幼少期の葛藤を解決するのに役立つだろう。それに対して，前進的な方向を示す象徴は，将来の願望に関連し，新たな目標や選択肢を明らかにする可能性がある。前方を示すシンボルに働きかけることで，前に向かって進む勢いや新しい方向性が強化され，心理的成長が促される（May, 1960）。両方のタイプのシンボルについて理解しようと探求することが，治療的変容には不可欠である。というのも，クライエントは広い視点で自分を眺めることによって新しい可能性を見出すだけでなく，個人的な意味の土台となるものを発見することができるからである。シンボルの作用とは，より高次のレベルで起こるこういった統合によって，問題解決を見出していくことである。

4. 象徴体験の例

象徴が複雑で多次元的であるということは，シンボルが，その外見の背後に感情のエネルギーを抱えていることを意味している。そして感情を内部に取り込んでいるシンボルは，その解消のために外在化されなければならない（Kagin & Lusebrink, 1978b）。象徴的なものが内に秘められたままでいると，抑圧された感情によって個人的な意味が明らかにならないままになる。アートセラピーの中でのイメージ創作によって象徴的な素材を外在化させることは，クライエントが個人的成長に向かい，象徴的な解決を呼び込むための最初の一歩となる方法である。同時に象徴的な情報処理によるワークを成功させるためには，象徴的な視点で考えようとする心づもりを持つ，もしくは象徴的な素材の知恵に対して開かれた態度をとることが必要である。象徴的な機能が働くか否かは，クライエントが個人的な信念を無生物や抽象的な存在に投影し，その特徴を説明する気持ちや能力があるかどうかに拠っている。また身体をリラックスさせることで内的イメージの流れを促進することも必要である（Highstein, 2017; Kagin & Lusebrink, 1978b; Lusebrink, 2018）。

クライエントは，時折ヒーロー，トリックスター，グレートマザー（Jung, 1964），戦士，教師，ヒーラー（Arrien, 1993）のような普遍的シンボルや元型的な登場人物がどのようなものかについて教えられることで利益を得る。こういったさまざまな登場人物が神話やおとぎ話，民話の中に出現してくると，それらはETCの**象徴**的レベルで取り組む上で基礎的な要素として用いられる。**象徴**的な言語にある程度慣れてきたら，ウォーミングアップとして上記のような「元型のイメージのコラージュ作成」をするとよいかもしれない。この種のコラージュでは現代的なイメージや言葉のピースは含めずに，動物，自然，神話上の生き物のピースのみを使用する（Lusebrink, 2018）。象徴的な素材に自分を同一化させることで，自分自身の元型的特質を見出すように促すのである。

象徴的要素を用いた活動には他にも，「空想へ誘導するワーク」，「環境への気づきを促すワーク」，「粘土で自己のシンボルを作る」，「相反するものに橋を架ける」（Graves-Alcorn & Kagin, 2017），「自分だけの盾または紋章を作る」，「夢の拡充法や明確化などのワーク」がある。

「空想へ誘導するワーク」はクライエントを洞窟，水源地，山頂など象徴的な旅へと誘い，そこで元型的登場人物と出会うようにイメージさせるものである。このワークでは，クライエントを困

難な状況に直面させたり，問題を解決させたりして自分の内なる資源（リソース）に気づかせていく。そしてイメージの旅に誘導された後，アートセラピーではクライエントにそのシーンを絵で描いてもらうこともできる。誘導イメージのアイデアや教示は，Highstein (2017)，Leviton と Leviton (2004)，Schwarz (1995) など多くの文献に載っている。

「環境への気づきを促すワーク」では，参加者は屋外に出て直感的に気になる物を選んでもらい，その後，しばらく眺めながら，それを見つけた場所にそれがどのようにやってきたのかについてのストーリーを想像する。次に，クライエントはその物のイメージを絵具で描き，それが現在の場所にどのようにやって来たかについてのお話を書く。この課題によって，クライエントは自分のライフヒストリーをその物の旅そのものに投影する。そこからクライエントが忘れていた，もしくは否定されていた内なる資源（リソース）に気づき，新たに発見されたポジティブな面を内在化させることができるのである (Graves-Alcorn & Kagin, 2017)。

「粘土で自己のシンボルを作る」では，クライエントが自分自身または自分の一面を表していると信じているものを創作するように教示する。大人の場合，その教示は意図的に曖昧にすることで，その人の強さや挑戦する心などいろいろな内面が投影される。子どもにはもう少し具体的な教示が必要であり，例えば動物をモチーフにした自己のシンボルを作るように言う方法がある。シンボルを作った後はそれについて話し合うことで，どんな風に自分をそこに映し出したのかをふり返ることができる。セラピストは，すべてのシンボルがポジティブとは限らず，ネガティブな特徴も受け入れ，統合されなければならないことを心に留めておくべきであろう。クライエントは往々にして否定的な特徴，情緒，行動を認め受け入れることは難しく，抑圧し，否定しようとする。しかし否定するには多くの精神的エネルギーを消費してしまうので，その後に続くべき心理的成長をもたらすためにエネルギーを使うことができなくなってしまう (Hollis, 2008)。したがって平和な生活を送るために重要なことは，否定ではなく受容である。「相反するものに橋を架ける」は，自身の性格

の2つの相対する部分を表す2つの象徴（シンボル）を粘土で作るワークである (Graves-Alcorn & Kagin, 2017)。そのシンボルの1つは前述の粘土で作った自己のシンボルでもかまわない。クライエントにとって橋は2つの相反する資質を引き合わせる手段を象徴化している。クライエントの中にある相反する衝動の衝突が精神的な困難の原因となっていることが多く，橋等のシンボルはその力によって相反する力を取りもってくれる (Cane, 1951; Isserow, 2013)。この課題により，相反する力が互いに補完的に作用したり，またパーソナリティ全体を強化して統合されていくのである。

「自分だけの盾もしくは紋章を作る」は，個人の強みを後押しする方法である。この経験は紋章学や象徴（シンボル）辞典で得た情報から理解がしやすい。仕上がった作品は，自己をどのように防衛しているかに加えて，その人の強みや資源（リソース）としての希望，願い，夢を象徴的に表すものである。クライエントはこのような経験により，自分のユニークで好きな資質を普遍化させて理解していくことが可能である。

また精神を理解する上で，心理学者たちは夢の研究から象徴（シンボル）の重要性について興味を抱くようになった (Freud, 1938; May, 1960)。シンボルは夢の自然言語である (Jung, 1964; Langer, 1967)。May (1960) によると，全ての夢のシンボルには意識軸と無意識軸がある。夢はクライエントの直近の意識状況からもたらされる問題や疑問に対して無意識の上で解決策を提示する。意識軸では，夢は現在の現実の中にその基盤があり，通常は前日の出来事や考え，そこで感じたことから理解されるべきである。他方，無意識軸では，夢は象徴的メッセージを伝え，典型的にはイメージの形で現れる。イメージは入ってくるさまざまな情報が複層的に統合されたものであり，夢のメッセージはそれにあたる (Robbins & Sibley, 1976)。「夢の拡充法」や夢の絵を描くことは，その象徴性をより理解するための1つの方法である (Moon, 2007)。図8.1は，個人開業したばかりで，最近結婚した30歳のセラピストが夢について描いたイメージである。彼女は夢を次のように説明した。

図8.1　この夢の絵の中で，クライエントはいろいろな方向から感情エネルギーに引っ張られている

　私にはいくつもの障害を抱え，全ての感覚が損なわれているような娘がいます。そこで現れたテーマは分離−個体化[訳注2]の問題です。私は，社会が彼女にさっさと自立しなさいと言っているように感じるのです。その娘がバスに乗って遠足に行くことになったのですが，そこに私もついて行きたいと思っています。でも心の中では，私は過保護なのではないかと考えているのです。

　その女性は，夢を描いたことで，娘が自分自身の象徴（シンボル）であることに気づくことができた。複数の障害は彼女を取り巻く異なった色によって表現され，それらは彼女を感情的にさまざまな方向に引っ張るエネルギーのように見えた。さらに彼女は，分離−個体化のプロセスがこの絵の中のジェスチャー（手をふって別れを告げる）に表れているようだと語った。夢に表現された大切なメッセージは，障害を持った子どもである自分から分

離し，自立した大人になることであった。また，新しい結婚生活や職業上のポジションの責任感から，早く成長しなければならないというプレッシャーを感じていたと思われた。最後に，遠足すなわち人生は時には怖いものであり，大人の自分や自分の中の母なるものに守ってほしいと述べた。

　後日，その女性はまた別の夢を見た。

　私は少女で，母と一緒にいます。素敵な春の日，美しい草原の丘の上で大きなビーチボールに覆いかぶさって遊んでいます。そこは母の職場で，母は子どものために働くことを仕事にしています。私は心の中で，「母は私に障害があるからその仕事を選んだのだ」と思っています。この夢の中では，私には2つの障害があります。

訳注2）M.S.マーラーによって提唱された理論。乳児が母親との一体感から徐々に分離していく過程を「分離・固体化」と呼んだ。

図8.2　2つ目の夢の絵は，ボール／円（マンダラ）に含まれる情緒的なエネルギーを表現している

　障害について話したことで，彼女は2つの夢が関連していることがわかり，図8.2を描いたことで，夢が持つ象徴的な意味についての理解が深まった。2つ目のイメージには，1つ目と同じ色が使われていたが，今回はカラフルなエネルギー（彼女によるとそれらは感情を表す）がボールの中に規則的な形で並び抱えられていると述べた。ボールはマンダラ[訳注3]に似ており，精神エネルギーを再構成して抱えることで，バラバラであったものに秩序をもたらしたのであろう。Jung(1969)は「この種の円形のイメージは，中心点が全てをつなぎあわせる構造を持ち，それが無秩序を補正する」(p.388)と述べている。さらに彼女自身がボールの上にかぶさっている様子が描かれており，おそらく1回目の夢で見た時よりも感情をコントロールしている感覚が表れているのであろう。2回目の夢では，1人ではなく自分の母親に付き添われていることにも注目した（前の夢では保護を欲していたので）。最後に，2つ目の夢で

は複数の障害ではなく，2つの障害を抱えているだけであり，1つ目の夢のようにいろいろな感情に引っ張られているのではなく，守られながら遊んでいるイメージであった。その若い女性は（セラピストとしての）資格試験に合格したという通知を受けた後にこの夢を見たこと，新しい職業のポジションと結婚生活に余裕ができたことを付け加えた。

　いずれの場合も，イメージの形で夢を絵に描いて外在化させたことにより，象徴的な夢の内容について，さらにその深いメッセージの理解に役立った。この夢によって，現在の気持ちや悩みへの答えが示され，自己理解を深めることができた。ETCによる象徴的次元でのあらゆる活動は，他では得られない情報をもたらす。すなわちその治療的機能とは，クライエントが自身の個人的もし

訳注3）サンスクリット語で，「円・輪および中心との関係」という意味。語源は，「本質のもの」の意味とされている。また「丸い」という意味もある。

くは普遍的な素材を使って活動することにより自己理解が深まるのである。

5. 象徴的機能を高める素材体験

先に述べた通り，象徴（シンボル）は概して多層的なものである。というのも，象徴（シンボル）は〔視覚だけでなく〕**運動感覚や感覚**，また**感情的要素**を使って形成されたり，表現されたり，また解決されたりするからである。ETCのレベルの違いによって，さまざまな素材が異なる象徴（シンボル）の発展をもたらす。抵抗性のある素材はエネルギーの発散を促し，感情を顕在化させ，いろいろなレベルの体験を促進するため，シンボルの形成をより深く体験することができる。加えて筆などの媒介となる道具を使わず，直接抵抗性の素材を用いると，想像上のイメージだけでなく，**運動感覚**，**感覚**，**感情**などさまざまな次元でシンボルが現れてくる。例えば，プラスチック粘土や土粘土を直接触る作業（媒介となるものを使わない体験）は運動感覚を刺激し，情動の喚起を可能にする。このような**運動感覚的**，**感覚的**，**感情的**などの情報処理が基盤にあって初めて，シンボルの解明の過程において，その人の個人的な意味に関する情報にたどり着くのである。

創作する際に，道具や媒介となるようなものを使った体験は，創造的な体験に没頭しすぎることなく，具体的な個人的シンボルを文化的または普遍的なレベルに引き上げる創作となり得る（Lusebrink, 1990）。Kagin と Lusebrink(1978b)は「フェルトペンを使用しながら，円を4分割に分けて描いていく時，その表現の意味は凝縮され，普遍的な文脈で表現される」と説明した (p.177)。円形の閉じた形に，先の細いペンという緻密な素材を使うことにより，その体験の普遍性が高まるのである。

曖昧な形を作り出す素材は，観相学的 (physiognomic) [訳注4]な思考プロセスをもたらすこともある (Kagin & Lusebrink, 1978b)。観相学的思考とは，無生物や抽象的な存在の特徴の意味を直観的に予知することと関連しており，クライエントが個人的な意味をイメージに見出したり，普遍的な性質を投影する時に起こる。曖昧な形は，「スポンジ版画」，「スクリブルドローイング」，「点と点をつなげて描く」，「ひもを使って絵具で描く」，「インクの染みによる対照的なインク画」，「コラージュ」等の技法によって作り出すことができる。これらの輪郭が不明瞭なイメージは，シンボルや直感的な概念が作り出されやすい（Kagin & Lusebrink, 1978b; Lusebrink, 1990; Sakaki et al., 2007; Steinhardt, 2017; Wallace, 1990）。特に流動的な素材は，輪郭の不明瞭な曖昧な形を生み出し，見え方がいろいろで，そこから重要な意味を持つシンボルが見えてくるため，観相学的な発想によって，シンボルが形成されやすいと言える。

この「インク画」「スポンジ版画」などの構成度の低いアートの課題はいくつかの指示だけで，アート体験をあらゆる方向に進めることができる。このような体験から生まれる曖昧なイメージは，シンボルを形成しやすい。また同様の例として，テーマを与えないコラージュ作成がある。決められたテーマがなければ，クライエントは，多様なイメージ（刺激）を整理するために，内的・直感的な感覚に頼らなければならない。直感的にイメージ（概念）を選んでいくことは，象徴的にシンボルが表現されたり，その解明にとても役に立つ。

制作において素材の量が決まっている場合は，いろいろな思考プロセスを刺激するため，**象徴的**な表現を促進する。第2章で説明したように，量が決められた素材は提供された量によってイメージが規定される。素材の量が多い場合，最初のイメージとは異なる選択肢がどんどん増えていき，表現や投影の機会が多くなる。一方，境界〔枠〕が決められた素材，例えば1枚の木片は，〔輪郭があるという〕物理的な特性によって表現の幅が規定される。これらの素材は，目の前の刺激からアイデアを集結させ，収束的なやり方によって，シンボルの意味を明らかにする。さらに境界が決められた素材は，個人レベルのシンボルの意味を結晶化させながら，少しずつその意味をひも解いていくのにも役立つのである（Kagin & Lusebrink,

---

訳注4）顔だちや表情から，その人の性格・気質，また才能を判定しようとする学問。人相学。

1978b)。

まとめると，シンボルが形成され，表現され，解明されていくためには，さまざまな種類の素材を使うことが重要である。流動的な素材や構成度の低い課題は，観相学的思考を刺激するような発散的で曖昧な形を生み出し，直感的に捉えられてシンボルの形成と表現を促す。抵抗性のある素材を使うと，複数の層でのシンボルの表現が生じ，その解明につながる。量が決まっている素材と境界〔枠〕が決められた素材は，それぞれ拡散的思考訳注5）と収束的思考を通じて象徴的な表現と解明を促進するために，相反する働きをする。最後に，筆などの道具となる媒介物を用いない創作活動は個人的なシンボルの意味を問いかけやすいが，媒介物を用いる創作は，文化的または普遍的なレベルでのシンボルが表現されることが多いと言える。

6. 象徴における内省的距離

象徴的要素での内省的距離は，創作上に浮かんできたシンボルのタイプやシンボルが生じた時の体験の質によって左右されるだろう。例えば前述したように，シンボルには個人的なものと普遍的なものがあり，しばしば両方の意味を持っている時もある。さらにシンボルの持つ治療的な力は，退行の方向か前進の方向に働くかに分類できる（Lusebrink, 1990; May, 1960）。退行的なシンボルとは，過去や古代の出来事，そして人格の未熟な部分などに関連している。対照的に，前進的なシンボルは，クライエントを未来への旅へと導き，未来の可能性，より望ましい姿，成熟した側面を指し示す（May, 1960）。

内省的距離は，シンボルが普遍的，文化的，未来的な方向があればあるほど遠ざかり〔内省が多くなる〕，個人的，退行的である時には近づくことになる。個人的な文脈でシンボルが現れたり，それが退行的な意味合いを持つ時に生ずる感情によって内省的距離は縮まる〔内省が少なくなる〕。さらに，個人的なシンボルが未熟だったり，否定的な内容があると，それによってより感情が喚起され，治療上，必要な内省的距離を縮めすぎることに

なる。さらに，シンボルは，脅かされるような内容や圧倒されるような感情を避けるための防衛機制として使用されることもある（Levick, 1983; Lusebrink, 1990）。

逆に，普遍的または文化的なシンボル等の集合体としての要素は，内省的距離を遠ざけることになる。こういった普遍的なシンボルの意味は一般に知られているため，セラピストとクライエントもその関連性について話題にしやすく，個人的な影響は少なめである。またシンボルが未来への方向性を示す場合は，今・ここを感じとらなくてもよい，つまり今とは違う時間のことを考えることになる。このように，シンボルを作成した時とそれを見返したり，話したりする行動との間隔が長くなると，自然に内省的距離が遠くなり，それによってクライエント主導の話し合いが可能になっていく。できたイメージを前にして，個人的シンボルの意味を〔脅威なく〕適度に扱える内省的距離をとったり，普遍的なシンボルとして遠めの内省的距離を保って，それらをうまく交互に使用することは，望ましい治療戦術となるのである。

7. 象徴的機能を促進する質問と話し合い

シンボルについて，セラピーの中でクライエントと話し合うやり方は，上述にあるように内省的距離に関係してくると言えよう。そしてもう1つ，アートセラピーにおける質問や話し合いの方向性を決定していくのがシンボル形成のタイプである。つまり退行的かつ個人的なシンボルについては，話は本人らしい連想や私的な意味づけを中心に展開されることが多い。「これはあなたにとって何を象徴または表していますか？」「この内容やシンボルに何か個人的な関連性はありますか？」などの質問は，その人固有のシンボルの意味を呼び起こす。他にも，色や形の象徴性をより深く掘り下げるために，「この形はあなたにとって特別な意味を持っていますか？」とか，「赤と

訳注5）さまざまな方向に思考が働くことによっていろいろな発想を生み出すこと。

いう色は何を意味していると思いますか？」と尋ねることができる。

　他方，神話やおとぎ話，宗教的なシンボルについてクライエントに考えてもらうことで，普遍的または文化的なレベルの話に発展させることができる。いろいろな解釈を考えることが，ひいてはその人の個人的なシンボルに新たな解釈を加えるのである。Jung（1964）は，夢の象徴化の解釈について次のように書いている。「象徴性（シンボル）についてできるだけ多くのことを学び，夢を分析する時にはそれをすべて忘れなさい」（p.56）。Jungは，自分の連想を勝手にクライエントのイメージに投影するのを防ぐために，このアドバイスを頻繁に思い出していたという。このアドバイスは，アートセラピーでクライエントのシンボルを解釈する時にも当てはまる。クライエント自身が自分のイメージを一番よく知っていると考えるべきである。アートセラピストがクライエントの作品に勝手に普遍的な意味を押し付けても，彼らにはメリットがない。その一方で，アートセラピストは関連する専門的な知識を持っており，普遍的または文化的なテーマに慎重に言及することで，クライエントは自己認識を広げ，自己受容を助ける可能性がある（Hinz, 2008; McConeghey, 2003）。

　RobbinsとSibley（1976）は，複雑さや曖昧さを好むセラピストは，創造的な考えを育むと指摘している。シンボルというものは，人の多面性，複雑性，全体性を含むものであり，アートセラピストは，複雑な問題に対して簡単に答えを出したり，早々に解決しようとすることに抵抗しなければならない。象徴的な次元に取り組む時には，複雑な問題を受け入れ，いろいろな可能性を探求するために，議論をオープンにし，流れに任せることが重要である。最後にRobbinsとSibleyは，アーティストやセラピストがETCの中の象徴的要素を扱う時に使われるような直感的な能力に頼る時，そこには創造的な成長が発現するとも述べている。

　グループアートセラピーでは，クライエントが他の人のイメージを真似る場面がある。このような場合でも，セラピストは，イメージはシンボルなのであって，それが単に対象物やアイデアの複製ではないことを覚えておくことが重要である（Langer, 1967）。そのため，クライエントが他者の絵をコピーすることで自身の個人的な意味を隠していると考えられる場合でも，そのコピーされたイメージには個人的な意味が込められている。基本的な部分は，他者のイメージのコピーによって表現されているかもしれないが，その描き方を詳細にみると個人的なシンボルが表れていることもある（Scott, 2018）。この場合，まず他者のイメージをコピーすることが，慣れないアート体験を始めるための手段であったことを中心に話し合い，最終的には，クライエントが象徴的なイメージを自分のものと認め，その内容と意味を探っていけるように，温かく促していくことが重要である。

8. 象徴の創発機能

　ETCの象徴的要素の創発機能は，これまで気づかなかった自己内面を発見し，それを新たに自分に加え，統合することである。象徴的要素を使ったワークを通して，自分だけの内なる知恵にアクセスする力が高まることに気づくことができる。これまで眠っていた資質（リソース）を使えるようになると，自尊心が高まり，自由な感覚が増える。クライエントは象徴的要素を使うことで，アートセラピストにそれが何の意味かを教えてもらおうとするのではなくて，自分で人生の目的や方向性を決められる実感が湧くのである（Frost, 2010; Hinz, 2006）。

　元型的な表現についてその性質を調べることは，楽観的ではいられないこともある。つまり，新たな心理的成長を可能にするためには，時として破壊的な象徴表現によって，現状を打破しなければならない（Edinger, 1973）。邪悪さについても取り上げ，それを慈愛によって受け入れなければならない。つまり人間の苦しみは，いわゆる影の部分を抑圧したり，否認したりすることによって引き起こされる（Frost, 2010; Hollis, 2008; Jung, 1964）。ETCの象徴的要素を使ったワークによって，クライエントに，拒絶している自己の部分を受け入れていくことが，はるかに平和的であることを学んでもらう。拒絶と抑圧によって引き起こされるストレスや，緊張のために起こるネガティブな特

性を否認することの方が，それを受容するよりもずっと多くの精神的エネルギーを必要とするのである。

「仮面づくり」は，クライエントが自己のポジティブな面とネガティブな面の両方に精通するための方法として用いることができる。Hinz（2006）の仮面づくりでは，2つの仮面を作ってもらうのだが，1つ目は自分が嫌っている3人の人物の特徴を思い出して作り，2つ目は自分が尊敬している3人の人物の特徴を考えて作るというものであった。興味深いことに，多くのクライエントは，自分が理想とする他人のポジティブな面を内在化することは，嫌悪する面を受け入れるのと同じくらい難しく感じるようである。自己のネガティブな面とポジティブな面の両方を受け入れることは，心の平和につながる。また，自分の中にある異なるジェンダー，すなわち男性性と女性性に気づき，バランスのとれた自己感覚を生み出すのにも役立つ。

先に述べたように，「自己のシンボル」を作ることは，クライエントがこれまで自分の中にあったけれども知らなかった，あるいは認めてこなかった資質に触れていくもう1つの方法である。象徴的な世界を自由に行き来できるように，教示はなるべく限定しないで行う。もしクライエントが困っていたら，セラピストはシンボル辞典を見せながらアイデアを刺激することもある。例えばクライエントに自分が大切にしていることや尊敬している所をもつ動物を選ぶようにうながす。そうするとクライエントは自分の中に，それを見出して受け入れやすくなる。また，自画像を作成することは，自己の中のバラバラな部分あるいは否定されてきた部分を発見し，自分の中に組み入れていく作業である（Hanes, 2007; Muri, 2007）。図8.3の自画像は，有色人種に対する暗黙の偏見に直面していた青年が作成したものである。このワークにより，彼は自分の中にも暗黙の偏見が存在するだけでなく，それが自身の恐怖や誤解を煽ってい

図8.3　クライエントは自画像のコラージュを通して暗黙の偏見に直面した

たことを理解した。

9. 象徴的機能を阻むものを乗り越える

　自分のこれまでの人生の出来事を考えた時，過去の具体的な経験から離れて，それを一般化させて考える能力を獲得していないクライエントは，ETC の**象徴**的ワークから利益を得ることが難しい。また具体的な指向をする人が作るイメージは，細部や色，感情が不足していて貧弱なので，そこから投影したり，展開していくための材料が十分でない場合がある。こういうタイプの人は，あまりにも目の前の具体的な経験に注意がいき，紙の上に描かれたイメージの先にある，より大きな，あるいはより抽象的な意味を見出すことができない。例えば，知的障害や自閉スペクトラム症と診断されたクライエントは，**象徴**的次元のワークから恩恵を受けることが少ないかもしれない。

　また，物事の細かな部分や，いわゆる「事実に基づいた証拠」にとらわれているクライエントは，**象徴**的要素を使ったワークはあまり向いていないであろう。特に**認知**的情報処理を多用する人は，目の前の具体的な経験を超えて一旦は一般化することはできても，自分のこだわりや細かい部分に固執したままである。**認知**的処理の文脈で捉えられたイメージは，固定化され，規定された意味レベルに留まり，個人的または普遍的な意味に発展していくことが少ない。そういう人のイメージは，既知の事実的な側面を超えて高められることはなく，神秘的で未知の性質を帯びることもない。**認知**的指向を持つ人は，事実に基づいて納得するので，〜かもしれないといった推測することには不快感を覚えることが多い。このようなタイプのクライエントは，**象徴**的要素を扱うことには抵抗があるだろう。

　第5章でも述べたように，**象徴**的要素を使用する情報処理を促進するためには，作品がどのように見えるのかについて，形式分析的にその物理的特徴を説明していくことが重要である。第5章のアレハンドロの例では，描かれた木の枝がページの左右の端まで伸びていると説明することで，彼

自身が2つの文化の間で引っ張られているように感じたことを気づくことができた。また，もう1つの**象徴**的要素を利用する方法として，好きなおとぎ話の場面を説明してもらう課題がある（Lusebrink, 1990）。クライエントは，自分の人生に比喩的な意味を持つ物語を思い起こすことが多いので，その課題は親しみやすく，脅威の少ない方法として導入することができる。以下は，ある思春期の少女とその母親に**象徴**的要素を導入し，貴重な治療結果を得た例である。

　ジェシカは，ネグレクトと虐待のために親権を喪失した10代のシングルマザーと4年間暮らしていた後に，里親のもとに養女となった。養子縁組の時点で，里親の家族には8歳の息子がいた。ジェシカは，思春期になってその家族と衝突することが多くなり，嘘や万引きが頻繁になったことから，心配した養母が彼女が13歳の時にアートセラピーに連れてきたのである。アセスメントの結果，ジェシカは人を信頼することや対人コミュニケーションに課題があり，特に母親との関係においてそれが顕著であった。

　養母は娘と一緒にアートセラピーを受け，互いの信頼関係や絆，コミュニケーションを深めようとした。セッションでジェシカは自分の身に起こったいくつかの出来事について話したが，それはあくまでも具体的な事実だけであり，それを超えて一般化させて語ることはできなかった。彼女のイメージは一貫して細部や色がなく，説明もそっけないものであった。ジェシカが感情を識別できるように，アートセラピストは，いくつかの特定の感情を描くように伝え，その中からうまく説明できない2つの感情を選ぶようにと告げた。ジェシカは，恐怖を選び，怖いテレビ番組を見ている場面を描いたが，それは彼女の思考プロセスが具体的場面以上のことを思い出すことができないことを示していた。そしてうまく説明できない感情として「空腹」と「疲れた」を選択したが，これも感情という抽象的な概念が彼女にとっては苦手なことを示していた。

　アートセラピーの展開は苛立たしいほど遅かった。毎回，ジェシカは養母に対する不信感や会話のなさを語り，養母はそこで否応なく感じる怒り

について似たような出来事の話題が繰り返し語られた。アートセラピストは，次の段階として，目の前の怒りに関する問題からETCの象徴的要素に移行することで，2人の関係に影響を与えている深い問題について新たな理解に導けないかと考えた。セラピストは，2人に好きなおとぎ話の3つの場面を描くように告げた。2人は互いに相談することなく，それぞれ独立して作業を行い，完成した後，作品を共有した。

ジェシカは『3びきのくま』という物語の3つのシーンを描いた。その絵から，彼女は自分がゴルディロックスという人間の女の子のように，それまで幸せだった3匹のクマの家族の中に侵入してきた者だと感じていたことがわかった。養母は『シンデレラ』を選び，そこから3つの場面を描いた。彼女は自分を，ジェシカ，つまりシンデレラを苦しい生活から解放し，幸せな人生を与える魔法使いとみなしていた。養母と娘は，それぞれの物語を特徴づける思い込みと誤解に気づくことができた。これらの情報を処理するのに2回のセラピーセッションを費やしたが，その後，ジェシカと養母は，お互いの期待の違いについて，より率直なコミュニケーションをとることができ，関係をより早く修復することができた。

10. 過剰な象徴の使用にバランスをとる

象徴的要素の過剰な表現における使用は，例えばシンボルを過剰に使用しすぎたり，あるいは防御的に利用したり，過剰に同一化しようとしたりすることである (Edinger, 1973; Lusebrink, 1990)。時に，日常生活の意味が特別すぎるものに感じられるようになると，象徴的に表現されたその世界は圧倒的に抽象的なものとなり，日常生活を普通に送ることができなくなる。例えば統合失調症の場合，現実を象徴的に捉えすぎることで，思考が現実離れした（idiosyncratic）ものになったり，奇異なものになったりして，現実との関連性がなくなってしまう。またそこまでではないにしても，個人的／感情的な情報によって身動きがとれなくなるほどにまで，抽象的で象徴的な思考

に没頭してしまうクライエントもいる (Lusebrink, 1990)。このようなクライエントの思考プロセスは頑固なので，関わりが難しいし，個人的，感情的または実用的なきっかけを使って会話を始めることが難しい。さらに，象徴的な思考は，感情や個人的な意味との接触を避けようとして，防御的に使用する場合もあるので，そのようなクライエントは自分の人生の出来事を比喩的な言葉で伝えようとし，個人的なイメージの要素はそこで行き詰まってしてしまうのである。

またセラピーの中で象徴的思考が乱用されると，セラピストにとってもクライエントにとっても自己成長につながりにくいセラピーの展開になってしまうことがある。つまり独特の言い方や理解できない内容によって治療の進展が妨げられるのである。そのような象徴的要素を多用するクライエントには，次のようなさまざまな方法でアプローチする必要がある。まず，ETCの枠組みを使って感情的要素の領域に移行し，シンボルに関連した感情を探りながら発展させていくのである。また別の方法として具体的な感覚または知覚的な経験を使って，今ここの瞬間に留まらせるやり方もある。例えば，第4章の松ぼっくりの感覚的探索の描画で示されたように，クライエントに物を触って感覚的に探索してもらい，それを描いてもらう。さらに，身の回りの物や風景を描くことで，今ここでの現実感覚を高めることもできるであろう (Lusebrink, 1990)。

精神分析理論では，怖い夢は現実の中で脅威を感じずにすむための偽装であると考える。また，「圧縮」することは多くのアイデアを1つのイメージで表現することである。「置き換え」では，脅威となる対象が無関係な対象に置き換えられる (Freud, 1938)。同様のプロセスが，絵を描く時にも起こり，同じイメージを繰り返し描く場合は防御が生じていると考えられている (Levick, 1983; Lusebrink, 1990; Wilson, 2001)。そこではクライエントに同じイメージに繰り返し直面させながら，最終的にイメージの持つ異なる感情的な側面に気づかせ，変容させていくことで解決するように促していくのである (Lusebrink, 1990)。

ETCの象徴的要素の過剰使用と過少使用への

対処として，まずクライアントが今，抵抗なく行っている情報処理の場所からセラピーを始めればよい。そして心地よい信頼関係が成立した後，望ましい治療の方向に向かって**象徴的要素**の処理を強めたり弱めたりする課題を導入するとよいであろう。**象徴的な処理**を低めるには，現実場面に即した絵を描くなどの**感覚的，知覚的**な課題を提供すればよいし，反対に高めるには，詩や比喩，神話，民間伝承，おとぎ話などを導入することで達成できる。

11. 要約：象徴における治療目標

- 個人的なシンボルの意識を高める。
- 普遍的なシンボルやテーマを理解することで，その意味を自分の中に統合する。
- これまで否認されていた自己の部分や影の部分を受容する。
- 苦しみの中に意味を見出す力をサポートする。
- 二元性や曖昧さと共存できる力を促進する。
- 自己認識を深める。
- これまで知らなかった自己の側面を発見し，その情報を統合して新たな自己意識を持つ（創発機能）。

12. 事　例

導　入

メアリーは，50代前半の上品な白人女性で，幼少期の身体的虐待および大人になってからの虐待関係に起因する神経性過食症とうつ病のために，アートセラピーを受けに来た。メアリーは大人になってようやく癒しと安定した結婚生活を手に入れ，信心深いカトリック教徒となって，教会のさまざまな活動に参加していた。彼女は自分の時間，能力，お金を多くの価値ある目的のために費やし，それらの活動を通じて多くの人々を助けてきた。

アートセラピーの初期でメアリーはボールペンで細かなイラストを描き（図8.4），自分の自己イメージが展開していくさまを表現した。

機能レベルのアセスメント

アートセラピーのセッションで好きな素材を使ってよいと言われた時，彼女はボールペンと小さな紙を選んだ。はじめに，「心の地図」と呼ぶ細かな図を描き，「自己の進化」について描写した。彼女の話し方は説明的で比喩的であり，直喩を多く含んでいた。自分のことを，図のように「穴だらけ」と表現し，時々心の中に冷たい風が吹き抜けると述べた。その穴を塞ごうと強迫的に食べていたのである。

セラピーを開始した当初，メアリーはETCの認知的要素に最も馴染みがよい様子であった。ボールペンというコントロールされた媒体を好み，絵も小さく描いていた。できた作品のスタイルは，まるで「認知地図」を表現しているようであったが，同時にそれらは比喩的な意味合いも持っていた。絵の中や話し言葉に比喩的な描写を書き込む時，**認知的要素**から**象徴的要素**へと移行していることがわかった。

治療目標の設定

メアリーとアートセラピストが決めた治療目標の1つは，彼女が暴飲暴食の衝動を感じた時に，食べ物の代わりにアートを使うようにすることだった。そしてセラピストは，神によって満たされたいという願いを何が妨げているのかを一緒に探そうと述べた。メアリーは「聖人になって天国に行きたい」という願望を持っており，暴食はその目標達成を妨げる貪欲な罪だと信じていた。

認知的要素から始める

アートセラピストは，メアリーがいつも描いていた図と「認知地図」を使って，自己を探求し，表現し続けるように促した。そして仮説として，メアリーには，自分のよく知らない暗い側面や影が存在し，それが当初の主訴であった暴飲暴食や抑うつに影響を与えているのではないかと考えた。メアリーが自分でもよく把握していないような，受け入れ難いペルソナ（人格）の側面は，**象徴的なレベル**で直面させ，受け入れてもらうのが最善であると判断した。というのもメアリーはすでに，比喩の使用を通じて**象徴的なレベル**で表現

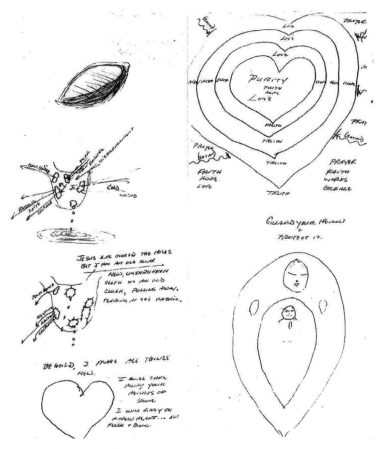

図8.4　無彩色，線図のイメージは認知的指向を示す

することに，ある程度慣れていたためである。

象徴的要素への移行

　自画像を描く課題を通して，メアリーは幼少期から青年期，そして現在に至るまでの自己の感覚を探求した。この自画像の目的は，彼女が自分自身の否定的な部分を認め，統合させるためであった。この過程において，メアリーは自分を「パイプ役」として見ていることに気づいた。パイプ役として神の仕事をすることはできても，それは自分自身の手柄ではないと説明した。彼女は，すべての誉れと栄光を神から与えられたいと望んでいたが，このような自己イメージ＝パイプの結果，自分の中には何ひとつ残っていなかった。彼女の善行，信心深さ，そして肉体の栄養までもが，すべて消え果ててしまったように感じられたのである。そこでセラピーにもう1つの課題が加えられ

た。それは自己イメージをパイプから容器に変容させることであった。自分のポジティブな資質を内在化させて，うつ病と闘うための装備を調えることを意味した。

　メアリーは，その後象徴的要素を用いて，抽象と具象，魅力的なものと嫌悪するものなどの自画像を作り続けた。これらの課題は彼女の自己認識を拡大し，新旧の要素を意識的にバランスよく取り入れることができるようになった。いくつも自画像を作成することで，メアリーは，自分が100％の聖人君子でもなければ悪魔でもない，複雑に混ざりあった人間であることを受け入れることができた。ここで用いられた象徴的要素の治療的要素は自己発見であり，アートセラピーの象徴的な表現プロセスから生まれたのは，変容した自己イメージだった。穴だらけだった自分に代わって，全体性や神聖さの感覚さえも感じられるよう

になった。最後の自画像は，図版4に表示されている「汚れた礼拝堂」のイメージである。汚れた礼拝堂は美しくはないが，問題なく機能している。そのイメージは，聖なるものと実用的なものが併存し，汚れたものではあるが実用的なものであることを表している。その象徴的な表現は，メアリーが言葉にしたことよりも多くのことを語っていた。もはや自分のことを良いものを貯めることができないパイプとしてではなく，聖なる容器として捉えていた。**象徴**的要素を利用することで，メアリーは自己イメージを変えることができただけでなく，自分自身を断片的にではなく丸ごと経験することができるようになった。断片化して良い部分あるいは悪い部分のどちらかばかりを押しつけることをしなくなったと言える。

感情的要素が加わる

　水溶性のオイルパステルや水彩絵具を導入することで，メアリーが何カ月にもわたって取り組んできた治療作業に**感情的要素**が加わった。アートセラピストは，暴飲暴食の衝動に駆られている時に感じていることをより意識させるのと同時に，出てきたイメージに色をつけることを勧めた。それによって，それまで食べることによって抑圧していた怒り，恐れ，罪悪感，悲しみを色で表現することを学んだのである。

⬤ 13. まとめ

　ETCの**象徴**的要素は，直感的な概念形成，特

異な思考，個人的および普遍的なシンボルに関係している。象徴的な思考プロセスの探求は，クライエントの自己認識を，具体的で，すぐに利用できるものを超えて発展させる可能性がある。**象徴**的要素の治療的側面は，普遍的なシンボルという大きな文脈の中で個人的な意味を理解する力である。**象徴**的要素を用いた活動の例としては，「元型のイメージのコラージュ作成」，「粘土で自己のシンボルを作る」，「自分だけの盾または紋章を作る」，「夢のワーク」，「相反するものに橋をかける」，「環境への気づきを促すワーク」，「空想へ誘導するワーク」，自画像の作成などがある。

　象徴的要素の過剰使用は，統合失調症にみられがちなように，出来事やイメージ，物に個人的な意味を付与することが比喩的思考によって阻害されたり，すべてのものが特別に過剰な**象徴**的意味を持つようになった場合に起こる。象徴的要素の機能の使用ができない時とは，そのような**象徴**的表現の能力がまだ発達しておらず，具体的な事実にとらわれてしまっている場合である。その場合は，具体的な事柄以上の個人的なシンボルの意味は曖昧なままである。ETCの**象徴**的要素の**創発機能**は，これまで知られていなかった，あるいは利用できなかった自己の側面を発見し，新たな自分として統合することである。本章で取り上げた**象徴的活動**とアート体験を，使用した材料と教示とともに表8.1に示す。また，表8.1には，それぞれの感情体験に参加した結果，期待される治療機能と創発機能も含まれている。

表 8.1　象徴的体験の例と治療的機能および創発機能

象徴的なワーク	画材と手順	治療的機能	創発機能
元型のイメージのコラージュ作成	動物，自然，神話上の生き物など元型的イメージをあらかじめ切り抜いておいたものを使って，喋らないで創作する	心の元型的な性質を見つける	内なる知恵の発見
仮面づくり	硬い厚紙，描画用の画材，装飾用の絵具等	自己の肯定的な部分と否定的な部分を見分け統合する／男性性と女性性を内面化する	自己の一部を受け入れることで内面の強さを得る／自分の否定的な部分を抑圧しない
粘土で自己のシンボルを作る／相反するものに架ける橋を作る	さまざまな色の樹脂粘土で自己あるいは自己の一部を表すシンボルを作成する／橋を作る	性格の肯定的側面と否定的側面の統合	自分の一部の発見，再発見
空想へ誘導するワーク	描画用の画材で起源，洞窟，山頂での出会いを空想するように誘導し，そのイメージを描く	物語の登場人物に投影された自分の中の知恵や強みに気づく	新たな強みを知り統合する
環境への気づきを促すワーク	拾ったもの，ファウンドオブジェクト，紙，絵具，ペン／あるイメージを作ったり，見つけたりして，その物が現在の場所に来るまでの道のりを表す物語を書く／描く	心を旅になぞらえる	象徴的な旅を通して内面の強みと資源を明らかにする
自分だけの盾または紋章を作る	硬い段ボール紙，紋章やシンボルの本，絵具など	自分の強みを知る	強みの内在化，自己防衛
スポンジ版画／インク画	天然スポンジ；絵具，水／濡れた紙にスポンジ版画を作る／紙を折り，インクを落として開いてイメージを表現する	個人的な意味の投影を可能にするために曖昧な形を使う	直感的に概念を捉える
自画像	どんな画材でもよい。抽象的または具象的な自己のイメージを作る	自分の知らない部分が明らかになる	自己のすべての部分が統合され，抑圧による対立ではなく，平和がもたらされる

第9章 ETCの創造的レベル

1. はじめに

　創造性は次のようなさまざまな観点から定義され，研究されてきた。例えば知性の特別な形，粘り強さと努力によって開発された能力，遺伝的に恵まれた才能，ユニークな性格的特徴，精神病理的反応，本能的な力に対する成熟した防御的反応などである（Eysenck, 1995; Heilman, 2005; Panter et al., 1995; Simonton, 2000, 2018）。また，創造性は1人ひとりの人間が生まれながらにして持つ権利とみなされてきた。人間は神聖で，完全な創造主である神のイメージに基づいて創造されたため，その基本的な性質は創造的である（Azara, 2002; Fox, 2002）。しかし，現代の創造性研究では，創造性を神から授かった力ではなく，持続的注意力，ワーキングメモリ，計画性，時間的順序づけ，意思決定などの認知プロセスに基づく思考のあり方であると捉えている（Dietrich, 2004; Simonton, 2000, 2018）。創造的思考とそのプロセスには多くの定義があるが，それらの研究の中でも興味深いものが，収束的思考と拡散的思考の機能的な相互作用に焦点を当てたものである。創造的な思考の途中では，拡散的思考を使って理論が広がったり，反対に覆されたりすると同時に，収束的思考によって，そこに新たな類似性を見出して生かしていくといったことがある（Beaty et al., 2016; Flaherty, 2018; Heilman, 2005; Jung et al., 2013）。

　しかし，ETCの**創造的**（Creative）レベルは，そのような認知プロセスが扱う以上のものを含んでいる。人間は人として統合的に存在し，自己実現の傾向を持つものなのである（Kagin & Lusebrink, 1978b）。統合とは，アートの経験の中で起こる，少なくとも3つのタイプの統合を指している。①内なる経験と外にある現実の統合，②使う素材との関わりによって起こる統合，そして③ETCの中のさまざまな経験的・表現的要素の統合である（Kagin & Lusebrink, 1978b）。自己実現とはマズロー（Maslow, 1970）が唱えるところの，なり得るすべてのものになりたいという人間の欲求であり，それは自己認識が統合され，全体性を帯びた感覚である。この最高レベルの欲求に達成した人は，才能，能力，および潜在な力をフルに活用させていく。自己実現とは，自己改革への希求であり，潜在的に持っているものを実現しようとする欲求でもある。研究では，アートの表現と自己実現的成長との間に関連性があることが示されている（Banfield & Burgess, 2013; Manheim, 1998; McNiff, 1977, 1981）。また創造的な活動は，主観的な幸福感や自己効力感と関連しているという研究もある（Lange et al., 2018）。Manheim（1998）は，彫刻クラスの参加者が，そのアートの活動によって，感情的にも精神的にも自分の人生が豊かになったと考えていることを見出した。

　ETCを要素に分割することは，分割的かつ還元主義的な見方を助長するように思われるかもしれないが，実際にはその逆である。ETCの理論では〔創作中に〕経験されていることや，表現された作品を独立したものとして扱うのではなく，人間というものを組織化された全体性を持つ，ユニークで統合された存在として見ようとするのである。ETCの各情報処理は，単独でなく複合的

113

に作用して最適の経験を提供する。ETCの図における低次レベルの情報や経験は，高次レベルの機能に統合されていくものであり，その状態を最もよく表現しているのが，この章の**創造的レベル**である。**創造的情報処理**は，どのようなレベルでも，またどの要素でも起こり得る。また，**創造的レベル**には創造的移行領域における機能が含まれる。そして，最終的に**創造的レベル**で描かれる姿とは，1つの創作中すべての要素が（同時に）作用している場合もあれば，一連の創作過程の中ですべての要素が含まれている場合もある。

2. 発達階層

生涯にわたる創造性の研究では，年齢と創造性の作用の間に曲線的な関係があることが示されている（Dietrich, 2004; Simonton, 2000）。創造性は，魔術的思考や想像遊びで特徴づけられる幼児にとってはごく普通のものであり（Lusebrink, 1990; Piaget, 1962），創造性による生産性は，前頭前野の成熟と並行して，幼少期から青年期にかけて増加すると考えられている（Dietrich, 2004）。そして創造性は成人期に最高潮に達するが，それぞれの創造的領域によってピーク年齢に違いがある（Massimiliano, 2015; Simonton, 2000）。脳が認知的柔軟性を失い，処理速度，作業記憶，およびその他の実行機能の低下を示すのに伴い，創造性の作用も加齢とともに低下するように見える（Dietrich, 2004; Kramer et al., 2007; Lin et al., 2007; Sharma & Babu, 2017）。老化した脳とは，創造性の作用の特徴の1つである新しいつながりを作る能力が低下してしまう状態を言う（Dietrich, 2004）。しかし，アートセラピーを経験することは，新しいつながりを促進し，実行機能の向上をサポートすることによって，高齢者の創造性を高めることができるとされている（Alders & Levine-Madori, 2010; Geller, 2013; Jensen, 1997; Kahn-Denis, 1997; Landgarten, 1981; Pike, 2014; Price & Tinker, 2014）。

第4章で述べたように，高齢のクライエントを対象としたアートセラピーの目標の1つは，創造的に情報を処理し続けるために，感覚を刺激することである。感覚を刺激することは長期記憶を引き出し，新しいつながりを促進することができる

（Alders & Levin-Madori, 2010; Geller, 2013; Landgarten, 1981; Stallings, 2010; Wald, 2003）。他には高齢者の知識の豊富さを尊重し，彼らが本来持っている知識が創造的なプロセスや作品を生み出すことを促すアートのアプローチもある。また，高齢の参加者の創造性を強化するには，長所を最大化し，短所を最小限に抑える材料や手順を使用するとよい（Pike, 2014; Stewart, 2006）。例えば，あらかじめカットされたコラージュ用のイメージを使用することは，微細運動能力の喪失に対する否定的な感情を軽減し，体験への感覚的な関与を高めることができる（Stallings, 2010; Wald, 2003）。

3. 身体化された創造性

身体的な動きやジェスチャーが学習を強化することや（Kontra et al., 2012; Tobin & Tisdell, 2015; Wilson & Golonka, 2013），その動きがフロー体験をもたらすこと（Banfield & Burgess, 2013）が実証されてきている。同様にさまざまな身体的経験が創造性を高める研究が示されている。例えばTobinとTisdell（2015）は，作家に聞き取りを行い，執筆前にウォーキング，ヨガ，テコンドーなど，さまざまな種類の身体活動に従事することが，創造性の向上と関連していることを明らかにした。Kim（2015）は，研究参加者が創造的思考のテストに取り組む間，柔らかいボールと硬いボールのいずれかを握らせ，柔らかいボールを握ると拡散的思考が増加し，硬いボールを握ると収束的思考が増加することを発見した。さらに興味深い実験として，Leungら（2012）は，「箱の外側を考える〔型にはまらない考えをする〕」や「2と2を合わせる〔見聞きしたことを総合して推論する〕」などの比喩を演じることで，拡散的思考と収束的思考のテストのスコアが向上することを実証した。

アートセラピーの分野で創造性について最も際立っているのは，SlepianとAmbady（2012）の研究であろう。彼らは，被験者が創造性テストの前に滑らかに曲がった線の描画をなぞったところ，認知的柔軟性，アイデアの生成，および遠隔連想（remote associations）のスコアが，角がある曲がった線をなぞった群よりも高かったことを発見

した。この活動は，Florence Cane (1951) の，空中で線をなぞるというウォーミングアップを思い起こさせる。全体として，これらの研究は，身体的な経験が創造性に影響を与えるという事実を指摘しており，ETC の階層を確認するものである。ETC の下位レベルの経験は，上位レベルの経験に情報を与え，それに組み込まれていくのである。

4. 創造の治療的機能

ETC の**創造的レベルの治療的側面**とは，画材を含む環境との創意工夫に富んだ相互作用によって導かれる，創造的で自己実現の体験であると定義されている。アートの素材を通した創造的な表現は個人全体を巻き込み，それゆえに自己実現的な成長を促して治療的な影響を与える (Lusebrink, 1990)。アートセラピーは，自己実現の達成に向けてサポートするものである。そこでは，人生における未知の課題と対決するのに十分な勇気が持てるように，また主体的，開放的な表現が可能になるように導いたり，モデルとなってサポートしたりする。

May (1975) は，創造的なプロセスとは，自身がまだ知らなかった，あるいは理解していなかった潜在能力を実現していくための現実との真の出会いであると記している。マズロー (1970) によると，人口の 1％しか自己実現の目的を達成できないと述べており，ほとんどの人がそれを達成できない理由は，自分の可能性に盲目的であったり，自分の能力を恐れていることにあると言う。また，社会が個人に要求やステレオタイプの期待を押し付けて，可能性を抑圧していることも考えられる。構造的な人種差別や暗黙のバイアス，そして貧困などに起因する抑圧の多くが創造性の実現を阻害してしまうことがある (Hinz, 2017a; Talwar, 2015)。そして，下位レベルにある安全性が脅かされると，時にそれは個人を制限し，心理的な成長を妨げて自己実現に必要なリスクをとらなくなってしまう (Hjelle & Ziegler, 1981; Maslow, 1982)。

アートセラピーで素材を扱って制作することは，創造的な活動を最大限有益なものにしながら，上に述べたような自己実現を妨げるものに対して正面から挑むことである。その理由の 1 つ目は，アートの素材を使用した作業は，クライエントが自分の潜在的な可能性を具体的に体験することに役立つからである。完成した作品の成果は明白かつ意味あるものであるが，しかし，完成品にそれほど価値がなくても，時に即興的で，無意識のうちに描く過程にこそ自己実現の経験が存在するであろう (Cassou & Cubley, 1995; Goldstein, 1999; Kagin & Lusebrink, 1978b)。2 つ目は，創造性や潜在能力に対して恐れがある場合は，そもそも創造する場面に参加しなくなるかもしれない。アートセラピーにおいては，そのような恐れを感じさせることなく，むしろその中に身を置き，それを掘り起こして統合する経験により成長していくように働きかける。

例えばアートセラピーでは，家族や社会の期待によって自分自身に課せられた要求やステレオタイプな期待がどのようなものであったかを探究することができる。以前は意識しなかったこれらの要求は，治療のプロセスを通じて再認識され，それに挑戦する中で，乗り越える力を自身の中に感じることができるかもしれない。例えば，同情や優しさなどの資質が男性に敬遠されるのは，家族や文化，社会によって，それらが過度に女性的と考えられてきたからであろう。マンダラ・ドローイングやハーモニー・ドローイングといった技法は，自分の中に男性性と女性性の両方を認めて，受け入れる手段となる (Hinz, 2006)。アートセラピーの終盤では，クライエントはリスクをとって，過ちを犯すことに挑戦できるようになる。セラピーの中では，リスクと成長がアートの中だけではなく，実際の人生においてどのように起こり得るかについて話し合う。ある領域で勇気のある探求と挑戦ができれば，発展は必ずみこまれ，またそれは，別の領域でも将来への努力を促すことになろう (Duckworth, 2016; Hjelle & Ziegler, 1981)。Angela Duckworth (2016) は著書『グリット：やり抜く力』（邦訳：ダイヤモンド社，2016）[訳注1] の中で，成長の思考パターン（マインドセット）を示し，人は変わ

訳注1）grit（グリット）は「困難に合ってもくじけない勇気」「最後までやり抜く力」を意味する。

れるのだという意識を強化するためには，難しくてリスクがありそうなことでも意識的に，また前向きに努力を続けていくべきであるとしている。

ETC の**創造**的レベルで活動している子どもたちは，自由に自分自身を表現することができる。子どもたちはイメージを通して，自分のニーズを理解し，さらに，創造的な作品づくりを通して，他者のニーズも理解し，それに対応する能力を高めていく（Lowenfeld, 1952）。子どもたちが創造的であるために，器用さは必要ないものの，勇気を持って，描いてみたいテーマに取り組んだり，自分の考え，気持ち，そしてニーズを自由に表現しなければならない。

5. 創造的機能を高める素材体験

創造性は，何か新しいものを生み出す能力（May, 1975），または斬新かつ有益な成果を生み出す能力として定義されてきた（Dietrich, 2004; Runco & Jaeger, 2012; Simonton, 2018）。アートセラピーで言えば，最終的に出来上がる作品は，治療目標に応じてさまざまな効果を持つ。例えば，アートのプロセスや作品は，エネルギーを解放したり（**運動感覚**），感情を表現したり（**感情**），個人的な意味や普遍的な意味を表したり（**象徴**）することに利用できる。その辺のありふれた素材であっても，治療プロセスを価値ある支援にするために使える。乾燥機から出る綿埃から車の部品に至るまで何を使っても，そこからさらに新しいものを表現できるのである（Capezzuti, 2006; Hinz, 2016b; Kirby et al., 2007）。さらに創造性は，構成度の低い（unstructured）素材からある種の秩序を生み出す力として立ち現れてくるのだが，それによって最終的な作品は普遍的な感情的魅力を持つものとなる（Hinz, 2009a; Lusebrink, 1990; Ulman, 1975b）。

アートセラピーにおいては創造的な経験として，素材が影響を与えていることにクライエントが十分に気づき，マインドフルな経験ができるように働きかける。その点についてCsikszentmihalyi（1998）は，日常生活における「フロー体験」を用いて論じた。彼によると，その人の才能によって特定の難しい課題を完全に遂行で

きる状態というのは，心理的状態がその課題にしっかり向いていたり，時間の感覚が違って感じられたり（速くあるいは遅く感じられたり），深い満足感が体験される時のことを言う。創造性を高めるために，その人があまりにも苦労してアートの材料を使わないといけない場合は，治療的になりにくく，不満や不安を経験しやすくなることを覚えておこう。反対に素材が身近すぎて，やりがいなく感じると，退屈になって創造的なフローを経験することはできないであろう（Snir & Regev, 2013a, 2013b）。

次に，創造性を高める上での重要なものは「遊び」である（Betensky, 1995; Kramer, 1971; Lusebrink, 1990; Malchiodi, 1998; McNiff, 1998; Silverman, 2016）。アートセラピーにおける遊びとは，多種多様な馴染みのない素材に親しみ，美しい完成品にこだわらないでいろいろな使い方でやってみることを意味する。こうした「実験」はたいてい，即興的で自由気ままなものなので，文字通り「遊び」となる。特に ETC の**運動感覚／感覚**レベルでの探求と遊びは，何かを完成させないといけないといったプレッシャーなしに，いろいろな情報処理を可能にする（Lusebrink, 1990）。クライアントには，完成品にこだわらず，素材とたっぷり楽しむように伝えることで，より創造的な機能が発揮されるであろう。

Lusebrink（1990）は，創造的なインスピレーションと行動を高めるための２つの手順を説明している。Luthe（以下，Lusebrink［1990］の引用から）は手頃な材料を使用して，短期間にたくさんの絵具と筆を使って絵を描くワークを示し，「創造性のモビライゼーション：創造性をフル稼働させること」という用語を造った。素早くかつ大量に絵を描くと，防衛を避けて創造的に自分を解放することができるようになる（Goldstein, 1999）。またLusebrink（1990）は，いろいろな種類の音楽を聴きながら絵を描くワークを通じて，創造性を高めることについても述べている。音楽とイメージはどちらも，左脳の分析機能を回避し，創造性の解放を可能にしてくれる。この両方のワークとも，クライエントにはどんな作品を作ろうか決めてから作るのではなく，素材を即興的に用いるように

伝える。このように計画しないで創作していく方法は，情緒的な解放をもたらした後で認知的な気づきも生まれるのである。

また，人は，自分の力を援助的に制限してもらえる環境の中でこそ，創造的になれる (Lusebrink, 1990)。援助的な環境とは，アートセラピストに，〔気持ちに〕同調してもらいながら，いろいろなアート素材が準備され使用できる環境を言う。そして援助的な環境には，制限が明確に定義されていることが多く，興味深い。May (1975) は，創造性は即興性と制限の間の緊張から生まれ，創造的な努力には制限がある程度不可欠であると書いており，Stokes (2014) は，創造的なプロセスにおいて，制約は単に制限を意味するものではないことを明らかにしている。

制限の1つにアートルームのルールが含まれる。また創造的な表現を高めるためのセッションの手順や儀式のような慣例も重要な制限となる。さらに，クライエントの努力に対するセラピストの態度が，創造性を制限したり促進したりすることがある。人によっては，何をやっても〔非指示的に〕無条件に受け入れてもらえる方が自由に創造できると思う人もいる一方で，素材を扱う作業上の恐れや不満を克服するために，セラピストからのたくさんの励まし〔や介入〕が必要だと感じる人もいるだろう (Lusebrink,1990)。

過去のトラウマを描くのに，オイルパステルを勧め，それによってクライエントの粘り強さを支援したという事例をあげてみよう。このクライエントにオイルパステルを勧めたのは，より深いレベルで感情を動かし，抑圧された痛みに関する緊張を創造的に解放するためであった。オイルパステルは，発色の良い，わずかに抵抗性のある素材であり，アートセラピストはそれを使って感情的な解放を体験してもらいたいと考えていた。このクライエントにとって，この馴染みのない，使い心地の悪い素材を使い続けるには，セラピストから繰り返し励ましてもらう必要があった。しかしいったん使い方をマスターすると，オイルパステルの豊かな色合いは，過去の性的虐待の痛みと恐怖をみごとに伝えてくれた。もしアートセラピストが素材の扱いをうまく教えなければ，彼女は心の痛みを創造的に表現することはできなかっただろう。

素材やアートワークを提案する際には，個人の発達レベルや自我の強さを考慮する必要がある。創造性を発揮して新しいものに到達するためには往々にして，既存のルールを破り，思い込みを覆すことが必要である (Gutworth & Hunter, 2017; Lusebrink, 1990; Malchiodi, 1998)。他方，クライエントの年齢や発達レベルにもよるが，ルール破りを促すような，枠のない，素材のあふれる環境は，クライエントを圧倒してしまい，効果的な創造的な表現を促さないことが多い (Lusebrink, 1990)。つまり創造的な機能を高めるためには，人によって異なる枠組みを必要とするのである。例えば，ADHD（注意欠如・多動症）の子どもが創造的な表現活動から何かを受け取るためには，素材の種類や量に制限をかける必要がある (Safran, 2012)。思春期の若者や大人たちもまた，制限のない材料や自由な選択肢を与えられた時，内なる批判的な声に圧倒されてしまうことが多い。クライエントがこれまでは削り取られてきた創作への意欲や集中力，忍耐力を取り戻すのに必要な自我の強さを，アートセラピストは適切な枠組みを提供しながら支えていかなければならない。

McLeod (1999) によると，現在，クレヨンよりもコンピュータ画面を通してビジュアルアートの世界に入る子どもの方が多いという。Price ら (2015) による最近の研究では，未就学児を対象に，タッチスクリーンと実際の紙の上とで，フィンガーペインティングや色塗りの様子がどのように異なるのかについて比較研究を行った。それによるとコンピュータ・タブレットは作業のスピードと持続性を増強し，結果として点や線など跡をつける頻度が増すことを発見した。しかし，タッチスクリーンでは感覚運動の経験が制限されるため，実際の紙や絵具を使ったグループの方が，完成品の個性の幅が広がったとした。筆者らは，タッチスクリーン技術は今後も普及するだろうが，子どもたちの学力や芸術性の発達を支援するためには，従来の素材と合わせて賢く活用しなければならないと結論づけた。したがってアートセラピストたちは，伝統的な美術の画材に加えて，デジタ

ルアートセラピーの最近の進歩になじんでいく必要がある。コンピュータによる支援学習は地域によって異なるが，ほとんどの学校には描画プログラムを含むコンピュータ技術が装備されている。まずは地元の学区で使用されているコンピュータソフトウェアプログラムを調査することから始めるのがよいだろう。創造的なプロセスを強化するためのソフトウェアには，線画，絵画，アニメーション，写真の修整，ブックメイキング，ビデオ編集，アート・プレゼンテーションのためのプログラム等が含まれる（McLeod, 1999; Peterson et al., 2005）。

6. 創造における内省的距離

　素材との創造的な相互作用における内省的距離は，表現行為に完全に没頭しつつも，その素材とのやりとりをある程度意識できる状態，あるいは完全に没頭する時間と，後で内省する時間が交互に繰り返されるような状態を言う（Kagin & Lusebrink, 1978b; Malchiodi, 2002）。Csikszentmihalyi（1998）の「フロー」の研究をここでも参照してみると，創造的なプロセスに完全に没頭することは，フローを経験する1つの方法である。しかし，内なる心の状態や外側にある現象を表現しようと思えば，そのニーズや考えまたは感情が，本当に望む形で表現できているか確認する必要があり，そういった内省（リフレクション）の時間が交互に存在しなければならない。要は内省的距離の高低の両方が必要で，それが創造的な情報処理の特徴なのである。

7. 創造的機能を促進する質問と話し合い

　創造的表現は，その行為自体が1つの表明であるため，セラピーの中で言語的なふり返りを必要としない場合もある（Kramer, 1971; Lusebrink, 1990）。とはいえ，創造的表現に伴う達成と満足の感情は，セラピストが理解するだけでなく，クライエント自身にもしっかり認識されなければならない。両者がその認識を共有することは重要で，そ

れによってクライエントは創造的な達成感や感情を後で思い出すことができる。またその経験をきちんと心の中に留め置いて，自分をほめてあげることによってセラピーの終結へと向かうことができるのである。さらに，この認識が重要なのは，時に，クライエントは創造的な興奮と一体化してしまい，表現して得た満足感をよしとするのではなく，活動を加速させてしまうことがあるためである（Lusebrink, 1990）。表現を完了した時その満足感をゆっくり自分の中に取り込むことによりセラピーの終結を支援し，クライエントがセラピーで得たものを統合するのに役立てることが重要である。

8. 創造の創発機能

　新しいレベルの表現を見つけたり，違う自分を体験したりしている時，それは創造的な行為からの創発とみることができよう（Lusebrink, 1991b）。創造的な経験とは，一体感や満足感，心の整理がいったんついた感覚，そして喜びの感情等を伴う（Kagin & Lusebrink, 1978b; Lusebrink, 1990; Maslow, 1982）。May（1975）は，創造的な出会いから最初に得られる感情は喜びであり，自分の可能性を実現する体験により得られるものであると記している（p.45）。次にその体験を意識的にふり返ることで，作り手は新しいものを生み出す喜びや満足を感じる。そして最後に，創造を終えることによって，新しい知識と感情が自分の一部として組み込まれ，クライエントは新鮮な光の中で自分自身を認識しなおすことができるのである。

　往々にして創造的な経験を通して確立されるのは，混沌の中からの秩序である。ともすれば表現されなかったかもしれない感情やアイデアに形を与えることであり（Lusebrink, 1990; Ulman, 1975b），それによって人は新しい自分を経験できる。そこで人は自分の中にある茫々たる曖昧模糊とした意味を明らかにしながら内なる混乱を表現し，不安から解き放たれる。ETCのすべてのレベルの情報処理にアクセスして，最終的に何らかの成果物をつくることは，創造性を解放して潜在的な可能性を実現し，個性を表現するアートの体験な

のである。ポジティブな新しい自分になるということとは、「心的外傷後成長（Post-Traumatic Growth）」に結びつく。トラウマ後に創造的な表現活動を行うことのメリットの1つが、その心的外傷後成長である（Forgeard, 2013; Forgeard et al., 2014; Kruger & Swanepoel, 2017; Lee, 2013, 2015）。

9. 創造的機能を阻むものを乗り越える

我々の社会には、「創造的である」ことに反する障壁が多く存在する（Bayles & Orland, 1993; McNiff, 1998; Richards, 2014）。障壁には、物理的、感情的、または心理的なものがある。創造性を阻む物理的障壁には、クライエントの実際の身体的障害や環境の物理的特性があり、感情的障壁には、不安、恐怖、怒り、または悲しみなど、多くの苦しい感情が存在する。また心理的障壁には、不安、完璧主義、自己批判、自己不信など、創造的プロセスを妨げる精神的態度が含まれる（Kapitan, 2013）。アートセラピストが「創造的」という言葉を使うと、クライエントはたいてい「自分は創造的なんかではない」と反発する。このようなクライエントの態度が、セラピストが直面する創造性に対する一番の障害なのかもしれない。このような潜在的な障壁を取り除くための方法の1つは、クライエントが日常生活の中ですでに創造的に取り組んでいることを指摘することである。毎日の服選び、献立を考えること、子育てに関するさまざまな選択は、それによって示されるところのその人なりの問題解決の例なのである（Cornell, 1990; Haught-Tromp, 2016; Maslow, 1982; Richards, 2014）。

自己批判や他者からの批判を恐れる気持ちは、自身の内側に住む強力な批判家に由来する。内なる批判を克服するには、セラピストの側が十分にクライエントを安心させる忍耐力が必要になる。セラピストはクライエントに、内なる批判者というのは、かつてはよきサポートでもあった「内在化された親の声」であることに気づかせることが肝心である。内なる批判のもともとの目的は、恥と痛みを減らしたり、排除したりすることであったはずである。内なる批判家とうまく和解するには、クライエントがそれと対話し、有用な声に感謝し、有害な声を却下する必要がある（Stinckens et al., 2013a, 2013b; Stone & Stone, 1993）。

幼少期の身体的、性的、または心理的トラウマの感情的な結果は、大人になってからの創造性を大きく阻害する可能性がある（Forgeard, 2013; Miller, 1986, 1990）。子どもたちがトラウマを受けた時に、その精神的・肉体的苦痛を見て、和らげてくれる人がいない場合、それが子どもたちに長きにわたって障害をもたらす。虐待を受けた状況において、怒りを認めてもらえず、痛みを表現できないでいると、子どもは自分の感情や記憶を抑圧し、虐待した人を逆に理想化してしまうことがある。感情的な混乱の原因となる記憶が何かわからなければ、心的エネルギーは破壊的に表現される。つまり、そのような場合、子どもは積年の感情を他者に対してぶつけたり、アルコール依存症や薬物依存症、または危険な性化行動によって自分を苦しめるように行動化してしまう。しかし、誰か1人でもそのトラウマを見つけて、気持ちをサポートしてあげられると、子どもは感情の起伏を創造性のために利用することができるようになるだろう（Klorer, 2003, 2016; Miller, 1986, 1990; Nickerson, 1999）。

アドルフ・ヒトラーとヨシフ・スターリンは、深刻な虐待を受け、人生の中で支えとなる大人がおらず、感情や痛みを声に出すことも許されなかった。そして2人とも多くを破壊する者となった。チャールズ・チャップリンとシャイム・スーティンもまた、幼少期にひどいトラウマを経験している。しかし、チャップリンとスーティンの人生には、彼らの痛みを見守る思いやりのある大人の仲間がいて、その結果として生じた感情的な混乱が創造的に表現されていた（Miller, 1990）。セラピストは、トラウマを負った子どものための思いやりのある証人になり、創造的な表現を励ますことができる人である。大人のクライエントもまた、過去あるいは現在の苦痛を思いやりを持って見届けてもらうことは、治療的に有益である。そのうえアート作品は、長い間認識されず、表現されずに過ぎてしまった痛みを抱え、それ自体で表現されるのである。

また、身体障害や知的障害のあるクライエント

は，往々にして自身の表現力や創造力がないと感じてしまう。アートセラピストが，素材や道具を調節したり，表現の代替手段を提案したりすることで，彼らの果てしない能力やユニークな表現を追求できる（Anderson, 1992）。コンピュータのアプリケーションもまた，身体または知的能力が制限されている場合に，創造的な表現の強化に役立つ（Darewych et al., 2015; Hallas & Cleaves, 2017; Parker-Bell, 1999）。いろいろなハードウェアの調整法やソフトウェア・アプリケーションによって，身体的な動作やコミュニケーションの困難を克服して，効果的なアートの表現に近づくことができる（Malchiodi, 1998; Parker-Bell, 1999）。Creed（2018）は，視覚障害のあるアーティストを対象に，そのニーズと対応のためのデジタル手段を調べ，包括的な文献研究を行った。

そういった身体的な限界以外にも，ある一定の物理的環境が創造的な機会を奪うことがある。例えば，貧困は学業成績や創造性の低下をもたらす（Lowenfeld, 1952; Lowenfeld & Brittain, 1987）。真の自己表現と創造性は，人が素材と一体となって，心底，創造的な体験をする時にしか起こらない。この一体化が起こらなければ，アートはその表現力の可能性を失う（Lowenfeld, 1952）。貧しい環境では，豊富な画材が手に入らないため，貧困の中で育った子どもたちが創造的な経験を深めることは困難である（Hébert & Beardsley, 2001; Nickerson, 1999）。アートセラピーの中で素材を使うことは，貧しい子どもたちにとって，創造的な可能性の世界を開く手段を提供し，それに伴うアートの指導は，子どもたちの意欲を引き上げるのに重要なものとなろう（Kramer, 1971）。

10. 創造性の機能の理解と支援

Lusebrink（1990）は，創造的な環境を促進するために必要な条件について記述している。それは，クライエントが自由に表現しながらも，同時にリスクを冒していけるようにサポートしてもらいつつ，挑戦を受け入れる雰囲気があるかどうかである。また Lusebrink は，効果的な援助を提供するためには，セラピストが創造的プロセスの

精神力動に精通している必要があることにも言及した。創造性の段階はもともと Wallas によって提案されたが（Lusebrink, 1990 の引用の通り），現在でもその基礎的な概念は変わっておらず，準備期，インキュベーション期，ひらめき期，検証期から成る（Bogousslavsky, 2005; Lusebrink, 1990; Nickerson, 1999; Simonton, 2018）。

「準備期」では，内側からの刺激（思考，夢，願望）と外側からの刺激（物や情報）を受容するところから始まる。オープンな態度，多くの視点から物事を見る能力，および内なる批判を静める能力は，「準備」が成功する秘訣である（Goleman & Kaufman, 1992）。そして創造的なやり方で問題を解決する準備には，「問題の発見」を効果的に行わなければならない（Nickerson, 1999; Stokes, 2014）。クライエントにとって何が問題となっているかを見つけるためには，最初の数回のセッションでクライエントが「何を話していいかわからない」「何を描いていいかわからない」等と言うことから始まる。そのような場合に，セラピストが「（何かはわからないが）そのプロセスを信じてみよう」（McNiff, 1998）と励ましの言葉をかけることで，問題が最初のイメージや話し合いの中で浮かび上がってくるのである。例えば，うつ病を経験していたが発病の理由を特定できなかった若い母親（妻）は，図 9.1 に示されているコラージュを作成した。その女性は 2 人の幼い子どもの母親で，長時間労働をしている研修医の妻でもあった。彼女は，はじめ夫が家にいないことに腹を立てたり，悲しんだりする権利が自分にないと思っていた。しかし結局，夫の不在は夫の責任ではなく必要な医療実習のノルマによるものであることを後で理解した。図 9.1 のコラージュは，みごとに創造的に問題を発見することにつながった。それによって抑圧されていた感情を見つけ出し，それを感じる「権利」に気づくに至ったのである。

「インキュベーション期」とは，意思決定やアイデアが未成熟のまま，終結することなく存在することを許される，一見受動的な時間のことを指す。白昼夢にふけること，そして夜，夢を見ること等が，インキュベーション期における無意識のプロセスを活発にする（Goleman & Kaufman, 1992）。

図 9.1　コラージュは創造的な問題発見や問題の特定を容易にする

拡散的思考と呼ばれるものは，準備段階とインキュベーション期の認知プロセスを示す。そこでの思考は非言語的で，成果物に焦点を当てておらず，自我の境界線は拡散している。このような考え方をすることで，制作者は物事の基本的な要素の表面的な側面を超えて深く考えられるようになる（Jung et al., 2013; Lusebrink, 1990）。

「ひらめき期（illumination）」は収束的思考の特徴のことである。この段階では，それまでインプットされた情報が収束して問題を明示したり，解決策を提案したりする（Jung et al., 2013）。「検証

期（verification）」では，明確な思考と演繹的な推論が必要である。検証は，テーマをじっくり落とし込んだり，厳粛に受け止めたりすることもあれば（Lusebrink, 1990），それに伴って高揚感や喜びを感じる場合もある。最後にできる「創造的な成果物（creative product）」は，思考が解決策へと表現されたものであるとされる（Goleman & Kaufman, 1992）。アートセラピーにおける最終的なアート作品は，そこで問題となっていることや状況が変容し，再構築されたものを表現していることがある。要は作品は解決策の結果なのである。そし

てその解決策を発見することは，しばしばアートセラピーにおいて「アハ・モーメント（Aha moments：ひらめきの瞬間）」と表現されることがある。

アートセラピーの過程で起こる創造的な体験は，自己実現に関わる「アハ・モーメント（Aha moments）」と，完璧な自己表現の感覚を指す「アァ・モーメント（Ahh moments：納得の瞬間）」とに分けることができる。「アハ（ひらめき）」とは，クライエントが自分自身について何か新しいことがひらめく瞬間である。他方「アァ（納得）」では，クライエントが自分自身について独自の視点で重要な何かを表現している。これらの瞬間は，セラピーの重要なターニングポイントとなることもあれば，通常のコースからの微妙な回り道となることもあるが，いずれも深い満足感が得られ，偽りの自己に関連する恥の感覚を軽減する効果がある。この章の冒頭で述べた創造性の定義に戻ると，「アハ（ひらめき）」という経験は，新しいいろいろな考えが結合し，有用な自己洞察に結びつくことを指す。対して「アァ（納得）」という経験は，その洞察が自分の中でクリアなものとして明確になる時のことを言う。これら両方に満足感と喜びの感情が伴う。

11. 創造性，フロー，および心的外傷後成長

前に述べたように，Csikszentmihalyi（1998）は，日常生活の中での「フロー体験」について幅広く書いている。彼はこの体験を，難しいことに挑戦しながらも，それを習得している時に起こると特徴づけた。挑戦しながら習得する状況下では，注意力が増し，普段の時間感覚がなくなり，その課題に対して大きな喜びと満足感を体験する。フローの体験は本質的に価値のある最も望ましい体験であり，長期にわたって続く幸福度と関連していると言われている（Csikszentmihalyi, 2008）。Schmanke（2017）は，物質使用障害のクライエントにフローの達成について教えることは，マインドフルネスの概念を教えるよりも簡単で，幸福を促進する上で効果的であると助言している。

アートセラピーが独特なやり方でクライエントをフロー体験に導けるのは，クライエントが慣れない画材や活動に挑戦しながらも，それを創造的に使いこなして没頭し，その結果として幸福感を感じることができるためである（Chilton, 2013; Lee, 2013, 2015; Forkosh & Drake, 2017; Lusebrink & Hinz, 2016）。またフローを伴う創造的な経験は，独特のやり方で心的外傷後成長をサポートする。心的外傷後成長は，「外傷的または非常に困難な人生の状況との闘いの結果として経験したポジティブな心理的変化」（Tedeschi et al., 2018, p.3）と定義されているが，その他の特徴としては，自己観の拡大，人間関係への感謝，スピリチュアルな変容，人生への感謝の増大などがあげられる（Tedeschi & Calhoun, 2004; Tedeschi et al., 2018）。

上述したように，創造的なアートセラピー体験は，外傷的体験に続く心的外傷後成長を促進する可能性がある（Forgeard, 2013; Forgeard et al., 2014）。創造性が心的外傷後成長を促進するというメカニズムには，緊張を解放すること（**運動感覚的要素**），感覚を介したマインドフルな自己鎮静を促すこと（**感覚的要素**），複雑で時に相反する感情の識別と適切な表現を可能にすること（**感情的要素**），そして最終的には経験から新たな理解と意味を導き出すこと（**認知／象徴**）などがある。

Forgeard（2013）は，創造性は，侵入的な熟考を意図的な熟考に変えていくことで心的外傷後成長を助けるという仮説を立てた。心的外傷後成長における熟考過程の変容は，熟考の質が創造性とうつ病の関係を調整していることを実証したVerhaeghenら（2014）の研究で確認された。内省性（reflectiveness：Forgeard［2013］が意図的熟考と呼んでいるもの）は能動的なタイプの自己反省的思考であり，創造性にプラスの効果があり，精神不安にはつながらなかったが，陰うつ性（brooding：Forgeard［2013］が侵入的熟考と呼んでいるもの）は受動的で否定的なタイプの自己反省的であり，それは精神不安と関連していたが，創造性とは関連していなかった。したがって，自己反省的な思考が意図的かつ目的的なものとなり，個人の強みに焦点を当てている場合，創造性は心的外傷後成長の発達を支援することができ

る。

　地震で被災した若者（Mohr, 2014）や被虐待者（Kruger & Swanepoel, 2017）の研究では，心的外傷後成長とその長期的な影響を記録するために，アートとアートセラピーの研究方法が用いられた。KrugerとSwanepoel（2017）の研究は，デジタルアートセラピーグループに参加した被虐待者たちが，自分がバラバラになった感覚や孤立感を，まとまった意味のある視覚表現に転換させることができ，自分の強みを感じることが，心的外傷後成長につながったことを示している。さらに，Hass-Cohenら（2014）は，トラウマに対処し，心的外傷後成長とレジリエンス（回復力）を育成するための洗練されたプロトコルを作成した。このプロトコルにより意図的かつ時間をかけて制作した一連のイメージを通して，クライエントはポジティブな出来事に安定的にアクセスし，美しさや意味を感じ，未来への前向きな感覚を得ることができる。

12. ETC の創造的移行領域

　最後に，創造的移行領域を用いて，ETCにおける創造性の概念を説明しよう。第1章で述べたように，ETCの各レベルの対極の要素は，逆U字型の曲線的な関係にある（Lusebrink, 1991b）。Lusebrinkは，各レベルの対極にある2つの要素が同時に使用されると，はじめに互いの機能を高めて曲線的な関係を持つことを説明した。ETCレベルの両極の要素が適切に経験されていると，表現機能は最も好ましいものとなり，これが「創造的移行機能」を導く（Lusebrink, 2016）。創造的移行領域は，各要素がほどよい加減で表現体験に貢献する場所であり，両タイプのインプットが相互に影響しあうことで機能が最適化されることを言う。以下に各レベルの創造的移行領域について説明していこう。

運動感覚／感覚レベル

　運動感覚と感覚の要素の両方をアート体験において最適に使用することができた場合，そこから受け取るものも多く，最も刺激的かつ成長できる

可能性を持っている。2つの要素の間の創造的移行は，アート制作に関わる「動き」に感覚的意識が統合されることを言う（Lusebrink, 2016）。つまりダイナミックな運動感覚的表現と同時に，そこに感覚的なフィードバックを伴っていることを示すものである。

　Homer（2015）はトラウマを抱えたクライエントに対して，布でコラージュを作るアート活動を行った。それは感覚的に落ち着く布地にリズミカルに針を進めていく活動である。肌触りのよい生地を使用し，それを切る行為と縫う行為の両方が，ETCの運動感覚／感覚の両方に関与している。はじめに柔らかい生地の気持ちよさを感じ，次にその生地を切って縫う行為という作業があり，交互に焦点が当たる。本研究によると，クライエントはこのコラージュの活動にとてもやりがいを感じることに加えて，自己調節機能や運動能力の治療上の改善が大いにみられた。

　運動感覚および感覚の要素間をじっくり行き来することで，エネルギーが溜まる感覚とその緊張を解放する感覚を経験することができ，その後，身体のリラクセーションが訪れるのを感じることができるであろう。この両感覚の相互作用によるリラクセーションは，アートを使ってマインドフルネスを経験するようなワークの中で感覚に集中することからも得ることができる。アート素材を使用する中で，これまではできないでいた緊張に耐えることや自分の中に心地よい感覚を探すことが，実感できるようになる。

知覚／感情レベル

　知覚／感情レベルの創造的移行領域は，〔知覚の章に述べた〕良きゲシュタルトを作り出すこと，色や感情によって活性化された力強い形体を用いること，そして形体をピタッとくるところに配置することなどの作業を含んでいる（Lusebrink, 2016）。感情的体験が形体を活性化し，良きゲシュタルトの法則に従って正しく構成されるとそれは抱えていくことができる。人は，作品の中で形が感情とうまくバランスをとって表現されている芸術作品に魅力を感じるものである（Feldman, 1972）。アートセラピーの目的の1つは，混沌の中から秩

序を見つけ出すことであり，例えば曖昧ななぐり描きの線や濡れた絵具の塊から形体を見つけ出すことがそれである。

知覚と感情の相互作用とは，感情に圧倒されることなく，効果的に感情を経験し，表現することである。感情は，**知覚側**の極にある形式的な表現要素によって抱えられる。クライエントは，感情をコントロールすることと手放すことのリズムを交互に体験することができる。図版5は，曖昧な濡れた絵具から形体を作った例である。

この時点ではイメージに意味を与える必要はない。ただ〔形による〕秩序が成立し，感情が含まれているということが重要なのである。

クライエントが感情の流れを体験し，知覚的にそれを抱えこむという相互作用を体験するための，もう1つの方法としてマンダラを絵具で描く活動がある。マンダラの円の外側から内側に向かって描くこと（抱えこむこと）と，内側から外側に向かって制作すること（制限がある中で広がること）の違いに気づくように働きかけるのだが，図版6と7は，その両方で作成されたマンダラの例を示している。抱えこみが図版6で広がりが図版7である。内側から外側へ，そして外側から内側へと対照的に作成することで，多くのクライエントが自分の感情表現をよりコントロールできるようになる。

認知／象徴レベル

認知と象徴レベルの間の創造的移行領域は，2つの要素が最適なレベルで相互作用する際に生じると仮定されている。Lusebrink (2016) によると，このレベルでの最適な機能とは，「直感的な問題解決，自己発見のイメージ，スピリチュアルな洞察」(p.60) によって定義される。2つの要素を行き来する動きは，努力して考え続けることと洞察的なひらめきのやりとりの間に生ずる。例えば，夢から覚めて夢の物語を書くということは**認知的**な作業を示しているのだが，それはその物語を最初から順番に最後まで連続して捉えようとする作業だからである。〔逆に〕夢の中のいくつかの情景をアートで表現しようとすると，それは**象徴的**な要素が引き出される。もし夢の象徴が前に見た

個人的な象徴と関連していたり，あるいは普遍的で元型的な象徴に関連して意味づけられる場合，**象徴**的な情報処理が生起していることになる。夢から何らかの洞察を得て，現在の生活との関連を見出そうとする努力は，**認知的要素**に戻ることを意味する。このように自己への理解と自己受容が高まることが，両レベルの創造的移行領域におけるもう1つの効果である。

Kruger と Swanepoel (2017) は，**認知と象徴**の相互作用を示すアートセラピーの介入を論じている。そこでは認知行動療法的介入を受けている青年を対象に，デジタルアートを使って，セラピーで出てきたテーマを比喩的に表現するというものである。デジタルの形式を使うと，思考と象徴の間を迅速かつ円滑に移行できる。その青年らは，〔デジタルアートの〕創造的な表現から直感的にその意味を発見し，〔人から押し付けられることなく〕自分自身で洞察を深めることができた。また2つの情報処理を往来する方法として，イメージを使って〔言葉を刺激して〕詩を喚起させたり，逆に，詩を使ってイメージを刺激したりしながらイメージとストーリーテリングの両方を行き来させた。つまり直感と論理的思考の相互作用を大切にし，統合することが，人間の全体性を深めると考えられた。

13. 要約：創造における治療目標

- 満足感，誇り，喜びなどの永続的な感情を高める
- フロー体験を促す
- 本来の自分の表現を促し，恥の軽減を図る
- 最も高次の自己（創造的自己）や他者とのつながりを強化する
- 高次の力やスピリチュアルな自己とのつながりを促進する
- 自己実現のための舞台を整える
- 自己実現の「アハ・モーメント（ひらめきの瞬間）」と自己表現の「アァ・モーメント（納得の瞬間）」を促進する
- 自己反省と心的外傷後成長を助ける
- それまでの下手な問題解決のやり方を減じさ

せ，異なる利益を得る
● 新しいレベルの表現や自分自身を体験する新しい方法を発見する（創発機能）

14. 事 例

導 入

　この事例は，第7章で紹介した28歳の白人女性の続きである。彼女はアルコール依存症の母親と仕事中毒の父親の間に一人っ子として生まれた。父親は弁護士で週80時間労働を繰り返し，週末は顧客や同僚とゴルフやテニスをして過ごしていた。母親は専業主婦で，家の飾り付けや買い物をする一方で，アルコールが手放せなかった。子どもの頃は学校から帰宅すると，母親が酔っ払って怒っていることが多かった。午後や夕方になると，母親は夫が何時間も家を空けていることに腹を立て「見捨てられた」と非難するようになった。最終的に両親が離婚すると，彼女は時折母親のために夕食を作り，ベッドに寝かしつけ，母親のようにはならないといつも心に決めていたという。大学卒業後，彼女は法科大学院を修了し，弁護士になった。出世のために週60〜90時間ほど働き，長時間の仕事の後に同僚とたまに飲む以外にこれといった社会生活はなかった。

運動感覚／感覚レベル

　彼女はコミュニティカレッジで行われている「自己表現のためのアート」という公開講座に入り，そこでは，いつもの法律の仕事とは全く異なる何かをしたいと述べた。小学校以来画材を使ったことがなかった彼女は，そこに自発的に参加したものの，自己表現に対しては葛藤があるようであった。はじめに短いウォーミングアップをした後，自由に表現する時間の中で，インストラクターは，彼女にいろいろな素材で遊んでもらい，素材からどのような影響を受けているのかその反応を見ていた。彼女は素材を使っていろいろと実験的に遊んだ後，**運動感覚／感覚**的な方法で絵具を使用した。絵具をぐるぐる回して描いたり，混ぜたりして，そこで感じた自由な気持ちと解放感について語った。

知覚／感情レベル

　最初のアートの経験では，制作の結果や完成品に焦点を当てていないという事実を楽しんでいるようであり，そこでは動くこととエネルギーの解放が彼女の中心的なテーマであった。このプロセスに変化が生じたのは，8週間のコースの第4週目に，第7章で説明した図9.2のイメージを作成した時だった。このイメージは他のそれまでのものと同じように，色を混ぜたりしてエネルギーを解放するやり方で始まった。しかし，この時の絵具は少し乾いて固まりになってしまっていたので，曖昧な塊の中からイメージを探し，発展させるようにと促された。形体に焦点を当てたことで，彼女はETCの**知覚的**要素へと導かれた。

認知／象徴レベル

　その後第7章で述べたように，「嵐の中の私」というタイトルを付け加えたことで，女性の幼少期についての思いが結晶化された。彼女はずっと勉強や仕事に追われていて，幼少期のことを考えたり，その時の気持ちをふり返る時間がなかったと説明した。しかし，ハリケーンとそれに付随する「嵐の中の私」という言葉の意味は，彼女の幼少期の生活を象徴するものとなった。彼女は母親の嵐のような怒りの中心にいたのだった。続く3回のセッションでは，怒りや悲しみ，そしてとてつもない責任感や孤独感など一連の感情的イメージを，あまり形にこだわらずに表現した。

創造レベル

　講座の最終週，彼女は家で作った切り紙細工の作品（図9.3と図9.4）を持参した。彼女はそれを「嵐の中の私」のイメージを立体的に表現したものだと説明した。この作品を制作するきっかけを語る中で彼女は，自分はこの嵐の中の「私」であるということを考えており，母親に対する責任感に悩んでいたと述べた。彼女はもはや母親に否応なく縛られるのはごめんだと述べ，講座でのアート表現が，自分がここから自由になれると感じさせてくれたと述べた。彼女は，この切り紙の作品が静止したものではなく，（図9.4に示すように）動き，

図9.2 「嵐の中の私」の絵画のタイトルをつけたことによる認知／象徴レベルへの動き

変化することができ，新たな自由の感覚を映し出していると告げた。若き弁護士は，もはや不愉快な子ども時代の掟にとらわれることなく，可能性を最大限に実現するために，よりよい自分になろうとしていた。作品は彼女の新しい自由の感覚の象徴であり，自己実現するためのリマインダーとなった。ETCの**創造**的レベルで機能することで，彼女は自分自身の新しい内なる感覚を外界に顕在化させることができた。そしてそれは自己実現の方向を指し示し，これまでに経験したことのないような自由と喜びの感覚を生み出したのである。

15. まとめ

ETCの**創造**的レベルとは，個人が統合され，そして自己実現へと向かう方向性を指す。**創造**的な経験は，人間を全体性という視点で統合的に表現する。ETCの**創造**的情報処理が，どのようなレベルでも，また，どの要素の過程でも起こり得ることはこの章の中の事例で示した通りである。ETCの**創造**的レベルの治療的機能は，自己実現につながる環境との創造的な相互作用である。ど

のようなアートの素材でも，想像力豊かな独創的な方法で，斬新でふさわしい創造物を作るために使用することができるが，素材の創造的な使い方が促進されるには，セラピストがインキュベーションから始まり検証期を経る創造的なプロセスを理解している必要がある。セラピストが素材の特性を熟知していると，クライエントが治療上のニーズに最適な画材や方法を選択するのを援助することができるのである。クライエントが材料を使いこなしたり，手順に従ったりすることにあまりにも手こずる場合，アート体験の治療的性質は大幅に減少してしまう。

うまく創造性の作用が発揮されるためには，クライエントがアート表現をする上での精神的，感情的，物理的な障壁を見つけ，乗り越えられるようにセラピストが支援することが必要である。創造性はまた，創造的な環境に浸ることによって強化される。創造的な環境とは，そこに多様なアート素材があり，好奇心を育み，知覚の開放を奨励し，すべての感覚を刺激するところである。また，完成品を目指して創作することのない遊びの感覚を持つことも重要である。自己実現の経験から得

図9.3　創造的な可能性の実現に役立つ「嵐の中の私」の立体表現

図9.4　立体表現によって自己が新しい見方に統合され，自由をもたらす：感情的な自由

られるものは，自分の才能，能力，潜在能力に気づいた時に感じる深い喜びの感覚であり，創造的な経験が自己実現的な成長（トラウマの後の成長も含む）から内在化されることが，自己理解の新しい方法となる。

最後に ETC の**創造**的レベルの機能を獲得することが，アートセラピーの終着点ではないことを忘れてはいけない。創造性の作用は，アートセラピー中で頻繁に起こっていてほしいものであり，特に横軸の各レベルの要素間の創造的移行領域のところで経験している場合は，なおさらそうである。このあたりがクライエントにとって最も効果的なアートセラピー体験を提供するために，さらなる研究が必要な部分となるであろう。

第III部

アートセラピーの
臨床的アセスメント

第10章 ETCを活用した臨床的アセスメント

1. アートベースド・アセスメントの概要

アートセラピーを含むあらゆるヘルスケア専門職において，その分野でのアセスメント方法が確立しているということは，エビデンスに基づいたセラピー実践の中核となる（Betts, 2016; Gilroy, 2006）。アートベースド・アセスメントは，心理テスト，特に投映描画法から発展したもので，それらはもともとある意味，直感を利用したものであり，エビデンスに基づいた技法とは言えない。アートセラピーの分野は，こうした描画テストに十分な心理測定的な裏付けがないという難点や，理論的なアプローチに内在する問題などを受け継いできた（Betts, 2006, 2012, 2016; Gantt, 2004; Kaplan, 2012; Wadeson, 2002）。アセスメントの目的で描画を使用してきた心理学者は，決められた素材を使用することで描画をアートの文脈から遠ざけてきた歴史がある。HTPテスト（House-Tree-Person），人物画テスト（Draw-A-Person），動的家族画（Kinetic Family Drawing）などの典型的な投映描画法では，クライエントは鉛筆を使って8.5インチ×11インチ（約22cm×28cm）のコピー用紙に特定のテーマを描くことを要求される（Buck, 1970; Burns & Kaufman, 1972; Hammer, 1997）。心理学者によって策定されたスコアリング・システムは，投映描画法の中の詳細な指標に焦点を当て，特定のグラフィック・サインを精神医学的症状や障害と一致させようとするものであった（Betts, 2006; Gantt, 2004）。

精神疾患は，質も状態も人によって大きく異な

るため，投映描画法の信頼性と妥当性に関する結果にはばらつきがある。スコアリング・システムに対して一定の再検査信頼性または評価者間信頼性を示した研究もあったが，一致度が低いものもあった。また，他の描画テストとの関連で妥当性を立証しようとした研究でも，結果にはばらつきがあった（Brooke, 2004; Deaver, 2016; Feder & Feder, 1998; Handler & Habenicht, 1994）。投映描画法のスコアリング・システムに妥当性と信頼性のための証拠が欠けていたことから〔著名な米国のアートセラピストである〕Wadeson（2002）は，自分たちは同じような形式的分析の方法とスコアリング・システムを採用しないことを主張した。その代わりにWadesonは，アートセラピストが自分たちの創造的な能力を使って，その場でのクライエントのニーズを捉えられるインフォーマルな方法でクライエントを評価することを推奨したのである。そういった助言がこの分野の強力な発言者から発せられたにもかかわらず，多くのアートセラピストはうまくいけばスコアリング・システムと慎重な解釈を改善できるかもしれないと思い，注意しながら投映描画技法を採用し続けてきた経緯があった（Deaver, 2016; Neale & Rosal, 1993）。最終的には，描画の特徴を総合的に統合して慎重に解釈する方が，特定の描画の中の指標から分析するよりも高い妥当性の相関関係があるとされている（Gantt, 2004; Hammer, 1997; Hinz, Hall, & Lack, 1997; Neale & Rosal, 1993; Oster et al., 2004）。

最近の研究は，描画の特徴を総合的に見ていく方向，つまり人が何を描くかだけではなく，どのように描くかにある。米国アートセラピストの考

131

案した Diagnostic Drawing Series（DDS）[訳注1]
（Cohen et al., 1994; Cohen & Mills, 2016; Mills, 2003）　や，
Person Picking an Apple from a Tree（PPAT）
における Formal Elements Art Therapy Scale
（FEATS）[訳注2]〔PPAT の形式分析の方法〕を用
いた研究（Bucciarelli, 2011; Gantt, 2015; Gantt & Tabone,
1998; Nan & Hinz, 2012）は，クライエントの視覚表
現に表れた形の質や色使い等の形式的な要素が，
臨床状態を表す記述子として期待できることを
示している。DDS と PPAT は，Elinor Ulman，
Hanna Kwiatkowska，そして Edith Kramer
（AATA, 1975; Junge & Wadeson, 2006）が始めた伝統的
なアートセラピーのアセスメントに一部基づいて
いる。これら3人のアートセラピーのパイオニア
は，アートベースド・アセスメントのために，鉛
筆だけでなく，さまざまな画材を用意し，また1
回の施行だけではなく，複数の作品から情報を引
き出した。さらに彼女たちは作品だけでなく，ア
セスメントの中でクライエントがどのように反応
したかにも興味を持っており，言葉によるコミュ
ニケーションや非言語的な行動，創作中に表れた
態度に注目した。これと同様に Rubin（2005）は，
子どもたちに自由に画材を選んでもらい，複数作
られたイメージから評価する診断的なアートイン
タビューを提案している。Rubin は，子どもを評
価する際に，素材の選択や主題だけでなく，言葉
によるコミュニケーションの様子，作業中の姿
勢，自分自身やセラピストに対する態度にも注意
を払っていた。
　要約すると，アートセラピーのアセスメントは
そのルーツに立ち返ると，まず十分なアート表現
の機会を提供することが基本であり，そして1枚
の絵（イメージ）よりも複数の創作物を作成する
場面を提供する方が，個人がより表現されると考
える。さらに，アートのアセスメントでは，クラ
イエントが何を描いているかを解釈しようとする
よりも，クライエントがどのように描いているか
に着目することが最も生産的で予測可能と言え
る。描画は人格的特徴よりもむしろ，そのクライ
エントの臨床状態に関する情報を提供すること，
そしてそのためには創作過程の中にあるパターン
や表現上のクラスターを探すことが役に立つので

ある（Betts, 2006; Gantt, 2004, 2015; Gantt & Tabone, 1998;
Neale & Rosal, 1993）。Rubin（2005）が述べたように，
アートのアセスメントとは，構造化されたインタ
ビューのようなものであり，どの素材を選びどの
ように使うか，そして自分自身をどのように描写
するか，どこまでのめりこんで描くか，また欲求
不満にどのように耐えるのか等を注意深く見てい
く。このようなタイプのアセスメントだからこそ，
クライエントの機能を，文化的背景に鑑みて適切，
かつ正確に捉えることができる（Betts, 2013）。

2. ETC によるアセスメント

　ETC は，上記のさまざまな変数を考慮に入れ
たアートセラピーのアセスメントのための構造を
提供している。ETC は，多様な素材を用意した
上で，複数の作品を作っていく創作プロセスか
らアセスメントしていくのである。そこでは人
間がどのように情報を処理してイメージを形成す
るかに焦点を当てており，できたイメージの形式
的な要素，言語的コミュニケーション，そして行
動のすべてに注目していく。それはクライエント
の現在の臨床状態を説明するものであり，既存の
強みとこれからの課題の両方を示している。また
ETC のアセスメントは，セラピストとクライエ
ントが結果についてしっかり話し合う協調的なア
プローチであるため，クライエントの文化的背景
にも配慮していける。アセスメントではセラピス
トとクライエントが一緒に，作品の形式的な要素
や行動的な資質について話し合い，その見立てが
クライエントの現在の問題とどのように関連し，
治療目標にどのように反映されるべきかについて
話し合うのである。
　アセスメントの枠組みとして，ETC はクライ
エントの情報処理における強みと弱みを特定する

訳注1）DDS は，米国のアートセラピストの考案した描画
　法であり，チョークパステルを用いた描画法である。自
　由画，樹木画，気持ちの絵の3点の描画から成る。
訳注2）PPAT（ピーパット）は，米国のアートセラピ
　ストの考案した描画法であり，マーカーペンを使って
　林檎をとる人物を描く。評価は Formal Elements Art
　Therapy Scale（FEATS）に基づいて行われる。

ことに重きを置いている。また，クライエントの能力が不足していることと，その反対に優れているところが，その人の人生の困難や喜びの経験とどのように関連しているかを考える。ETCのアセスメントでは，どこからどのようにセラピーを始めるべきか，どちらの方向に向かって進み，そのためにアート素材をどう選ぶかについて提案がなされる。またクライエントの機能を改善するためのステップを示しつつ，その方針を変更する場合は，適切な時期を判断していく。ETCはアセスメントやセラピーについての単純なレシピ本的なアプローチを提供するものではない。むしろクライエントのスキルや能力を評価し，個々のクライエントに合わせた治療目標を立て，治療を行うための効率的な方法を提供するものである。Van Meter（2018）によると，アートセラピーのアートとは薬のようなものであり，ETCはアートセラピストが適切な種類の薬を選択し，その用量を調整するのに役立つと考えられる。本章では，そのようなアセスメントを成立させるためにETCがどのように利用できるかについて検討していきたい。

　上述したように，従来のアートセラピーのアセスメントやアートベースド・アセスメントでは，決められた素材や方法を用いて，課題を複数回，実施することが求められる。例えば前述のDDSやPPAT等の描画法は，描画要素のパターンと診断カテゴリーとの間には相関関係があることが実証されてきた（Gantt & Tabone, 1998; Mills et al., 1993; Munley, 2002; Rockwell & Dunham, 2006）。また，愛着スタイルとの関連も示された（Bat Or et al., 2015）。そのような描画法では，作品の形式的な要素と精神医学的な診断の関連をみることが中心になるため，アセスメントでは標準化された施行手順に沿って慎重に実施されなければならない。しかしながらここで述べるETCに基づくアセスメントは，DSMの診断に関する見立てを提供するといった類のものではなく，以下に説明するように，セラピストが治療を進めていくにあたって有効な情報を提供するものである。

　アートセラピーはもちろんのこと，ETCの基本的仮説では，クライエントがアートセラピーの

セッションでどのように創作するかは，彼らが普段の生活でどのように考え，感じ，ふるまうのかを反映していると考える（Pénzes et al., 2016）。したがって，テーマや素材が規定されているような構造化されたアセスメントでは，クライエントが好みがちな機能レベルの情報を自由に収集することができない。逆に素材やテーマを自由に選ぶことができれば，クライエントは表現に関する真の好みや生活の中での行動を映し出しやすいと考えられる。そのため，ETCのアセスメントは，素材やテーマを自由に選べる非構成的かつ非指示的に行われる。クライエントが創作の中で自由にふるまい，行動を選択していく中で，その人の好む活動スタイルがわかる。つまりクライエントが人生の新しい状況に遭遇した時，おおむねどのようにアプローチするのか，またそこから変化を起こしていくためには，どのようなタイプの態度や能力が必要なのかについての情報を知ることができる。

3. ETCにおけるクライエントの機能レベルのアセスメント

　ETCの中でクライエントが好む要素を見極めるために，アセスメント作業は一連のセッションの中で行われる。最初のセッションでは，まず抵抗性を持つ素材から流動性を持つ素材までの一連のアートの素材，また2次元や3次元の素材，そしてさまざまな大きさや質の紙，道具などを並べ，クライエントが素材を自由に使用できるようにする。クライエントにとって馴染みのない素材があればセラピストはそれを紹介し，使い方も簡単に説明する。このようにして，クライエントの情報処理の好みを見立てるために選択の自由度を高めるのである。

　一般にアートセラピーのアセスメントを目的としたセッションでは，クライエントには基礎となる少なくとも3つの課題に取り組むように求めることが多い（Kaplan, 2012）。3が最低限の数なのは，それだけあればクライエントの傾向が明らかになる可能性があるためである。情報というのは，1つでは有効なデータにはならない。なぜなら，い

第10章　ETCを活用した臨床的アセスメント　**133**

つもと違う状況にいることへの緊張，観察されることへの自意識，画材の練習不足など，新しい経験を表す状況的な要因に過度に影響されるからである（Cohen & Mills, 2016; Hammer, 1997）。2つの情報になると，それらは，1つ目とは対照的にそのデータを眺めて比較できるかもしれない。が，一方でそれは不完全な情報でもあると思われる。3つならば，より確実に好みの方向性や強さの傾向を明らかにすることができるだろう（Levin, 2004）。

このように，ETC のアセスメントでは，少なくとも3つの自由なアートの課題から始まる。時間の制約にもよるが，1回のセッションで行うことも，3回に分けて行うこともできる。アセスメントのセッションでは，クライエントは自由に素材や創作内容を決められる。前述したように，創作テーマを自由にすると，より個人的で意味のある作品になりやすいことが示されている（Ellenbecker, 2003; Lee, 2018; Northcott & Frein, 2017）。テーマに自由度を与えると，クライエントの最初の作品は，時に最も重要な，セラピーで扱う問題の核心に迫ったテーマと関連していることが多い。興味深いことに，そのイメージはしばしば，根本的な問題の解決を反映して，セラピーの終わり近くに再登場することがある（Lusebrink, 1990）。

アート素材を自由に選択させると，クライエントはふつう，まず自分にとって馴染みのある素材，あるいは快適な素材を選択する。素材が馴染みのあるものであれば，クライエントの安心感を高め，アセスメントへの参加意欲も高めることができる。さらに，素材が快適であれば，それを使うことで「フロー」体験が生じ，より没頭できるような創造体験を提供できる（Csikszentmihalyi, 1998）。反対にクライエントが素材を使いこなすのに手こずる場合，フロー体験は妨げられる。したがって見慣れない素材を試してみる提案は，アセスメントの間は最小限に留めておくべきであろう。

4. アセスメント課題から得られる情報

クライエントがアセスメントの創作に取り組んでいる間，セラピストは慎重にクライエントの作業を観察し，制作からエネルギーをそらすようなコメントや質問をしないようにすべきである。アートの課題は，アセスメント時点でのクライエントの典型的な行動，感情，および認知等の反応を表している（Cohen & Mills, 2016; Kaplan, 2012）。そして創作中に話すことが一種の防衛となってしまうこともあるので，喋らないで完成してもらうようにした方がよい。しかし，中には創作中に何かと話をするクライエントもいるので，そういう場合は，作品や創作に関する説明等は，課題の最中および完成した時に収集するとよい。ただ，たいていは，途中で不要な言葉のやりとりをしない方が，クライエントは心理的エネルギーの大部分を創作に向けることができる（Cohen et al., 1988）。言語以外のデータは完成したアート作品から得られる。表 10.1 は，アセスメントセッションで収集される情報の種類をまとめたものである。クライエントの志向する ETC のレベルを決定する際に，セラピストは最初のアート課題（3つから5つ）の間に以下の情報を収集していく。

5. ETC を用いたアートベースド・アセスメントの要素

1. 素材の好み
2. 素材との関わり方
3. 最終的なアート作品のスタイル／表現要素
4. 言語コミュニケーション

素材の好み

クライエントがどのような素材を好むかによって，セラピストは，クライエントがどの情報処理を使いがちで，どのように創作において表現を組み立てるのかに関する情報を知ることができる。これらの情報は，クライエントの意思決定のプロセス，感情的な反応，行動傾向において，何を最も重視しているのかを読み解くのに役立つ。クライエントが一連の課題で同じような素材を選択する場合，1つの情報処理が過剰に使われていて，他の種類の入力が無視あるいは抑制されている可能性が高い。反対にクライエントの素材の好みが作業の間に変化する場合，セラピストはそ

表 10.1　ETC アセスメント用紙

アセスメント要素	要素部分
素材の好み	素材の特性 好みの強さ リスクテイク
素材との関わり方	境界・限界への対応 コミットメントと欲求不満耐性 エネルギーのレベル 対処能力
最終的なアート作品のスタイル／表現要素	発達段階 線の質 形体の質 空間の使い方 色の使い方 統合 神経学的指標 内容と象徴 イメージを組み立てていく機能
言語コミュニケーション	言語によるコメントの質 話すスピードと声量 話の論理性

の変化のタイプと方向性に注意を払う必要がある。つまり，ETC ではクライエントが最終的にすべての情報処理にアクセスできるような柔軟性を持つことが望ましいと考えるので，これらの戦略をバランスよく使用することがその人の強みとなり，十分に機能している状態と考えるのである（Lusebrink, 1990）。

素材特性と好みの強さ

第 1 章で述べたように，選択された素材が流動的（例えば水彩やチョークパステル）であるほど，人はイメージを創作する際に自由に感情にアクセスし，それを利用できる可能性が高くなる。そしてアセスメントの際に，絵具を，水を多く含んだ流動的な状態で使用している場合，情報処理や意思決定が感情的な入力をもとになされると想定される。心理的に健康な人というのは，自分の感情にアクセスし，正確に識別し，適切に表現できる人なのである（Burum & Goldfried, 2007; Ekman, 2007; Greenberg, 2012; Gross, 2014）。したがって，ETC の**感情的要素**に容易にアクセスできることは 1 つの強みとなる。一方で，感情的な関与が強すぎるとク

リアに考えることが難しくなり，健全な意思決定や効果的な問題解決ができなくなる（Haeyen et al., 2017; Haeyem et al., 2015; Linehan et al., 2007）。

選ぶ素材が抵抗性の素材であるほど，クライエントは認知を使った情報処理を好む傾向が強いと考えられる。アセスメント段階で収集した情報を精査して，クライエントが抵抗性の素材と**認知的要素**を変わらず好む場合は，感情が回避されたり抑制されたりしていると結論づけることができる。その場合でも，他の情報処理の方法とバランスがとれていれば，それはポジティブな特徴となり得る。

素材選択に関して，クライエントが素材特性の連続体の中央あたりからいつも選択する場合，それは柔軟性を示唆し得る。上述したように，情報処理の柔軟性は望ましい属性なのである。また一般的に，アセスメントからさまざまな多くのデータが得られた場合，それは素材に対していろいろな反応ができることを表している。例えば流動性と抵抗性の中間的な性質を持つ水彩マーカーのような媒体は，コントロールしやすく，馴染みの作業領域から移動する必要が少ない一般的な描画素

材と言える。一方，マーカーは，コントロールしやすいが，創造力を刺激するようなワクワクする素材とは言えないので，「つまらない」と感じる人もいるだろう (Snir & Regev, 2013a)。あるいはマーカーが好きなクライエントは表現力を犠牲にしてでも，とにかくコントロールを求めていると理解できるかもしれない。そのようなクライエントは，快適で，馴染みのある，管理しやすいものから逸脱したくないのかもしれず，そういった生活スタイルは心理的な成長を制限する可能性もあるだろう。

リスクテイク：勇気をもって新しいことにチャレンジする

さまざまな素材を自由に選択できる一連のアセスメントにおいて，いつも同じ素材を選ぶということは，そのクライエントがリスクをとらない傾向があることを表し，リスク回避とは，未知のものや不慣れなものに対して感じる不快感と関連している。つまりリスクをとることは，次のことに関連しているかもしれない (Maner & Schmidt, 2006)。①ネガティブな結果が起こるかもしれないという潜在的な恐れ，②力が足りずにコントロールできないという認識，③実験したり，新しくやってみようとする意欲のなさ，④自己統制が強くて，遊べないこと。素材の選択や好みについて積極的にクライエントと話していくと，クライエントは，慣れているものを使い続けたいのか，あるいはまだ使ったことのないものを試してみたいのかといった動機を理解するきっかけになっていく。

自分から，さまざまな未知の素材を試そうとするクライエントは，冒険心に満ちている。そのようなクライエントにとって，リスクを冒すことは，セラピーを効果的に進めるにあたっての強みとなる。逆に不安や恐怖心のためにリスクを回避しようとするクライエントには，なじみのない素材やそれに伴う ETC の情報処理を使えるように，丁寧に働きかけなければならない。意思決定のプロセスにおいてリスクをとるか否かの問題は，セラピーのプロセスとして扱うことが重要である。セラピーの目的の1つは，クライエントが安全な環境の中で積極的にリスクをとり，あらゆる経路

を使って情報を収集し，活用できるようになることである。さまざまな素材を利用することは，ETC のいろいろな要素が利用できるようになるための方法である。そこでリスクを冒せることは，のちの人生の他の領域にも汎化させることができるのである。

素材との関わり方

ETC のアセスメントでは，創作されたイメージと同じくらい，素材との関わり方に注意を払う。クライエントがどのように画材を使ってイメージを形成するかは，素材の境界〔枠〕や限界〔量〕に対してどのように反応するか，課題に対してどのくらい没頭するか等に表れるので，その人の一番優位なイメージ形成の様式がわかる。さらに，クライエントの画材との関わり方は，課題に対するエネルギーレベルや，慣れない状況での対処法を見立てるための糸口を与えてくれる。つまりこれらすべての要素は，クライエントの姿を映し出し，生活の中での行動傾向を明らかにするのに役立つのである。また，クライエントは，どの素材を使おうとも，だいたいにおいて自分が好きなETC の要素の機能を表現する。例えば同じ絵具でも，形の輪郭を正確に強調して，知覚的に表現されることもあれば，自由な感情表現を強調するのに，流れるように表現されることもある。それ以外の全ての素材もさまざまな使い方によって，好みの ETC の要素が表現される。

素材の持つ限界（量）と境界（枠）への対応

アセスメントにおいて，創作中にクライエントがその制作の止め時をわかっていることは，素材の持つ境界（枠）や限界（量）を考える上で重要なポイントとなる。また別の限界として，使用する紙の大きさや使う素材の量があり，一般的に，大きな紙には多くの思考，アイデア，感情を表現できる。つまり開放的なクライエントは，より大きな紙やたくさんの用具を使う。こうした開放性は，ETC の中の感情的な要素を好むことと関連していると考えられる。逆に，自分の伝えたいことを伝えるために，小さな紙を選び，少ない量の材料を使うクライエントもいる。素材の持つ境界

〔枠〕に対して抑制的に関わっている場合，ETCで言うところの**感情的な入力や表現を避けている**と考える。またクライエントは紙の物理的な輪郭（端）を，普通は意識して描くものだが，紙からはみ出している場合は，何らかの感情に圧倒されている，あるいは認知的な情報処理戦略が損なわれているのかもしれないという仮説が立てられる（Lusebrink, 1990）。

コミットメントと欲求不満耐性

アートの課題へのコミットの仕方や欲求不満耐性を観察することで，クライエントがどの程度専念してセラピーから学びを得るかを理解することができる。イライラするとすぐに作業をやめてしまうクライエントは欲求不満耐性が低く，感情的に行動化してしまう傾向があり，それはETCの**感情的要素**が関係している。一方，創作の作業が長引き，完了しているかを判断しかねて悶々とするクライエントもいる。よくあるのは考えすぎたり，作業し続けたりすることで，作りたいイメージが損なわれたり，わからなくなったりしてしまうことである。考えすぎ，作業しすぎというのは，ETCの中の**認知的情報処理**の使いすぎや，**知覚的な情報処理**（イメージの見え方）や感情的な情報処理（感じ方）への信頼を欠いていることを表している。

バランスのとれた人というのは，いくつかのETCの要素からの情報を統合して，その創作へのコミットメントに関する判断を下す。例えば**運動感覚**からの情報は，身体的にフィードバックされ，「緊張はうまく解けたか？」という問いに対する答えを提供する。**知覚的**なフィードバックとは，「創ったイメージは，望むように見えているか？」を判断するのに役立つ。**象徴的要素**からのフィードバックは，「出てきたイメージは，私にとって真に象徴的な意味のあるものなのか？」という問いに答えてくれ，**感情的要素**は，「その表現とプロセスについて私はどのように感じているか？」という問いに答えてくれる。治療セッションの中でこれらの問いに関わる要素をうまく取り入れられると，その経験は〔クライエントにとって〕不快でなく，やりがいを感じるものとなるだ

ろう。そしてこのやりがいは，現在のセッションだけでなく，その後のセラピーセッションへの参加につながるものでもある。

エネルギーのレベル

クライエントがその時々で費やす努力やエネルギーの量はさまざまであるのだが，難しいことに取り組んでいる時のコミットメントレベルとエネルギーレベルには相関がみられる。うまく機能している人は，課題を遂行するにあたって，高いエネルギーとコミットメントをもって臨むだろう。自分の関心事と内的動機づけに関するエネルギーを高く保てるということは，クライエントの強みとなる。しかし，これらの変数が極端な場合は，ETCの**感情的**および**運動感覚的**要素の使われ方が不適切であることを示唆している。例えばエネルギーレベルが高く，コミットメントレベルが低い場合は，ETCの**運動感覚的**要素にかたよっており，ADHDの診断の可能性が示唆されるであろう。エネルギーとコミットメントのレベルの両方が低ければ，**感情的要素**がブロックされていることを示し，うつ病の可能性がある。

対処能力

創作過程における素材との関わり方から，クライエントが生活の中で慣れない課題に対してどのようにアプローチしているかがわかる。多くの場合，クライエントは長年アート素材を使っていないため，素材は目新しいものであり，たいていアセスメントでの課題はクライエントにとって未知のものである（Kaplan, 2012）。クライエントが慣れない状況に耐えるために使うエネルギーやコミットメントの量，欲求不満耐性のレベル，そして素材や課題の境界〔枠〕や限界〔量〕をいかに設定するかなどを見ていき，その人の対処能力や柔軟性を見立てていくのである（Matto et al., 2003; Pénzes et al., 2016）。例えば，アートセラピーグループに参加したある女性は，創作中に描きそこなってしまい，その紙を捨てようと思ったが，少し考えてから捨てずに描きなおすことにした。問題が起こった時に，すぐにイライラしてしまうのは「昔の自分」であり，もっと違うやり方で対処したいとい

う思いから，自分が納得するまで描きなおすことにした。やり方を修正できたことは，彼女の対処能力の柔軟さを示すものであろう。

最終的なアート作品のスタイル／表現要素

できた作品の表現要素や形式的要素には，発達レベル，線や形の質，空間や色の使い方，内容や象徴性などが含まれる。このようなアート表現の要素には，さまざまな人格特性やDSMの診断カテゴリーとの間の関連が実証されている（Cohen et al., 1994; Gantt & Tabone, 1998; Pénzes et al., 2014, 2016; Ulman & Levy, 1973）。ETCの枠組みの中で，これらの要素はイメージ構成上の主要な処理機能を指し示す大切な指標となる。次に，上にあげたさまざまな要素を各項で検討し，まとめて整理していくことにしよう。

発達段階

第1章では，ETCが発達の階層を表しているという概念を紹介した。情報処理とイメージ形成は，単純な**運動感覚／感覚**的な処理から複雑な**認知／象徴**レベルの作業へと発展していく。最終的なアート作品の特徴は，クライエントの発達レベルとクライエントの好むETCの要素を示している。これらの描画の特徴は，クライエントの年齢や性別，文化，教育レベルとあまりにもかけ離れている場合，特に顕著に表われることになる（Alter-Muri & Vazzano, 2014; Deaver, 2009; Handler & Thomas, 2014; Ostar & Gould Crone, 2004; Simon, 1992）。

運動感覚／感覚レベルでの表現は，描画発達のなぐり描き段階を示している。なぐり描き段階では，画材は感覚を刺激したり，動きを促進するものとして使用される。子どもは，感覚運動に関するフィードバックを重要な学習源として取り入れる。この段階でアート作品自体は，創作中に感じる感覚や動きほど重要ではないことが多い。平常時なら視覚的にしっかりイメージすることができる人でも，ストレスやトラウマの影響を受けると，**運動感覚／感覚**なレベルに退行してしまうことがある。また，クライエントの描画発達が年齢相応でない場合には，知的障害，書字障害，ADHD，アート課題への参加の抵抗等の原因が考えられ

る。次に**知覚／感情**レベルで作成されたイメージは，描画発達の図式期の視点から考え，視覚表現の形式的な要素や，感情的な影響によって歪められていないかに注目する。**認知／象徴**レベルでは，写実的な段階から自然主義的な段階等，思春期以降の段階の描画表現が関連している。その段階での描画は，複雑な考えやアイデア，ユーモア，皮肉，そして大切な象徴となるものを視覚的に伝えるであろう。

線と形の質

複雑で，相互に関連し，注意深く作られた形というのは分析と計画を必要とする表現であり，一般的にETCの中の**認知**的要素の範疇であることを示している。また幾何学的な形や，形や線の繰り返しは，ETCの**知覚**的機能が情報処理の主要なモードであることを示唆している（Lusebrink, 1990）。さらにその形が歪んでいたり，一部が異常に強調されていたり，細部が消えているような場合は，**感情**的要素が何らかのかたちで関与している（Gantt & Tabone, 1998; Kramer, 1975b）。不安による感情的な影響は，強い陰影によって示唆されることもある（Hammer, 1997; Koppitz, 1968）。また素材に対するコントロールの欠如を示している貧相な線の質は，**運動感覚**的要素の関与に関連している可能性がある（Gantt & Tabone, 1998; Munley, 2002）。

空間の使い方

最終的な作品において空間の使い方を見ると，その人の志向する情報処理とイメージ形成の戦略がわかる。ほとんどの人はイメージを作成するために画面の3分の2を使う（Handler & Thomas, 2014; Ostar & Gould Crone, 2004; Ulman & Levy, 1975）。空間をより多く使うということは，躁状態で見られるような**感情**的要素の過剰使用を示唆しており，反対に空間をほとんど使わず，小さな絵を描く人は，**知覚**的または**認知**的情報処理の関与が大きく，**感情**的な要素が少ない大うつ病性障害を示唆することもある（Gantt & Tabone, 1998; Hammer, 1997）。また，エネルギーレベルが高まり，紙が線の動きで描き尽くされた場合，その空間使用の割合は，**運動感覚**の作用と相関していると言える。**認知**的要素が

中心にある場合は，空間は戦略的によく練って使われていることが多いが，逆に**感覚**的あるいは**象徴**的なプロセスが支配している場合は，感覚や象徴が経験の中心になるため，計画的に空間使用されることが少なくなるであろう。

色の使い方

第6章で説明したように，使用される色は感情の喚起と相関している。アートを用いたアセスメントでは，色の使い方はいくつかの点で感情の関与と関連している。例えば，うつ病は，暗い色の使用と無彩色の場合の両方と相関している（Gantt & Tabone, 1998; Hammer, 1997; Wadeson, 2010）。Hammerは，色彩HTP（家木人）法でクレヨンを提示した時，最も「感情回避的」な人は黒，茶色，または青のような暗い色を選び，鉛筆のような持ち方でクレヨンを使用し，色を塗りつぶさない傾向があったことを指摘している。また双極性障害の軽躁期の人が大量の色を使用するのは典型的であり，たくさんの色が使われ，色で埋め尽くされたようになる（Gantt & Tabone, 1998）。

アセスメントにおいて，色の変化と適合性は，その使い方を考慮する際に検討すべき重要な変数である。特に子どもの場合，セラピーにおける重要な感情の変化は，絵の中の色の変化によって示されることがある（Gregorian et al., 1996; Milne & Greenway, 1999）。一般的に，青のような寒色は内向的な性格と関連し，赤のような暖色は外向的な資質や行動と関連している（Elliot et al., 2007; Elliot & Maier, 2014; Hauschka, 1985）。10歳くらいまでは男の子も女の子も同じように色を使用するが，それ以降，男の子は急に色自体の使用が減ってくるという研究がある（Alter-Muri & Vazzano, 2014; Deaver, 2009; Milne & Greenway, 1999）。MilneとGreenway（1999）は，男の子の描画から色が消失するのは，感情的な反応を減らし，感情に対する認知的なコントロールを強めようとする社会的な圧力と関連しているという仮説を立てた。またGanttとTabone（1998）は，認知プロセスの低下が現実離れした色の選択と使い方と関連していることを示した。統合失調症では「奇妙な」色の組み合わせが見られるが，これはおそらく精神病的な思考プロセスに関連してい

ると考えられる。せん妄や認知症などの認知障害者の視覚表現には，色の適合性の欠如，すなわち描写されたものに合致しない色が使われることが多い。

神経学的指標

記憶喪失や実行機能の低下を特徴とする認知機能障害は，多くの高齢者にみられる（Alders & Levin-Madori, 2010; Stewart, 2006; Wald, 2003）。ベンダー・ゲシュタルトテストのような正式な描画を使った検査，スクリーニングを行うための「時計描画テスト」，また投映法や標準化されていない手続きで行うさまざまなアセスメント等によって，これらの認知障害は査定されてきた（Alders & Levin-Madori, 2010; Duro, et al., 2018; Hammer, 1997; Stewart, 2006）。一般的に，認知症やせん妄の患者による描画は，情報を統合してリアルに描写する描画能力の不足を示している。他の指標としては，不適切な回転，単純化，断片化，反復などがあげられる（Bonoti et al., 2015；Gantt & Tabone, 1998；Hammer, 1997；Koppitz, 1975；van Buren et al., 2013；Wald, 1984, 2003）。

内容と象徴

ここまで述べた発達レベル，線と形の質，空間や色の使い方，神経学的指標の要素は，人々がどのように描くかに関するものであり，表現スタイルや表現要素から得られる客観的な指標と考えることができる。アート作品から得られるもう1つのタイプの情報は，何を描いたかに関するものである。このタイプの情報は，個人の主観的な内容や象徴性に由来するものである。アートが主観的であるということは，見る人も，作者の意図とは異なる自分の個人的な意味をそこに見出してしまうことを指す。

アートセラピストも同様に，自分の考えや感情を絵に投影する傾向があるのだが，その傾向に気づいて修正する訓練を受けている。イメージの権限はそれを創った人のみにあり，その内容や象徴性について，まず初めに語るべきは作り手である。一方，セラピストはクライエントのイメージに対して保守的になりすぎて，その人の大切な主題が普遍的なシンボルを通して穏やかに示されている

場合を見逃してはならない。内容と象徴性の意味を明らかにして結晶化させるためには、クライエントが提供した情報と、セラピストの見立てを必要に応じて慎重にバランスよく取り入れる必要がある（Hinz, 2008; McConeghey, 2003）。

イメージを組み立てていく機能

イメージを組み立てていく機能とは、人がイメージを形成するために情報を収集し、処理する方法であり、ETCの6つの要素に対応している。ここでは、上述してきたアート表現のスタイルや特徴について、それぞれの要素の主な特徴を把握するとともに、各レベルの中間にある創造的移行領域についても説明する。

Lusebrink（V.B. Lusebrink, personal communication, March 3, 2008）は、表10.2を作成して、ETCのさまざまなレベルにおける視覚表現の基本的な特徴と強み、および各要素の過剰使用や過小使用などの極端な変化を説明した。さらに、この表には、2つの両極の要素が出会う領域である創造的移行領域において期待される表現の質が記載されている。表10.2からわかるように、機能が充実している人では、各要素の情報を統合する力がその強みとなる。例えば感情をイメージで表現する場合、感情を表現する際に形を生み出すことができるのは1つの強みとなる。

運動感覚に優れた人は動きを重視し、エネルギーを表現したり放出したりするための行動を促進するのに素材を使う傾向がある。アセスメントにおいて、そういう人たちは、絵具を塗りつけたり、落書きしたり、ダイナミックな線で描いたりする行為が中心になることが予想されるし、その間クライエントは立っていることが多いかもしれない。一般的には、最終的なアート表現よりも、プロセスに含まれる行動の方が治療的には意味がある。緊張をほぐしてストレスを解消したり、癒しのリズムの統合を助けたりする場合には、**運動感覚的領域**が優位になることは利点になる。しかし、**運動感覚的行動**が過剰に使われると（Kx+）[訳注3]、アート作品の線の質が落ちたり（Munley, 2002）、形が崩れたり、限界を無視した表現が表れる（Gantt & Tabone, 1998）。焦点の定まって

いない行動がイメージ形成を妨げたり、プロジェクトの遂行を阻害したり、イメージの破壊につながるような場合には、**運動感覚**的機能が問題となる。

感覚的要素を好むクライエントは、画材の感覚的な反応を進んで受け入れたり、あるいは拒否したりするだろう。質感、匂い、視覚情報などに巻き込まれやすく、創作中に偶然聞こえてきた面白い音を、繰り返し聞いて楽しむこともある。運動感覚の経験と同様、最終的なアート作品は、体験のプロセスに比べると二の次とされる。そして感覚的な情報処理においては、その情報を意思決定や問題解決のために統合していけると有益なものとなる。**感覚**優位の人は、内外の刺激に敏感で美的感覚に優れ、独特で豊かな創造性を伴う共感覚を経験しやすい（Ackerman, 1991; Ferruci, 2010）。また**感覚**優位の人は、一方で見慣れない刺激、複数の刺激、有害な刺激に圧倒されやすいこともある（Aron, 2010; Zeff, 2004）。感覚体験への過度な関与（Sx+）や感覚統合の困難（Sx-）は、行動や感情のコントロールの困難、自己陶酔、対人関係の悪化につながる可能性がある（Miller, 2006）。

感情的要素が適度に優位な人は、感情にオープンにアクセスできる。そして行動に向かって感情が適切なシグナルとして働く場合、感情は認められ、理解され、表現される（Ekman, 2007; Gross, 2014）。素材を自由に選択できるアセスメントでは、感情優位の人は、カラフルで流動的な素材に惹かれやすく、通常カラフルな絵具やパステルは、感情表現を容易にする。こういう人は、よく色を使うことに加えて、表現の特徴として、スキーマのバリエーションが多く、形の広がりや重なりも見られるだろう。その形体は感情的なコミュニケーションとして使用され、ダイナミックで表現力に富んでいる。**感情**的機能が過剰（Ax+）な場合は、紙面の占有部分が多く、荒々しい形、過大な形、圧迫感が認められる（Gantt & Tabone, 1998; Lusebrink, 1990; Simon, 1992）。過剰な感情が表現の中心になる

訳注3）文中で情報処理の英字記号（ex. KやS）にxがついている場合は、＋が過剰使用の状態を言い、－が使用不足を示す。

場合，色同士は衝突し，形は崩壊し，時には意味のある表現が損なわれることがある（Hammer, 1997）。

　知覚的要素が強く影響を与えている場合，作品において形式的な表現要素が強調されていることに気づく。つまり表10.2に見られるように，この情報処理においては，形体が作品のイメージを支配し，色が使われたとしても，それは単に形体を説明したり，輪郭を描いたりするためにある。そのイメージには抽象的なものと具象的なものがあるが，さまざまな形体や細部を駆使しているのがその特徴である。知覚的要素が統合されている際は，作品の中では空間が適切に使用されている。知覚の使用が極端に少ない場合は（Px-），知覚的なまとまりは減少し，不完全な形，空間の使用の減少，細部の欠如等が見られる。これらの特徴は，認知症のような神経疾患に特徴的である（Gantt & Tabone, 1998; Koppitz, 1975; Wald, 1984, 2003）。知覚的要素の極端な過剰使用（Px+）では，幾何学的な形体が優勢となる。描画では，形が小さく，細部への過度のこだわり，過度な繰り返しが見られる（Gantt & Tabone, 1998）。

　認知的要素優位の人がイメージを作成すると，空間の統合，段階的な計画，問題解決などがみられる。これらの特徴は，第7章で述べたように，脳の実行機能における前頭前野の関与を反映しているのである。認知が優位になりすぎると（Cx+），厳密な構造に固執したり，喋りすぎてイメージ形成を妨げることがある。逆に，認知的プロセスの使用不足（Cx-）の特徴としては，作品の中に非論理性または不完全な空間関係が表れたり，概念的な意味の喪失およびイメージの極端な乏しさがみられたりする。このような認知機能の低下は，一部の神経疾患や統合失調症で見られる（Gantt & Tabone, 1998; Lusebrink, 1990）。

　象徴的な要素が優位な人は，しばしば比喩的なイメージや言語で，思考したり話したりする。そして象徴的な情報処理がその人の強みとなるのは，次のような場合である。例えば反省する際に同時に肯定的な視点を持つことができること，あるいは多様な文化間のつながりを感じてその意義を認めること，また過去・現在・未来の経験から共通の要素を見出したりできること等である。象徴との深い結びつきは，元型との関連性がイメージに出てきた時や，象徴的な色使い，暗示的な意味を持つ重層的なシンボルが表れた時にそれとわかるであろう。極端な現れ方（Syx+）では，クライエントは，その人にしかわからない特異な象徴に心を奪われたり，あるいは象徴を防御のために使用していることもある。

　アセスメント段階では，必ずしも1つの情報処理だけが支配的であるとは限らない。機能的に優れた人は，ETCの要素のすべてまたは大部分を，いとも簡単に統合することができる。また，知的レベルが高かったり，アートの訓練を受けていると，アセスメント場面から得た情報はしばしば歪められることがある（Betts & Growth-Marnat, 2014; Ulman & Levy, 1975）。特にアートの訓練を受けている人は，素材や主題の扱いにおいて，一般的な解釈とは異なる様相を示す。1つではなく，多様な素材を好んだり，また新しく習得した素材を選んだり，あるいは昔からのお気に入りを再発見する形でその好みを示す可能性がある。このような表現の柔軟性は，経験を積むことに関係している場合もあれば，情報処理の好みに関係している場合もある。その人の優位な情報処理を見極めるためには，まずは，アセスメントの時点でクライエントが最も快適で慣れ親しんでいる情報処理がそれであることを忘れてはならない。ETCのアセスメントを通してその人の優位な処理プロセスが何かという知識は診断にとても役立つが，それはDSMの診断の分類に対応するわけではないこともつけ加えておく。

言語コミュニケーション

　言語によるコミュニケーションがアセスメントの重要な要素であるということは，実施者（通常セラピスト）が必ず同席して描画を収集すべきであり，目隠し分析だけで解釈してはいけないことを意味する（Deaver & Bernier, 2014; Hammer, 1997; Kaplan, 2012; Oster & Gould Crone, 2004）。アセスメントにおいてアートセラピストがそこにいて見ていることで，言語的なコミュニケーションを含むその人の行動について，さまざまな情報を得ることが

表 10.2　ETC の各レベルにおける視覚表現の主な特徴

K ＝運動感覚 運動感覚的表現や行動を重視		創造的移行領域 運動感覚　―　感覚	S ＝感覚 感覚や感覚の探求を重視	
←————→	←————→	←————→	←————→	←————→
運動感覚 Kx （精神病理的な極端な状態） 激しいなぐり描き 激しい投げつけ 限界の無視 材料の破壊 線質の乏しさ 線の無視 空間利用の増加	運動感覚 K **統合としてのリズム** なぐり描き 刺す 塗る 転がす	感覚的なフィードバックとダイナミックな運動感覚が同時に生じる創作表現	感覚 S **感覚統合** 素材と質感の感覚的探求 素材の表面の感覚的な探求	感覚 Sx （精神病理的な極端な状態） 感覚への過剰な没入 静止または非常にゆっくりとした動き 感覚体験の回避 感覚統合の欠如 極端な感覚過敏

P ＝知覚 形と個のイメージを重視		創造的移行領域 知覚　―　感情	A ＝感情 感情表現を重視	
←————→	←————→	←————→	←————→	←————→
知覚 Px （精神病理的な極端な状態） 形の幾何図形化 ステレオタイプのイメージ 不完全な形 まとまりのない形 形の反復 輪郭線が目立つ 細部へこだわり 非常に小さい形 少ない色使い 空間の使用が減る	知覚 P **知覚の統合** 形の優位性 抽象あるいは写実 線と形の混在 形のバリエーションが豊か ゲシュタルトのバリエーションが豊か 細部の区別 表現力のある色使い 適度な空間の使用	良い／複雑なゲシュタルト 色彩豊かな形 美しい形の配置 ダイナミックでありかつ形がしっかりある 表現するものと向きあった上での創作	感情 A **感情的に表現された形** 閉合されているところがないような形 ダイナミックな輪郭線 不完全な輪郭線 スキーマにバリエーションがある 重なりあう形 色の使用が目立つ	感情 Ax （精神病理的な極端な状態） 色のまとまりのなさ 形の崩壊 乱れた形 幻覚じみた感情的なイメージ 大きな形 あからさまな色のぶつかり合い より多くの空間が使用される

C ＝認知 認知的操作を重視		創造的移行領域 認知　―　象徴	Sy ＝象徴 象徴的表現を重視	
←————→	←————→	←————→	←————→	←————→
認知 Cx （精神病理的な極端な状態） 概念的な意味の喪失 表面構造の崩壊 形体間の非論理的または不完全な関係 空間の崩壊 曖昧な抽象化 厳格な構造に固執 言葉の過剰さ イメージの極端な乏しさ	C 認知 認知的統合 概念形成 客観的な意味理解 空間的統合 抽象化 問題解決 作品に言葉を含む 吹き出し 段階的計画 認知地図 絵文字	直感的な問題解決 自己発見 スピリチュアルな探求 自己受容	Sy 象徴 統合的な象徴性 象徴的な意味 形体間のシンボリックな関係 直感的な概念形成 主観的な意味 自己探求	象徴 Syx （精神病理的な極端な状態） シンボルへの過剰な同一化 奇異で曖昧な象徴を用いる 現実を象徴的にとらえる 防衛としての象徴

注：この表に記載されている例は，ETC を構成する特定の要素の説明例にすぎず，すべてを網羅したり，他を除外することを意味するものではない。

できる。創作後の話し合いでは，創作中に経験した気持ちやイメージからの連想，表現の意味などについて質問し，クライエントは自分の好む優位なETCの要素について話すこともある。また前述したように，アセスメント中，エネルギーが創作に注がれる方がよいので，創作中はクライエントとの話し合いはあまり勧められない。とはいえ，もちろんそこで発せられたコメントはすべて記録し，描画後の質問で明確にする必要がある。そこで見ておくべき言語化の特徴は，本人のつぶやきや検査者に対する発言の中の発話の質，発話の速度と音量，そしてその中で示される論理性などがある（Rubin, 2005; Matto et al., 2003）。

クライエントにとって，ETCの左側の外界志向のプロセス，すなわち**認知**，**知覚**，**運動感覚**の3つの情報処理に関連したことが，まずは話しやすいであろう。表10.2に示すように，認知的なアートワークによる表現には言葉が含まれていることが多く，言葉を使うことで容易に展開することができる。また，作品の形式的な要素（線や形，空間等）について話すことで，**知覚**的な経験について話しやすくなる。最後に，行動的な性質を持つ運動感覚的機能については，クライエントは通常話し合うことにあまり抵抗を感じない。対照的に，ETCの右側，すなわち内側に注意を向ける機能——すなわち**感覚**，**感情**，そして**象徴**——を説明するのに適切な言葉を見つけることは難しいであろう。創造的な活動が行われている時には，必ずしも言葉が必要ではないことにアートセラピストは気づき，それに自信を持っていなければならない。クライエントが表現する言葉を見つけられなくても，創造的な体験それ自体が，治療的になり得るのである（Lusebrink, 1990; McNiff, 1998; Moon, 2016）。

言語によるコメントの質

クライエントの発言の内容によって，ETCの情報処理の傾向を知ることができる。例えば，創作過程や最終的な作品について語る内容が，手に触れた時の感触，素材の匂いや，見た目のインパクトなどに注目していれば，**感覚**的な処理の傾向を示している（Evans & Dubowski, 2001）。あるいは，

創作体験の「動き」の側面に注意を払い，それを楽しむ内容であれば，**運動感覚**的傾向が示される。運動感覚的に関わるクライエントは，座って制作するよりも，立って自由に動き回ることを好むことがある（Van Meter, 2018）。このようなクライエントは，動きを通してエネルギーを放出することが体験の中心なのである。

感情的な焦点は，自己，プロセス，作品の感情的な側面について言及することで示される。その場合の言語的なコメントは，創造過程でクライエントが経験した感情や，最終的な作品によって喚起された感情を強調するものである。クライエントは時に，自分の能力のなさを嘲笑したり，最終作品が自分の想像していたものとは違うと嘆いたりする。さらに，感情に支配されている人は，アセスメントセッション中に言葉を使わず，それ以外の方法で感情をはっきりと表現するような時もあるだろう。それとは対極の**知覚**的機能を好む人は，視覚表現の形式的な要素を重視して話すであろう。

認知的な傾向の言語表現はいろいろある。クライエントは，イメージを表現するためのステップについて，ああしてこうしてとひとりごとのようにつぶやいたり，セラピストにそれを話したりする。**認知**的処理が過剰に使われている人は，作品づくりよりも話すことに夢中になっていることが多い。この発言の質は，例えば，自分のアートの能力を合理的に説明しようとしたり，創作プロセスを知的に説明しようとしたり，また逆に創作を進めることの重要性を否定したりすることもある。このような言葉による防衛は，創作で実際に動いて作ることよりも，認知的なプロセスの方が快適であることを示している。また逆に，認知処理の障害は，さまざまな認知症に見られるように，計画，整理，順序づけなどの実行機能の障害の中に見つけることができる（Stewart, 2006）。

ETCの**象徴**的な要素を扱うことを好むクライエントは，イメージの象徴的な意味合いに親和性を示しやすい。さらに，比喩的な言葉で話す人も**象徴**的な要素で情報を処理している。例えば，第8章で紹介したあるうつ病のクライエントは，自分のことを〔神との〕「パイプ役」と呼び，アド

バイスや精神的な指導などの良いものは自分を通って他の人に渡り，ポジティブな要素は自分の中には何ひとつ残っていないという感覚から，パイプのようなものを描いた。そしてアセスメントでは，比喩的な言葉と自己象徴がくり返し現れた。この人のアートセラピーを成功させるためには，豊かなイメージと象徴性が不可欠であった。

発言の速度と声量

発言の質には，情報処理戦略の手がかりとなる発言の速度や声量に関する情報が含まれる。ゆっくりとした慎重な話し方は，ETC の**認知的**要素の主な特徴となる思考プロセスのあり様を表しているかもしれない。また，発言の特徴は，**感情的**要素への関与を示すこともある。早口で大きな声で話したり，過度に饒舌であったりする場合は，双極性障害，軽躁状態，または躁状態を示している可能性が高い（APA, 2013）。もう１つの指標は，無関係な話題が次々と変わり，考えが飛躍するような強引な話し方である。うつ病の場合は，第6章で取り上げた事例のように，静かで涙ぐんだ話し方や，自発的な発言がないことで示される場合がある。

表出される論理性

コミュニケーション障害の中によくある特徴として，話の中に論理性がないことがある。論理性の低下は，認知症や精神病性障害で見られるように，脳の機能が低下している徴候かもしれない（APA, 2013; Wald, 2003）。精神病性障害者の発言は，支離滅裂または無秩序であること場合が多い。また発言の乏しさや，論理的に自分を説明できないことも，精神病性障害の特徴としてあげられている（APA, 2013; Gantt & Tabone, 1998）。論理性や言語性の障害，その他の認知機能の低下の徴候は，せん妄の場合にも示される（APA, 2013）。

情報処理の好みは，言葉によるコミュニケーションですべて示されるとは限らず，それは評価段階で得られる情報源の１つにすぎない。また，表現はさまざまなレベルで，さまざまな要素を用いて行われるため，ETC の要素の間には重複がある可能性がある。しかしひとまずアセスメント

では，今後のセラピーの方向性のヒントとなるような，情報処理における好みを指摘するべきであろう。

最後に付け加えるが，ここまで述べたような素材などの選択の自由度の高いアセスメントセッションは，セラピーの過程の中でいつでも実施してかまわない。それによってセラピーの進捗状況を判断し，必要に応じてそこからのセラピーの方向性を調整することができるのである。

6. ETC アセスメントの構造

前述したように，アセスメントの情報収集は理想的には３回のセッションで行われる。得られた情報は，表10.1 の「ETC アセスメント用紙」や表10.3 の「ETC 要素のアセスメント用紙」などの記録用紙に記録することができる。これらの用紙を使用する際には，単にできた作品のみではなく，セッションの全体を評価することが重要である。こうした用紙は，アセスメントに重要な全ての変数を記録するためにある。表10.3 に示すETC 要素アセスメント用紙の変数は表10.2 から引用したものであり，これらを記録することで，創作中の行動や最終的なアート作品の質から，クライアントの好む要素の機能を見極めることができる。この用紙１枚に３回のセッションを記録するのだが，１つ目のイメージ（作品）で注目したところに印をつけ，２つ目，３つ目は色を変えておくと良い。そのクライアントの好みの要素は，マークした色の頻度を集計することで簡単に算出できる。情報処理の好みの傾向は，用紙全体の色の変化によって示される。

アセスメントの情報を記録した後は，クライアントとセラピストが並んで作品を鑑賞し，クライアントの抱えている問題に照らして，ETC の観点から作品の意味を話し合うセッションを計画する。アセスメントの結果，アートセラピストは，クライアントが好む ETC の要素のプロセスや，機能を阻害しているもの，また使いすぎているものなどを把握する。これらの情報は，クライアントの現在の問題に関連してアートセラピーの治療目標をどのように設定するかを話し合うために使

表10.3　ETC要素のアセスメント用紙

運動感覚 Kx(-) ←	運動感覚 K(+)	創造的移行領域 運動感覚-感覚	感覚 S(+)	→ 感覚 S(-)
激しいしなぐり描き 線質の乏しさ 点や短い線 素材の投げ捨て 材料の破壊 紙やスタジオの限界を無視する	押し付ける 刺す 吹き付ける つまむ 引き裂く 作業中、立ちあがる	感覚的なフィードバックとダイナミックな運動感覚が同時に生じる創作表現	素材の表面、素材そのもの、素材の質感の感覚的な探求 目を閉じて質感に五感を刺激する	2つの極端な状態 (1) 感覚的な体験への没入静止、または非常にゆっくりとした動き (2) 感覚的体験の回避 感覚の統合の欠如

知覚 Px(-) ←	知覚 P(+)	創造的移行領域 知覚-感情	感情 A(+)	→ 感情 Ax(-)
形の幾何図形化 不完全な形やステレオタイプのイメージ コピーやトレース 輪郭線が目立つ 細部への過度のこだわり 細部や色の乏しさ　空間の減少、空間の極小使用 (25%未満)	知覚の統合 形の優位性 線／形の混合 輪郭部／形／サイズの変化 細部の区別化 空間の適切な利用	良い／複雑なゲシュタルト 形式的な形の順序 美しい形の配置 ダイナミックさ／形がしっかりある 創造的な色使い 創造的な混色 表現するものと向きとあった上での創作	色の使用が圧倒的に多い、表現力豊かな色使い ダイナミックな輪郭部、不完全な輪郭部 閉合されているところがないような形 そのものを表現するために色を用いる 感情的に表現された形	形の崩壊 乱れた形 あからさまな色のぶつかり合い 幻覚のような感情的イメージ 過度に大きい、または迫ってくる形 （ほとんどの空間を使用 (75% 超)

認知 Cx(-) ←	認知 C(+)	創造的移行領域 認知-象徴	象徴 Sy(+)	→ 象徴 Syx(-)
空間の崩壊、曖昧な抽象化 概念的な意味の喪失 極端に乏しいイメージ 厳格な構造 独特すぎる言葉使い 色彩の欠如	認知的・空間的統合 抽象化 カテゴリー化 絵文字 作品に言葉を含む 問題解決 客観的な意味理解 ストーリー性を含む	直感的な問題解決 自己発見 スピリチュアルな探求	隠喩的・重層的に統合して象徴を用いる 主観的に抽象化して理解する 象徴的な色の使い方 直感的な概念形成 謎や曖昧さの表現 シンボルによる自己表現	シンボルへの過剰な同一化 奇異で曖昧な象徴を用いる 現実を象徴的にとらえる 受け入れ難い感情を偽装するために象徴を用いる

う。次の事例でETC評価の結果をどのように伝えるかを示そう。

7. 事例

　ルビは15歳のラテン系の女の子で，神経性食欲不振症に苦しんでいた。ルビは当初，素材の選択やその好みの強さ，不要なリスクを負わない等の様子から，**認知的情報処理**を好んでいることが示された。彼女は，隔週で行われた4～6回のアートセラピーの間，この認知的な志向から外れることなく，コラージュを選択した。コラージュは，言葉やイメージを識別し，選択し，配置するための複雑な思考プロセスを伴うことから，**認知的情報処理**に関与するものと考えられている。

　コラージュ制作では，切り貼りする作業を我慢強くこなし，そこには粘り強さとこだわりがあった。そして文字の境界を意識したその貼り方は興味深いものであった（図版8）。ルビは周囲の余白を残さず画面全体を埋めるために文字だけを丁寧に切り取った。Hammer（1997）は，クライエントが紙の境界〔枠〕を試すようなイメージを一貫して作成する場合，そのクライエントは外部からの制限による制約を経験しており，この制約を補う必要性を強く感じていると述べている。このような境界線との一種の対決のような表現は，表面的な認知的コントロールの下で，表現したい感情がわき上がっていることの1つの表れである。また，ルビはイメージを紙に貼り付ける際，のりではなくテープを使用しており，のりを使用した場合に生じる感覚的な入力を避けていることがわかった。このことから感覚的な入力を許してしまうと，これまで認知的な情報処理に集中することで避けようとしていた感情が呼び起こされてしまうのではないか，という仮説が立てられた。

　コラージュのスタイルもまた，**認知的情報処理**を好む傾向を示していた。最初のコラージュは言葉だけが貼られていたが，コラージュに込められたメッセージや，ルビが制作しながらセラピストに語りかけた言葉やつぶやきの水面下には，強い感情が隠れていた。コラージュには，ヨーロッパ中心の美の理想像やスーパーモデルのような細い

体が使われていたが，この大きな体格のラテン系の女の子にとっては，手の届かない目標だったのかもしれない。ルビはアートセラピストに，作品に使ったファッション雑誌の中で見たものと自分は全然違うと述べ，失望感をあらわにした。ルビに関するアセスメントを表10.4にまとめた。アセスメントの結果，ルビはほとんど**認知的**な情報処理しか使っておらず，間違いなく**認知的**な情報処理を強調していることがわかった。さらに，**感情的要素**と**感覚的要素**のチャンネルが遮断されているようだった。

　最初のイメージを一緒に見ながら，アートセラピストはルビに，そのイメージについて何か気づいたことはないかと尋ねた。まずルビは，そこに文字しかないことに気づいたと述べた。するとアートセラピストは，それはルビが自分の重要なニーズを満たし，問題を解決するために知性を使うことができている証拠だと返した。ルビは同意してうなずいた。アートセラピストは，知的な解決を好むということは，時に，そこにある感情がないがしろにされて，表現できないために，認知が過剰に使われていることを説明した。ETCの簡単な図を使って，**感情的要素**が認知／象徴レベルと**運動感覚／感覚レベル**の間にあることをルビに示した。感覚的な刺激が感情を呼び起こす能力について説明し，アートセラピストは，おそらくルビがテープを使うのは，感覚的な刺激をあまり感じないようにして，感情を呼び起こす可能性を減らすためではないかと推測した。

　摂食障害と感情表現との関連性を説明し，アートセラピストは，セラピーの1つの目標として，彼女が**感情的要素**にアクセスできるようになることを提案した。アートセラピーは自分の心地よいところから始められること，自分のペースで進めていくが，ルビが同意すれば，アートを通して感情を識別したり，表現して落ち着けるようになることを目標にして進めていけると伝えた。ルビはそれを聞いて安心し，納得した。彼女はそれまでに治療センターで「食べ物ではなく，感情が大事だ」ということを，よく耳にしていたからである。そして第2の目標を，**感覚的要素**の機能を高めること（おそらく，それは感情を刺激し，それに柔

表 10.4　15 歳ラテン系女性クライエントによる ETC の要素の好みのアセスメント

アセスメント要素	要素部分
素材の好み	コラージュ 8 〜 10 セッションにわたりコラージュを非常に好む あまりリスクをとった表現はしない
素材との関わり方	ハサミ使いの精度は高い 紙のヘリを意識した正確な切り取り 没頭 高い欲求不満耐性 テープを使って感覚的な刺激を避ける
最終的なアート作品のスタイル／表現要素	思春期らしいコラージュの話題 正確な並べ方 切り抜きの内容は視覚的イメージよりも言葉が多い ネガティブな内容 すべての空間を使用
言語コミュニケーション	自分に対する否定的なコメント ヨーロッパ中心の美の基準を満たさないことへの失望の表明

軟な反応を加えること）とし，それを進めていった。

8. まとめ

　ETC のアセスメントは，少なくとも 3 つの自由課題を課すことから始まり，クライエントの機能レベルのあり方，特に情報を処理するためにどのアプローチが最も使われているかを査定していく。これらのアセスメントにより，その後どこから表現活動を開始していくかの目算が得られる。

アセスメント段階では，好みの素材，イメージを形成するための素材とのやりとり，完成作品のスタイルあるいは表現要素，創作過程での言葉によるコミュニケーションなど，さまざまな情報を確認する。これらの要素をすべて検討し，情報を収集することで，クライエントが典型的に用いる情報処理，意思決定，行動傾向について仮説を立てる。これらの要素を，セラピー開始時の治療目標や治療計画の策定に役立て，必要ならば，いつでも再度アセスメントして見直すようにするのである。

監訳者あとがき

ETC の理論の生みの親であるヴィーヤ・B・ルースブリンク氏そして，ケンタッキー州のルイビル大学時代の氏の教え子であり，本書の著者であるリサ・ハインツ氏についてはじめに紹介していくこととする。
（以下のルースブリンク氏の情報は，直接彼女の教えを請うたメーガン・ヴァンミーター氏のホームページから得たものである。）

ルースブリンク氏はラトビア生まれで，若いころ家族とともに米国に移住した。大学では化学の理学士号と絵画の修士号を取得し，芸術が自分の人生にとって不可欠なものであることを知る。その後ルイビル大学で 20 年間教鞭を取り，多くの学生を指導した。

1978 年に同僚のケーギン氏とともに雑誌 Art Psychotherapy に発表した ETC 理論に対して，当時のアートセラピストの反応は冷ややかなものであったという。しかしルースブリンク氏は，いかに人は創造するのか，そして我々セラピストはどのようにその創作行為を支援できるのかについて真摯に研究を続け，その考えを 1990 年に出版した "*Imagery and Visual Expression in Therapy*" において精緻化した。そして晩年は神経科学の進歩がいかに ETC を裏付けているかについて研究を続け，昨年（2022 年）6 月に 97 歳でその生涯を閉じた。米国のアートセラピー学会は，その功績を称え，1995 年最高の名誉である Honorary Life Member（HLM）を彼女に授与している。

本書の著者であるハインツ氏は，もともと米国の認知行動療法・行動修正を志向するアメリカの臨床心理学者であった。その後，クライエントのイメージの力に魅了され，ルイビル大学大学院のアートセラピー学科で学びなおし，そこで師となるルースブリンク氏に出会う。そしてルースブリンク氏と同様，精力的に ETC の考えを学会活動等で広め，多くの具体的なアートセラピーの事例とともに，本理論の有効性を説いてこられた。今では ETC の理論は米国のアートセラピーの教育プログラムのなかで習得すべき情報（Content Area C: Materials and Technique Art Therapy Practic）の 1 つの例としてあげられている（AATA, 2017, p16）。

本書の初版は 2009 年に出版され，10 年を経て第 2 版（2020）が出版された。初版後に蓄積されたさまざまな研究からの知見を追加する形で第 2 版は構成されているが，今回の邦訳では，紙面の都合上第 2 版の基本的な ETC の考え方を中心に示している。さらなる知見を求めたい人はぜひ第 2 版の原著を手にとってほしい。

筆者が ETC 理論を初めて知ったのは，1987 年，アメリカにアートセラピーを学ぶために留学していた時である。その時は正式な授業の中ではなく，知人から，こういう理論があるよと教わった。Kagin と Lusebrink（1978）の論文の中の流動性－抵抗性の軸に関する素材のスペクトラムの論考である。その話自体は理解可能で，確かにそのような物理的な特性が心理的な影響を及ぼすのであろうと想像はついた。が，それ以上の理解には至らなかった。

日本に帰国してからは，臨床心理士として，子どもから高齢者までさまざまな職場で働いたが，そこでは臨床心理業務としての面接と心理査定が中心であった。特に病院では手順の決まった描画テストをロールシャッハテスト等と一緒に使うことが求められた。一方で，アセスメントよりもセラピーを重視する場面（ex. 個別のプレイセラピーや児童臨床のデイケア，高齢者施設でのグループ）では，米国で学んだいろいろなアートの方法を盛り込んでグループワークを実施していた。

思い返すと，筆者の中では，アートセラピーの仕事と心理臨床の描画法の仕事は長い間分裂していたように思う。人間の創作行為を通してその人を支援するのに大差はないはずなのに，それへの眼差しが微妙に違うのはなぜだろうと考えていた。そして偶然にも両方に身を置いた筆者が，両領域に有用な視点を与えるであろう

と考えたのがこの ETC の理論である。

　この理論を中心に博士論文「アートセラピーにおける素材の臨床心理学的研究」に取り組んだ。そしてアートセラピーでは「創作時間を潤沢に提供すること」「表現プロセスを大切にすること」の他に「セラピストの素材の知識や体験が重視されること」を確認した（市来，2019）。2015 年の米国アートセラピー学会では，ハインツ氏とともに，博士論文を再分析したものを発表した。素材の因子は，大きく「エネルギーの活性化」因子と「認知的統制と心理的安全」因子の2つであり，流動性−抵抗性の2極の考え方を支持すること，またセラピスト側の素材経験の多少が，素材の典型的な印象に影響を与えることについても報告した。今後もさらに両領域の臨床家が参考にしやすい結果を示せるような実践研究を進めていきたい。

　セラピーでアートを創作する行為／あるいは描画療法の中の描画行為には，この ETC の各構成要素である「情報処理」が複雑に埋め込まれている。一見，神秘的にも見える非言語的なセッションで起こる事象を，「情報処理」という観点でいったん分解し，検討しなおすと，ちがう世界が見えてくる。これを使えば，日本の心理臨床の普段の実践，すなわちバウムテストや HTP 等の描画テスト，さらにコラージュ法やひいては子どものプレイセラピーの際に，素材や課題に対する反応の個人差や創作や遊びの過程を「情報処理」の観点から見ることが可能になり，見立ての幅も大いに広がる。

　また高齢者や子どものための福祉現場，およびスクールカウンセリングなど，アセスメントよりもセラピーの仕事に比重がかかる場合，非言語的な関わりを通して well-being を高めることを目指す実践も多かろう。その際，その人の強みをどのように理解し，何の活動を行えば，より有益な支援が可能になるのかという，個別最適な方法を模索していきやすい。

　日本にも「アートセラピー」という言葉がどんどん入ってきている。今後も諸外国に留学し，アートセラピーを学んできた人が増えていくであろう。心理臨床 vs アートセラピーの対立を繰り返さないためにも，軸足をどこに置いていようとも，その共通言語としてこの ETC を共に学んでいきたい。さまざまな領域で非言語的アプローチを志向する多くの臨床家がこの理論を参考に実践されることを願うものである。

監訳者　市来百合子

引用文献

市来百合子（2012）．アートセラピーにおける素材の臨床心理学的研究．甲子園大学大学院人間文化学研究科，博士学位論文．

Ichiki, Y., & Hinz, L. D. (2015). *Exploring media properties and the Expressive Therapies Continuum: Survey of art therapists.* Paper presented at the 46th Annual American Art Therapy Association conference, Minneapolis, MN.

市来百合子，金井菜穂子，内藤あかね，吉原やすこ（2019）．米国のアートセラピーにおけるアセスメントの特徴―投映描画法との比較から．臨床精神医学，48, 395-401.

Kagin, S. L., & Lusebrink, V. B. (1978b). The Expressive Therapies Continuum. *Art Psychotherapy, 5,* 171-180.

Lusebrink, V. B. (1990). *Imagery and visual expression in therapy.* New York: Plenum Press.

VanMeter, M.（2022）. *Tribute for Vija Lusebrink, co-creator of the Expressive Therapies Continuum.* Retrieved from https://www.meganvanmeter.com/tribute-for-vija-lusebrink-cocreator-of-the-expressive-therapies-continuum.

文献一覧

Abbing, A., Ponstein, A., van Hooren, S., de Sonneville, L., Swaab, H., & Baars, E. (2018). The effectiveness of art therapy for anxiety in adults: A systematic review of randomised and non-randomised controlled trials. *PLoS ONE*, 13(12). doi: 10.1371/journal.pone.0208716

Abbott, K. A., Shanahan, M. J., & Neufeld, R. W. J. (2013). Artistic tasks outperform nonartistic tasks for stress reduction. *Art Therapy: Journal of the American Art Therapy Association*, 30(2), 71–78. doi: 10.1080/07421656.2013.787214

Ackerman, D. (1991). *A natural history of the senses*. New York, NY: Vintage.

Ahmed, T., & Miller, B. L. (2003). Art and brain evolution. In A. Toomela (Ed.), *Cultural guidance in the development of the human mind* (pp. 87–93). Westport, CT: Ablex Publishing.

Alders, A., & Levine-Madori, L. (2010). The effect of art therapy on cognitive performance of Hispanic/Latino older adults. *Art Therapy: Journal of the American Art Therapy Association*, 27(3), 127–135. doi: 10.1080/07421656.2010.10129661

Allen, P. B. (1992). Artist-in-residence: An alternative to "clinification" for art therapists. *Art Therapy: Journal of the American Art Therapy Association*, 9(1), 22–29. doi: 10.1080/07421656.1992.10758933

Alter-Muri, S. B., & Vazzano, S. (2014). Gender typicality in children's art development: A cross-cultural study. *The Arts in Psychotherapy*, 41(2), 155–162. doi: 10.1016/j.aip.2014.01.003

American Art Therapy Association. (Producer). (1975). *Art therapy: Beginnings* [Film]. Alexandria VA: Producer.

American Psychiatric Association. (2013). *Diagnostic and statistical manual of mental disorders* (5th ed.). Washington, DC: Author.

Anderson, F. E. (1992). *Art for all the children: Approaches to art therapy for children with disabilities* (2nd ed.). Springfield, IL: Charles C. Thomas Publisher.

Arnett, J. J. (2006). *Adolescence and emerging adulthood: A cultural approach* (3rd ed.). New York, NY: Prentice Hall.

Arnheim, R. (1966). *Toward a psychology of art: Collected essays*. Berkeley, CA: University of California Press.

Arnheim, R. (1969). *Visual thinking*. Berkeley, CA: University of California Press.

Arnheim, R. (1992). *To the rescue of art: Twenty-six essays*. Berkeley, CA: University of California Press.

Aron, E. N. (1996). *The highly sensitive person*. Secaucus, NJ: Berol Publishing.

Aron, E. N. (2010). *Psychotherapy and the highly sensitive person: Improving outcomes for that minority of people who are the majority of clients*. New York, NY: Routledge/Taylor & Francis Group.

Arrien, A. (1993). *The four-fold way: Walking the paths of the warrior, teacher, healer and visionary*. San Francisco, CA: Harper.

Asawa, P. (2009). Art therapist's emotional reactions to the demands of technology. *Art Therapy: Journal of the American Art Therapy Association*, 26(2), 58–65. doi: 10.1080/ 07421656.2009.10129743

Austin, B. (2010). Technology, art therapy, and psychodynamic theory: Computer animation with an adolescent in foster care. In C. H. Moon (Ed.), *Materials and media in art therapy: Critical under-standings of diverse artistic vocabularies* (pp. 199–213). New York, NY: Routledge/Taylor & Francis Group.

Azara, N. (2002). *Spirit taking form: Making a spiritual practice of making art*. Boston, MA: Red Wheel/Weiser.

Babouchkina, A., & Robbins, S. J. (2015). Reducing negative mood through mandala creation: A randomized controlled trial. *Art Therapy: Journal of the American Art Therapy Association*, 32(1), 34–39. doi: 10.1080/07421656.2015.994428

Banfield, J., & Burgess, M. (2013). A phenomenology of artistic doing: Flow as embodied know-ing in 2D and 3D professional arts. *Journal of Phenomenological Psychology*, 44(1), 60–91. doi: 10.1163/15691624-12341245

Bar-Sela, G., Atid, L., Danos, S., Gabay, N., & Epelbaum, R. (2007). Art therapy improved depres-sion and influenced fatigue levels in cancer patients on chemotherapy. *Psycho-Oncology*, 16(11), 980–984. doi: 10.1002/pon.1175

Bat Or, M., Ishai, R., & Levi, N. (2015). The symbolic content in adults' PPAT as related to attachment styles and achievement motivation. *The Arts in Psychotherapy*, 43, 49–60. doi: 10.1016/j. aip.2014.12.005

Bayles, D., & Orland, T. (1993). *Art and fear: Observations on the perils (and rewards) of artmaking.* Santa Barbara, CA: Capra Press.

Beaty, R. E., Benedek, M., Silvia, P. J., & Schacter, D. L. (2016). Creative cognition and brain network dynamics. *Trends in Cognitive Sciences*, 20(2), 87–95. doi: 10.1016/j.tics.2015.10.004

Beaumont, S. L. (2012). Art therapy approaches for identity problems during adolescence. *Canadian Art Therapy Association Journal*, 25(1), 7–14. doi: 10.1080/08322473.2012.11415557

Beck, J. (1995). *Cognitive therapy: Beyond the basics.* New York, NY: Guilford Press.

Beilock, S. (2015). *How the body knows its mind: The surprising power of the physical environment to influence how you think and feel.* New York, NY: Atria Books.

Bell, C. E., & Robbins, S. J. (2007). Effect of art production on negative mood: A randomized, controlled trial. *Art Therapy: Journal of the American Art Therapy Association*, 24(2), 71–75. doi: 10.1080/07421656.2007.10129589

Betensky, M. G. (1995). *What do you see: Phenomenology of therapeutic art expression.* London, U.K.: Jessica Kingsley Publishers.

Betensky, M. G. (2001). Phenomenological art therapy. In J. A. Rubin (Ed.), *Approaches to art therapy* (2nd ed., pp. 121–133). New York, NY: Brunner-Routledge.

Betts, D. J. (2006). Art therapy assessments and rating instruments: Do they measure up? *The Arts in Psychotherapy*, 33(5), 422–434. doi: 10.1016/j.aip.2006.08.001

Betts, D. (2012). Positive art therapy assessment: looking towards positive psychology for new directions in the art therapy evaluation process. In A. Gilroy, R. Tipple, & C. Brown (Eds.), *Assessment in art therapy* (pp. 203–218). New York, NY: Routledge/Taylor & Francis Group.

Betts, D. (2013). A review of the principles for culturally appropriate art therapy assessment tools. *Art Therapy: Journal of the American Art Therapy Association*, 30(3), 98–106. doi: 10.1080/07421656.2013.819280

Betts, D. (2016). Art therapy assessments: An overview. In D. E. Gussak & M. L. Rosal (Eds.), *The Wiley handbook of art therapy.* (pp. 501–513). West Sussex, U.K.: Wiley-Blackwell.

Betts, D., & Groth-Marnat, G. (2014). The intersection of art therapy and psychological assessment: Unified approaches to the use of drawing and artistic assessments. In L. Handler & A. D. Thomas (Eds.), *Drawings in assessment and psychotherapy: Research and application* (pp. 268–286). New York, NY: Routledge/Taylor & Francis Group.

Bird, J. (2018). Art therapy, arts-based research and transitional stories of domestic violence and abuse. *International Journal of Art Therapy*, 23(1), 14–24. doi: 10.1080/17454832.2017.1317004

Birren, F. (1988). *The symbolism of color.* New York, NY: Citadel Press.

Blackett, P. & Payne, H. L. (2005). Health rhythms: A preliminary inquiry into group-drumming as experienced by participants on a structured ay services programme for substance-misusers. *Drugs: Education, Prevention & Policy*, 12(6), 477–491. doi: 10.1080/09687630500342881

Bogousslavsky, J. (2005). Artistic creativity, style and brain disorders. *European Neurology*, 54(2), 103–111. doi: 10.1159/000088645

Bonoti, F., Tzouvaleka, E., Bonotis, K., & Vlachos, F. (2015). Do patients with Alzheimer's disease draw like young children? An exploratory study. *Journal of Alzheimer's Disease*, 43(4), 1285–1292. doi: 2014-57923-017

Bradt, J. (2010). The effects of music entrainment on postoperative pain perception in pediatric patients. *Music and Medicine*, 2(3), 150–157. doi: 10.1177/1943862110369913

Broadbent, H. J., Osborne, T., Mareschal, D., & Kirkham, N. Z. (2018). Withstanding the test of time: Multisensory cues improve the delayed retention of incidental learning. *Developmental Science*, doi: 10.1111/desc.12726

Brooke, S. L. (2004). *Tools of the trade: A therapist's guide to art therapy assessments* (2nd ed.). Springfield, IL: Charles C. Thomas Publisher.

Bruch, H. (1973). *Eating disorders: Obesity, anorexia nervosa, and the person within.* New York, NY: Basic Books, Inc.

Bucciarelli, A. (2011). A normative study of the Person Picking an Apple from a Tree (PPAT) assessment. *Art Therapy: Journal of the American Art Therapy Association*, 28(1), 31–36. doi: 10.1080/07421656.2011.557349

Buck, J. N. (1970). *House-tree-person technique: Manual.* Los Angeles, CA: Western Psychological

Services.

Burkitt, E., & Barnett, N. (2006). The effects of brief and elaborate mood induction procedures on the size of young children's drawings. *Educational Psychology*, 26(1), 93–108. doi: 10.1080/01443410500341049

Burns, R. C., & Kaufman, S. H. (1972). *Actions, styles and symbols in kinetic family drawings (K-F-D): An interpretive manual.* New York, NY: Brunner/Mazel.

Burum, B. A., & Goldfried, M. R. (2007). The centrality of emotion to psychological change. *Clinical Psychology: Science and Practice*, 14(4), 407–413. doi: 10.1111/j.1468-2850.2007.00100.x

Callejas, A., Acosta, A., & Lupianez, J. (2007). Green love is ugly: Emotions elicited by synesthetic grapheme-color perceptions. *Brain Research*, 1127(1), 99–107. doi: 10.1016/j.brainres.2006.10.013

Camic, P. M., Brooker, J., & Neal, A. (2011). Found objects in clinical practice: Preliminary evidence. *The Arts in Psychotherapy*, 38(3), 151–159. doi: 10.1016/j.aip.2011.04.002

Campbell, M., Decker, K. P., Kruk, K., & Deaver, S. P. (2016). Art therapy and cognitive processing therapy for combat-related PTSD: A randomized controlled trial. *Art Therapy: Journal of the American Art Therapy Association*, 33(4), 169–177. doi: 10.1080/07421656.2016.1226643

Cane, F. (1951). *The artist in each of us.* New York, NY: Pantheon Books.

Capacchione, L. (2001). *Living with feeling: The art of emotional expression.* New York, NY: Jeremy P. Tarcher/Putnam.

Capezzuti, C. (2006). The National Lint Project: Artist's statement. *Studio Capezzuti.* Available at: http://www.studiocapezzuti.com/lint/artist_statement.htm

Carpendale, M. (2010). Ecological identity & art therapy. *Canadian Art Therapy Association Journal*, 23(2), 52–56. doi :10.1080/08322473.2010.11432338

Carlton, N. R. (2014). Digital culture and art therapy. *The Arts in Psychotherapy*, 41(1), 41–45. doi: 10.1016/j.aip.2013.11.006

Carolan, R. (2007). Adolescents, identity, addiction, and imagery. In D. B. Arrington (Ed.), *Art, angst, and trauma: Right brain interventions with developmental issues* (pp. 99–115). Springfield, IL: Charles C. Thomas Publisher.

Carolan, R., & Stafford, K. (2018). Theory and art therapy. In R. Carolan & A. Backos (Eds.), *Emerging perspectives in art therapy: Trends, movements and developments* (pp. 19–32). New York, NY: Routledge/Taylor & Francis Group.

Cassou, M., & Cubley, S. (1995). *Life, paint and passion: Reclaiming the magic of spontaneous expression.* New York, NY: Jeremy P. Tarcher/Putnam.

Cavaliero, A. (2016). Considering the function of repetition in art and art psychotherapy. *ATOL: Art Therapy OnLine*, 7 (1), 1–31.

Chapman, L. (2014). *Neurobiologically informed trauma therapy with children and adolescents: Understanding the mechanisms of change.* New York, NY: W. W. Norton & Co.

Charles, M., & Sanoon, J. (2018). An innovative collaboration: Combining art and music therapy interventions for adults with learning disabilities. In T. Colbert & C. Bent (Eds.), *Working across modalities in the arts therapies: Creative collaborations.* (pp. 81–94). New York, NY: Routledge/Taylor & Francis Group.

Chilton, G. (2013). Art therapy and flow: A review of the literature and applications. *Art Therapy: Journal of the American Art Therapy Association*, 30(2), 64–70. doi: 10.1080/07421656.2013.787211

Chilton, G., & Scotti, V. (2014). Snipping, gluing, writing: The properties of collage as an arts-based research practice in art therapy. *Art Therapy: Journal of the American Art Therapy Association*, 31(4), 163–171. doi: 10.1080/07421656.2015.963484

Cohen, B. M. (1983). Combined art and movement therapy group: Isomorphic responses. *Arts in Psychotherapy*, 10(4), 229–232. doi: 10.1016/0197-4556(83)90023-0

Cohen, B. M., Hammer, J. S., & Singer, S. (1988). The Diagnostic Drawing Series: A systematic approach to art therapy evaluation and research. *The Arts in Psychotherapy*, 15(1), 11–22. doi :10.1016/0197-4556(88)90048-2

Cohen, B. M., & Mills, A. (2016). The Diagnostic Drawing Series (DDS) at thirty: Art therapy assessment and research. In D. E. Gussak & M. L. Rosal (Eds.), *The Wiley handbook of art therapy.* (pp. 558–568). West Sussex, U.K.: Wiley-Blackwell.

Cohen, B. M., Mills, A., & Kijak, A. K. (1994). An introduction to the Diagnostic Drawing Series: A standardized tool for diagnostic and clinical use. *Art Therapy: Journal of the American Art Therapy*

Association, 11(2), 105–110. doi: 10.1080/07421656.1994.10759060

Colbert, S., Cooke, A., Camic, P. M., & Springham, N. (2013). The art-gallery as a resource for recovery for people who have experienced psychosis. *The Arts in Psychotherapy*, 40(2), 250–256. doi: 10.1016/j.aip.2013.03.003

Collie, K., Backos, A., Malchiodi, C. A., & Spiegel, D. (2006). Art therapy for combat-related PTSD: Recommendations for research and practice. *Art Therapy: Journal of the American Art Therapy Association*, 23(4), 157–164. doi: 10.1080/07421656.2006.10129335

Collie. K., & Čubranić, D. (2002). Computer-supported distance art therapy: A focus on traumatic illness. *Journal of Technology in Human Services*, 20, 155–171. doi: 10.1300/J017v20n01_12

Collier, A. F. (2011a). The well-being of women who create with textiles: Implications for art therapy. *Art Therapy: Journal of the American Art Therapy Association*, 28(3), 104–112. doi: 10.1080/07421656.2011.597025

Collier, A. F. (2011b) *Using textile arts and handcrafts in therapy with women: Weaving lives back together.* London, U.K.: Jessica Kingsley Publishers

Collier, A. F., & von Karolyi, C. (2014). Rejuvenation in the "making": Lingering mood repair in textile handcrafters. *Psychology of Aesthetics, Creativity, and the Arts*, 8(4), 475–485. doi: 10.1037/a0037080

Collier, A. F., Wayment, H. A., & Birkett, M. (2016). Impact of making textile handcrafts on mood enhancement and inflammatory immune changes. *Art Therapy: Journal of the American Art Therapy Association*, 33(4), 178–185. doi: 10.1080/07421656.2016.1226647

Corem, S., Snir, S., & Regev, D. (2015). Patients' attachment to therapists in art therapy simulation and their reactions to the experience of using art materials. *The Arts in Psychotherapy*, 45, 11–17. doi: 10.1016/j.aip.2015.04.006

Cornell, J. (1990). *Drawing the light from within.* New York, NY: Prentice Hall.

Cottrell, R. P., & Gallant, K. A. (2003). The elders drum project: Enhancing quality of life for long-term care residents. *Physical & Occupational Therapy in Geriatrics*, 22(2), 57–79. doi: 10.1300/J148v22n02_05

Cozolino, L. (2017). *The Neuroscience of psychotherapy: Healing the social brain* (3rd ed.). New York, NY: W. W. Norton & Co.

Crane, R. (2010). *Impact of art materials on symptoms of stress.* Unpublished Master's thesis, Albertus Magnus College, East Hartford, CT.

Creed, C. (2018). Assistive technology for disabled visual artists: Exploring the impact of digital technologies on artistic practice. *Disability & Society*, (33)7, 1103–1119. doi: 10.1080/09687599.2018.1469400

Curry, N. A., & Kasser, T. (2005). Can coloring mandalas reduce anxiety? *Art Therapy: Journal of the American Art Therapy Association*, 22(2), 81–85. doi: 10.1080/07421656.2005.10129441

Csikszentmihalyi, M. (1998). *Finding flow: The psychology of engagement with everyday life.* New York, NY: Basic Books.

DK (2003). *DK illustrated oxford dictionary.* New York, NY: Dorling Kindersley and Oxford University.

Damasio, A. R. (1994). *Descartes' error.* New York, NY: Putnam & Sons.

Darewych, O. H., Carlton, N. R., & Farrugie, K. W. (2015). Digital technology use in art therapy with adults with developmental disabilities. *Journal on Developmental Disabilities*, 21(2), 95–102. Available at: http://www.community-networks.ca/wp-content/uploads/2015/07/41021_JoDD_21-2_v23f_95-102_Darewych_et_al.pdf

Davis, J. (1997). Building from the scraps: Art therapy within a homeless community. *Art Therapy: Journal of the American Art Therapy Association*, 14(3), 210–213. doi: 10.1080/07421656.1987.10759284

Deaver, S. P. (2009). A normative study of children's drawings: Preliminary research findings. *Art Therapy: Journal of the American Art Therapy Association*, 26(1), 4–11. doi: 10.1080/07421656.2009.10129309

Deaver, S. P. (2016). The need for norms in formal art therapy assessment. In D. E. Gussak & M. L. Rosal (Eds.), *The Wiley handbook of art therapy.* (pp. 600–606). West Sussex, U.K.: Wiley-Blackwell.

Deaver, S. P., & Bernier, M. (2014). The art therapy-projective drawing assessment. In L. Handler & A. D. Thomas (Eds.), *Drawings in assessment and psychotherapy: Research and application* (pp. 131–147). New York, NY: Routledge/Taylor & Francis Group.

De Morais, A. H., Nazário Dalécio, M. A., Vizmann, S., de Carvalho Bueno, V. R., Roecker, S., Jodas Salvagioni, D. A., & Eler, G. J. (2014). Effect on scores of depression and anxiety in psychiatric patients after clay work in a day hospital. *The Arts in Psychotherapy*, 41(2), 205–210. doi: 10.1016/j.aip.2014.02.002

De Petrillo, L., & Winner, E. (2005). Does art improve mood? A test of a key assumption underlying art therapy. *Art Therapy: Journal of the American Art Therapy Association*, 22(4), 205–212. doi: 10.1080/07421656.2005.10129521

Diamond, A., & Ling, D. S. (2016). Conclusions about interventions, programs, and approaches for improving executive functions that appear justified and those that, despite much hype, do not. *Developmental Cognitive Neuroscience*, 18, 34–48. doi: 10.1016/j.dcn.2015.11.005

Dickman, S. B., Dunn, J. E., & Wolf, A. W. (1996). The use of art therapy as a predictor of relapse in chemical dependency treatment. *Art Therapy: Journal of the American Art Therapy Association*, 13(4), 232–237. doi: 10.1080/07421656.1996.10759230

Dietrich, A. (2004). The cognitive neuroscience of creativity. *Psychonomic Bulletin & Review*, 11(6), 1011–1026. doi: 10.3758/BF03196731

Diggs, L. A., Lubas, M., & De Leo, G. (2015). Use of technology and software applications for therapeutic collage making. *International Journal of Art Therapy*, 20(1), 2–13. doi: 10.1080/17454832.2014.961493

Donders, J. (2002). The behavior rating inventory of executive function. *Child Neuropsychiatry*, 8(4), 229–230. doi: 10.1076/chin.8.4.229.13508

Drake, J. E., Coleman, K., & Winner, E. (2011). Short-term mood repair through art: Effects of medium and strategy. *Art Therapy: Journal of the American Art Therapy Association*, 28(1), 26–30. doi: 10.1080/07421656.2011.557032

Drake, J. E., & Hodge, A. (2015). Drawing versus writing: The role of preference in regulating short-term affect. *Art Therapy: Journal of the American Art Therapy Association*, 32(1), 27–33. doi: 10.1080/07421656.2015.995032

Drass, J. M. (2015). Art therapy for individuals with borderline personality: Using a dialectical behavior therapy framework. *Art Therapy: Journal of the American Art Therapy Association*, 32(4), 168–176. doi: 10.1080/07421656.2015.1092716

Duckworth, A. (2016). *Grit: The power of passion and perseverance*. New York, NY: Scribner.

Duro, D., Tábuas-Pereira, M., Freitas, S., Santiago, B., Botelho, M. A., & Santana, I. (2018). Validity and clinical utility of different clock drawing test scoring systems in multiple forms of dementia. *Journal of Geriatric Psychiatry and Neurology*, 31(3), 114–122. doi: 10.1177/0891988718774432

Durrani, H. (2014). Facilitating attachment in children with autism through art therapy: A case study. *Journal of Psychotherapy Integration*, 24(2), 99–108. doi: 10.1037/a0036974

Eaton, J., & Tieber, C. (2017). The effects of coloring on anxiety, mood, and perseverance. *Art Therapy: Journal of the American Art Therapy Association*, 34(1), 42–46. doi: 10.1080/07421656.2016.1277113

Edinger, E. F. (1973). *Ego and archetype*. New York, NY: Penguin Books.

Edwards, B. (2012). *Drawing on the right side of the brain* (4th ed.). Los Angeles, CA: Jeremy P. Tarcher, Inc.

Eisenberger, R., Sucharski, I. L., Yalowitz, S., Kent, R. J., Loomis, R. J., Jones, J. R., Paylor, W., Aselage, J., Mueller, M. S., & McLaughlin, J. P. (2010). The motive for sensory pleasure: Enjoyment of nature and its representation in painting, music, and literature. *Journal of Personality*, 78(2), 599–638. doi: 10.1111/j.1467-6494.2010.00628.x

Ekman, P. (2007). *Emotions revealed: Recognizing faces and feelings to improve communication and emotional life*. New York, NY: Henry Hold Publishers.

Elbrecht, C. (2013). *Trauma healing at the clay field: A sensorimotor art therapy approach*. London, U.K.: Jessica Kingsley Publishers.

Elbrecht, C., & Antcliff, L. R. (2014). Being touched through touch. Trauma treatment through haptic perception at the clay field: A sensorimotor art therapy. *International Journal of Art Therapy*, 19(1), 19–30. doi: 10.1080/17454832.2014.880932

Elkis-Abuhoff, D. L., Goldblatt, R. B., Gaydos, M., & Corrato, S. (2008). Effects of clay manipulation on somatic dysfunction and emotional distress in patients with Parkinson's disease. *Art Therapy: Journal of the American Art Therapy Association*, 25(3), 122–128. doi: 10.1080/07421656.2008.10129596

Ellenbecker, T. K. (2003). Effect of content choice freedom on drawer's creative engagement. *Art Therapy: Journal of the American Art Therapy Association*, 20(1), 22–27. doi: 10.1080/

07421656.2003.10129637

Elliot, A. J., & Maier, M. A. (2014). Color psychology: Effects of perceiving color on psychological functioning in humans. *Annual Review of Psychology*, 65, 95–120. doi: 10.1146/annurev-psych-010213-115035

Elliot, A. J., Maier, M. A., Moller, A. D., Friedman R., & Meinhardt, J. (2007). Color and psychological functioning: The effect of red on performance attainment. *Journal of Experimental Psychology: General*, 136(1), 154–168. doi: 10.1037/0096-3445.136.1.154

Erle, T. M., Reber, R., & Topolinski, S. (2017). Affect from mere perception: Illusory contour perception feels good. *Emotion*, 17(5), 856–866. doi: 10.1037/emo0000293

Evans, K., & Dubowski, J. (2001). *Art therapy with children on the autism spectrum*. London, U.K.: Jessica Kingsley Publishers.

Exkorn, K. S. (2005). *The autism sourcebook*. New York, NY: Regan Books.

Exner, J. E. (1993). *The Rorschach: A comprehensive system, Vol. 1.: Basic foundations*. New York, NY: John Wiley & Sons.

Eysenck, H. (1995). *Genius: The natural history of creativity*. Cambridge, U.K.: Cambridge University Press.

Farias, S. T., Giovannetti, T., Payne, B. R., Marsiske, M., Rebok, G. W., Schaie, K. W., Thomas, K. R., Willis, S. L., Dzierzewski, J. M., Unverzagt, F., & Gross, A. L. (2018). Self-perceived difficulties in everyday function precede cognitive decline among older adults in the ACTIVE study. *Journal of the International Neuropsychological Society*, 24(1), 104–112. doi: 10.1017/S1355617717000546

Feder, B., & Feder, E. (1998). *The art and science of evaluation in the arts therapies: How do you know what's working?* Springfield, IL: Charles C. Thomas Publisher.

Feen-Calligan, H. (1995). The use of art therapy in treatment programs to promote spiritual recovery from addiction. *Art Therapy: Journal of the American Art Therapy Association*, 12(2), 46–50. doi: 10.1080/07421656.1995.10759123.

Feen-Calligan, H., McIntyre, B., & Sands-Goldstein, M. (2009). Art therapy applications of dolls in grief recovery, identity and community service. *Art Therapy: Journal of the American Art Therapy Association*, 26(4), 167–173. doi: 10.1080/07421656.2009.10129613

Feldman, E. B. (1972). *Varieties of visual expression: Art as image and idea*. Englewood Cliffs, NJ: Prentice-Hall, Inc.

Feldman Barrett, L. (2017). *How emotions are made: The secret life of the brain*. New York, NY: Houghton Mifflin Harcourt.

Fenton, J. F. (2008). "Finding one's way home": Reflections on art therapy in palliative care. *Art Therapy: Journal of the American Art Therapy Association*, 25(3), 137–140. doi: 10.1080/07421656.2008.10129598

Ferruci, P. (2010). *Beauty and the soul: The extraordinary power of everyday beauty to heal your life*. New York, NY: Tarcher.

Findlay, J. C., Latham, M. E., & Hass-Cohen, N. (2008). Circles of attachment: Art therapy albums. In N. Hass-Cohen & R. Carr (Eds.), *Art therapy and clinical neuroscience* (pp.191–206). London, U.K.: Jessica Kingsley Publishers.

Flaherty, A. W. (2018). Homeostasis and the control of creative drive. In R. E. Jung & O. Vartanian (Eds.), *The Cambridge handbook of the neuroscience of creativity* (pp. 19–49). New York, NY: Cambridge University Press.

Flatt, J. D., Liptak, A., Oakley, M. A., Gogan, J., Varner, T., & Lingler, J. H. (2015). Subjective experiences of an art museum engagement activity for persons with early-stage Alzheimer's disease and their family caregivers. *American Journal of Alzheimer's Disease and Other Dementias*, 30(4), 380–389. doi: 10.1177/1533317514549953

Forgeard, M. J. C. (2013). Perceiving benefits after adversity: The relationship between self-reported posttraumatic growth and creativity. *Psychology of Aesthetics, Creativity, and the Arts*, 7(3), 245–264. doi: 10.1037/a0031223

Forgeard, M. J. C., Mecklenburg, A. C., Lacasse, J. J., & Jayawickreme, E. (2014). Bringing the whole universe to order: Creativity, healing, and posttraumatic growth. In J. C. Kaufman (Ed.), *Creativity and mental illness* (pp. 321–342). New York, NY: Cambridge University Press. doi: 10.1017/CBO9781139128902.021

Forkosh, J., & Drake, J. E. (2017). Coloring versus drawing: Effects of cognitive demand on mood repair, flow, and enjoyment. *Art Therapy: Journal of the American Art Therapy Association*, 34(2),

75–82. doi: 10.1080/07421656.2017.1327272

Forsythe, A., Williams, T., & Reilly, R. G. (2017). What paint can tell us: A fractal analysis of neuro-logical changes in seven artists. *Neuropsychology*, 31(1), 1–10. doi: 10.1037/neu0000303

Fox, M. (2002). *Creativity: Where the divine and the human meet*. New York, NY: Tarcher/Putnam.

Freud, S. (1938). The interpretation of dreams. In A. A. Brill (Ed.), *The basic writings of Sigmund Freud* (pp. 181–549). New York, NY: The Modern Library.

Friedman, D. (2007). *The writer's brush: Paintings, drawings, and sculpture by writers*. Minneapolis, MN: Mid-List Press.

Froehlich, J., Doepfner, M., & Lehmkuhl, G. (2002). Effects of combined cognitive behavioural treatment with parent management training in ADHD. *Behavioural and Cognitive Psychotherapy*, 30(1), 111–115.

Frost, S. (2010). *Soulcollage evolving: An intuitive collage process for self-discovery and community*. Santa Cruz, CA: Hanford Mead Publishers.

Furth, G. (2002). *The secret world of drawings: Healing through art* (2nd ed.). Boston, MA: Sigo Press.

Gabriels, R. L. (2003). Art therapy with children who have autism and their families. In C. A. Machiodi (Ed.), *Handbook of art therapy* (pp 193–206). New York, NY: Guilford Press.

Gal, E. (2011). Nosology and theories of repetitive and restrictive behaviors and interests. In J. L. Matson & P. Stumey (Eds.), *International Handbook of Autism and Pervasive Developmental Disorders* (pp. 115–126). New York, NY: Springer.

Gantt, L. (2004). The case for formal art therapy assessments. *Art Therapy: Journal of the American Art Therapy Association*, 21(1), 18–29. doi: 10.1080/07421656.2004.10129322.

Gantt, L. (2015, July). *Research on the FEATS after 25 years*. Paper presented at the American Art Therapy Association Conference, Minneapolis, MN.

Gantt, L., & Tabone, C. (1998). *The formal elements art therapy scale: The rating manual*. Morgantown, WV: Gargoyle Press.

Gardner, H. (2011). *Frames of mind: The theory of multiple intelligences* (3rd ed.). New York, NY: Basic Books.

Garlock, L. R. (2016). Stories in the cloth: Art therapy and narrative textiles. *Art Therapy: Journal of the American Art Therapy Association*, 33(2), 58–66. doi: 10.1080/07421656.2016.1164004

Geller, S. (2013). Sparking the creative in older adults. *Psychological Perspectives*, 56(2), 200–211. doi: 10.1080/00332925.2013.786974

Germer, C. K., Siegel, R. D., & Fulton, P. R. (2005). *Mindfulness and psychotherapy*. New York, NY: Guilford Press.

Gilroy, A. (2006). *Art therapy, research and evidence-based practice*. Thousand Oaks, CA: Sage Publications.

Gocłowska, M. A., Ritter, S. M., Elliot, A. J., & Baas, M. (2018). Novelty seeking is linked to openness and extraversion and can lead to greater creative performance. *Journal of Personality*, 87(2), 252–266. doi: 10.1111/jopy.12387

Goldberg, N. (1997). *Living color: A writer paints her world*. New York, NY: Bantam.

Goldstein, V. B. (1999). *The magic of mess painting: The creativity mobilization technique*. Sausalito, CA: Trans-Hyperborean Institute of Science.

Goleman, D., & Kaufman, P. (1992). The art of creativity. *Psychology Today*. Available at: www.psychologytoday.com/articles/pto-19920301-000031.html

Gonick-Barris, S. E. (1976). Art and nonverbal experiences with college students. In A. Robbins & L. B. Sibley (Eds.), *Creative art therapy* (pp. 188–197). New York, NY: Brunner/Mazel.

Grady, D. (2006). Self-portraits chronicle a descent into Alzheimer's. *New York Times*. Available at: www.nytimes.com/2006/10/24/health/24alzh.html

Graves-Alcorn, S., & Kagin, C. (2017). *Implementing the Expressive Therapies Continuum: A guide for clinical practice*. New York, NY: Routledge/Taylor Francis Group.

Greenberg, L. S. (2012). Emotions, the great captains of our lives: Their role in the process of change in psychotherapy. *American Psychologist*, 67(8), 697–707. doi: 10.1037/a0029858

Greenspan, M. (2004). *Healing through the dark emotions: The wisdom of grief, fear and despair*. Boston, MA: Shambhala.

Greenspan, S. I., & Shanker, S. G. (2004). *The first idea: How symbols, language, and intelligence evolved from our primate ancestors to modern humans*. Cambridge, MA: De Capo Press.

Gregorian, V. S., Azarian, A., DeMaria, M. B., & McDonald, L. D. (1996). Colors of disaster:

The psychology of the "black sun." *Arts in Psychotherapy*, 23(1), 1–14. doi: 10.1016/0197-4556(95)00065-8

Gross, J. J. (2014). Emotion regulation: Conceptual and empirical foundations. (n J. J. Gross (Ed.), *Handbook of emotion regulation* (2nd ed., pp. 3–22). New York, NY: Guilford Publications.

Gussak, D. (2009). Comparing the effectiveness of art therapy on depression and locus of control of male and female inmates. *The Arts in Psychotherapy*, 36(4), 202–207. doi: 10.1016/j.aip.2009.02.004

Gutworth, M. B., & Hunter, S. T. (2017). Ethical saliency: Deterring deviance in creative individuals. *Psychology of Aesthetics, Creativity, and the Arts*, 11(4), 428–439. doi: 10.1037/aca0000093

Haeyen, S., Kleijberg, M., & Hinz, L. D. (2017). Art therapy for patients with personality disorders cluster B/D: A qualitative study of emotion regulation from patient and expert perspectives. *International Journal of Art Therapy*, 22(4), 1–13. doi: 10.1080/17454832.2017.1406966

Haeyen, S., van Hooren, S., & Hutschemaekers, G. (2015). Perceived effects of art therapy in the treatment of personality disorders, cluster B/C: A qualitative study. *The Arts in Psychotherapy*, 45, 1–10. doi: 0.1016/j.aip.2015.04.005

Haiblum-Itskovich, S., Czamanski-Cohen, J., & Galili, G. (2018). Emotional response and changes in heart rate variability following art-making with three different art materials. Available at: https://www.frontiersin.org/articles/10.3389/fpsyg.2018.00968/full

Hallas, P., & Cleaves, L. (2017). "It's not all fun": Introducing digital technology to meet the emotional and mental health needs of adults with learning disabilities. *International Journal of Art Therapy*, 22(2), 73–83. doi: 10.1080/17454832.2016.1260038

Hammer, E. F. (1997). *Advances in projective drawing interpretation*. Springfield, IL: Charles C. Thomas Publisher.

Hanania, A. (2018). A proposal for culturally informed art therapy with Syrian refugee women: The potential for trauma expression through embroidery. *Canadian Art Therapy Association Journal*, 31(1), 33–42. doi: 10.1080/08322473.2017.1378516

Handler, L., & Habenicht, D. (1994). The Kinetic Family Drawing technique: A review of the literature. *Journal of Personality Assessment*, 62(3), 440–464. doi: 10.1207/s15327752jpa6203_5

Handler, L., & Thomas, A. D. (2014). *Drawings in assessment and psychotherapy*. New York, NY: Routledge/Taylor & Francis Group.

Hanes, M. J. (2007). "Face-to-face" with addiction: The spontaneous production of self-portraits in art therapy. *Art Therapy: Journal of the American Art Therapy Association*, 24(1), 33–36. doi: 10.1080/07421656.2007.10129365

Hanh, T. N. (1999). *The miracle of mindfulness*. Boston, MA: Beacon Press.

Harmon, K. (2004). *You are here: Personal geographies and other maps of the imagination*. New York, NY: Princeton Architectural Press.

Hass-Cohen, N., & Findlay, J. C. (2015). *Art therapy and the neuroscience of relationships, creativity, and resiliency: Skills and practices*. New York, NY: W. W. Norton & Co.

Hass-Cohen, N., Clyde Findlay, J., Carr, R., & Vanderlan, J. (2014). "Check, change what you need to change and/or keep what you want": An art therapy neurobiological-based trauma protocol. *Art Therapy: Journal of the American Art Therapy Association*, 31(2), 69–78. doi: 10.1080/07421656.2014.903825

Hauck, M., Metzner, S., Rohlffs, F., Lorenz, J., & Engel, A. K. (2013).The influence of music and music therapy on pain-induced neuronal oscillations measured by magnetencephalography. *Pain*, 154(4), 539–547. doi: 10.1016/j.pain.2012.12.016

Haught-Tromp, C. (2016). Creativity and constraint: Friends, not foes. In J. C. Kaufman & J. Baer (Eds.), *Creativity and reason in cognitive development* (2nd ed., pp. 211–225). New York, NY: Cambridge University Press.

Hauschka, M. (1985). *Fundamentals of artistic therapy: The nature and task of painting therapy*. London, U.K.: Rudolf Steiner Press.

Haynes, D. J. (2003). *Art lessons: Meditations on the creative life*. Boulder, CO: Westview Press.

Hébert, T. P., & Beardsley, T. M. (2001). Jermaine: A critical case study of a gifted Black child living in rural poverty. *Gifted Child Quarterly*, 45(2), 85–103. doi: 10.1177/001698620104500203

Heckwolf, J. I., Bergland, M. C., & Mouratidis, M. (2014). Coordinating principles of art therapy and DBT. *The Arts in Psychotherapy*, 41(4), 329–335. doi: 10.1016/j.aip.2014.03.006

Heilman, K. M. (2005). *Creativity and the brain*. New York, NY: Psychology Press.

Henderson, P., Rosen, D., & Mascaro, N. (2007). Empirical study on the healing nature of mandalas. *Psychology of Aesthetics, Creativity and the Arts*, 1(3), 148–154. doi: 10.1037/1931-3896.1.3.148

Henley, D. R. (1989). Stereotypes in children's art. *The American Journal of Art Therapy*, 27, 116–125.

Henley, D. R. (1991). Facilitating the development of object relations through the use of clay in art therapy. *The American Journal of Art Therapy*, 29, 69–76.

Heynen, E., Roest, J., Willemars, G., & van Hooren, S. (2017). Therapeutic alliance is a factor of change in arts therapies and psychomotor therapy with adults who have mental health problems. *The Arts in Psychotherapy*, 55, 111–115. doi: 10.1016/j.aip.2017.05.006

Highstein, M. (2017). *The healing waterfall: 100 guided imagery scripts for counselors, healers & clergy*. Pennsauken, NJ: Bookbaby Publishing.

Hill, J. C., Hains, B., & Ricketts, K. (2017). Drumming: An innovative alternative for drug addicted individuals. *Journal of Alcohol and Drug Education*, 61(2), 7–24.

Hinz, L. D. (2006). *Drawing from within: Using art to treat eating disorders*. London, U.K.: Jessica Kingsley Publishers.

Hinz, L. D. (2008). Walking a thin line: Passion and caution in art therapy. *Art Therapy: Journal of the American Art Therapy Association*, 25(1), 38–40. doi: 10.1080/07421656.2008.10129352.

Hinz, L. D. (2009a). Order out of chaos: Using the expressive therapies continuum as a framework for art therapy in substance abuse treatment. In S. L. Brooke (Ed.), *The use of creative therapies with chemical dependency issues* (pp. 51–68). Springfield, IL: Charles C. Thomas.

Hinz, L. D. (2009b). *Uniting the next generation of art therapists: The Expressive Therapies Continuum*. Paper presented at the American Art Therapy Association Conference, Dallas, TX.

Hinz, L D. (2013). The life cycle of images: Revisiting the ethical treatment of the art therapy product. *Art Therapy: Journal of the American Art Therapy Association*, 30 (1), 46–49. doi: 10.1080/07421656.2013.757757

Hinz, L. D. (2016a). Enhancing assessment and treatment planning with the Expressive Therapies Continuum. In V. Buchanan (Ed.), *Art Therapy: Programs, Uses and Benefit* (pp. 17–37). New York, NY: Nova Publishers.

Hinz, L. D. (2016b). Media considerations in art therapy: Directions for future research. In D. E. Gussak & M. L. Rosal (Eds.), *The Wiley handbook of art therapy* (pp. 135–145). West Sussex, U.K.: Wiley-Blackwell.

Hinz, L. D. (2017a). The ethics of art therapy: Promoting creativity as a force for positive change. *Art Therapy: Journal of the American Art Therapy Association*, 34(3), 142–145. doi: 10.1080/07421656.2017.1343073

Hinz, L. D. (2017b). *Cognitive and symbolic aspects of art therapy and possible involved brain networks*. Paper presented at the 48th annual American Art Therapy Association Conference, Albuquerque, NM.

Hinz, L. D., Hall, E., & Lack, H. S. (1997). *The person-in-the-rain drawing: A normative study*. Paper presented at the American Psychological Association. Chicago, IL.

Hinz, L. D., & Ragsdell, V. (1991). *Art therapy exercises with adult incest survivors*. Paper presented at the American Psychological Association, San Francisco, CA.

Hjelle, L. A., & Ziegler, D. J. (1981). *Personality theories: Basic assumptions, research, and applications*. New York, NY: McGraw Hill.

Hollis, J. (2008). *Why good people do bad things: Understanding our darker selves*. New York, NY: Avery Press.

Holmqvist, G., Roxberg, Å., Larsson, I., & Lundqvist-Persson, C. (2018). Expressions of vitality affects and basic affects during art therapy and their meaning for inner change. *International Journal of Art Therapy*, doi: 10.1080/17454832.2018.1480639

Homer, E. S. (2015). Piece work: Fabric collage as a neurodevelopmental approach to trauma treatment. *Art Therapy: Journal of the American Art Therapy Association*, 32(1), 20–26. doi: 10.1080/07421656.2015.992824

Horay, B. J. (2006). Moving towards gray: Art therapy and ambivalence in substance abuse treatment. *Art Therapy: Journal of the American Art Therapy Association*, 23(1), 66–72. doi: 10.1080/07421656.2006.10129528.

Hoshino, J. (2016). Getting the picture: Family art therapy. In D. E. Gussak & M. L. Rosal (Eds.), *The Wiley handbook of art therapy* (pp. 210–220). West Sussex, U.K.: John Wiley & Sons.

Hoss, R. J. (2005). *Dream language: Self-understanding through imagery and color*. Ashland, OR:

Innersource Books.

Howie, P. (2016). Art therapy with trauma. In D. E. Gussak & M. L. Rosal (Eds.), *The Wiley handbook of art therapy* (pp. 375–386). West Sussex, U.K.: John Wiley & Sons.

Hunter, M. R. (2012). *Reflections of body imagery in art therapy: Exploring self through metaphor and multi-media.* London, U.K.: Jessica Kingsley Publishers.

Huss, E. (2010). Bedouin women's embroidery as female empowerment: Crafts as culturally embedded expression within art therapy. In C. H. Moon (Ed.), *Materials and media in art therapy: Critical understandings of diverse artistic vocabularies* (pp. 215–229). New York, NY: Routledge/Taylor & Francis Group.

Iarocci, G., & McDonald, J. (2006). Sensory integration and the perceptual experience of persons with autism. *Journal of Autism and Developmental Disorders,* 36(1), 77–90. doi: 10.1007/s10803-005-0044-3

Ichiki, Y., & Hinz, L. D. (2015). *Exploring media properties and the Expressive Therapies Continuum: Survey of art therapists.* Paper presented at the 46th Annual American Art Therapy Association conference, Minneapolis, MN.

Isserow, J. (2013). Between water and words: Reflective self-awareness and symbol formation in art therapy. *International Journal of Art Therapy,* 18(3), 122–131. doi: 10.1080/17454832.2013.786107

Jensen, E. (2001). *Arts with the brain in mind.* Alexandria, VA: Association for Supervision and Curriculum Development.

Jensen, S. M. (1997). Multiple pathways to self: A multisensory art experience. *Art Therapy: Journal of the American Art Therapy Association,* 14(3), 178–186. doi: 10.1080/07421656.1987.10759279

Johnson, D. R. (2000). Creative therapies. In E. B. Foa, T. M. Keane, & M. J. Friedman (Eds.), *Effective treatments for PTSD: Practice guidelines from the international society for traumatic stress studies* (pp. 302–316). New York, NY: Guilford Press.

Johnson, L. (1990). Creative therapies in the treatment of addictions: The art of transforming shame. *The Arts in Psychotherapy,* 17(4), 299–308. doi: 10.1016/0197-4556(90)90049-V.

Johnstone, M. (2006). *Living with a black dog: His name is depression.* Kansas City, MO: Andrews McMeel Publishing.

Jones, R. N., & Hays, N. S. (2016). Ron Hays: A story of art as self-treatment for Alzheimer's disease. *Art Therapy: Journal of the American Art Therapy Association,* 33(4), 213–217. doi: 10.1080/07421656.2016.1231557

Jung, C. G. (1969). *Archetypes and the collective unconscious: The collected works of C. G. Jung,* Vol. 9, Pt. 1 (2nd ed.). Princeton, NJ: Princeton University Press.

Jung, C. G. (1964). *Man and his symbols.* Garden City, NY: Doubleday.

Jung, C. G. (1972). *Mandala symbolism.* Princeton, NJ: Bollingen/Princeton.

Jung, R. E., Mead, B. S., Carrasco, J., & Flores, R. A. (2013). The structure of creative cognition in the human brain. *Frontiers in Human Neuroscience,* 7. doi: 10.3389/fnhum.2013.00330

Junge, M. B. (2016). History of art therapy. In D. E. Gussak & M. L. Rosal (Eds.), *The Wiley handbook of art therapy* (pp. 7–16). West Sussex, U.K.: John Wiley & Sons.

Junge, M. B., & Wadeson, H. (2006). *Architects of art therapy: Memoirs and life stories.* Springfield, IL: Charles C. Thomas Publisher.

Kabat-Zinn, J. (2005). *Wherever you go, there you are: Mindfulness meditation in everyday life.* New York, NY: Hyperion.

Kagin, S. L., & Lusebrink, V. B. (1978a). The expressive therapies continuum. In L. Gantt, G. Forest, D. Silverman, & R. J. Shoemaker (Eds.), Proceedings of the Ninth Annual Conference of the American Art Therapy Association, 9, 4.

Kagin, S. L., & Lusebrink, V. B. (1978b). The expressive therapies continuum. *Art Psychotherapy,* 5(4), 171–180. doi: 10.1016/0090-9092(78)90031-5

Kahn-Denis, K. B. (1997). Art therapy with geriatric dementia clients. *Art Therapy: Journal of the American Art Therapy Association,* 14(3), 194–199. doi: 10.1080/07421656.1987.10759281.

Kahneman, D. (2011). *Thinking, fast and slow.* New York, NY: Farrar, Straus and Giroux.

Kaimal, G., & Ray, K. (2017). Free art-making in an art therapy open studio: Changes in affect and self-efficacy. *Arts & Health: An International Journal of Research, Policy and Practice,* 9(2), 154–166. doi: 10.1080/17533015.2016.1217248

Kaimal, G., Ray, K., & Muniz, J. (2016). Reduction of cortisol levels and participants' responses following art making. *Art Therapy: Journal of the American Art Therapy Association,* 33(2), 74–80. doi:

10.1080/07421656.2016.1166832

Kalmanowitz, D. (2016). Inhabited studio: Art therapy and mindfulness, resilience, adversity and refugees. *International Journal of Art Therapy*, 21(2), 75–84. doi: 10.1080/17454832.2016.1170053

Kalmanowitz, D. L., & Ho, R. T. H. (2017). Art therapy and mindfulness with survivors of political violence: A qualitative study. *Psychological Trauma: Theory, Research, Practice, and Policy*, 9(Suppl 1), 107–113. doi: 10.1037/tra0000174.supp

Kapitan, L. (2013). Art therapy's sweet spot between art, anxiety, and the flow experience. *Art Therapy: Journal of the American Art Therapy Association*, 30(2), 54–55. doi: 10.1080/07421656.2013.789761

Kaplan, F. F. (2012). Art-based assessments. In C. A. Malchiodi (Ed.), *Handbook of art therapy* (2nd ed., pp. 446–457). New York, NY: Guilford Press.

Keane, C. (February 15, 2018). Featured member: Charles Anderson, art therapy pioneer [Web log post]. Retrieved December 21, 2018 from https://arttherapy.org/charles-anderson-art-therapy-pioneer/

Kearns, D. (2004). Art therapy with a child experiencing sensory integration difficulty. *Art Therapy: Journal of the American Art Therapy Association*, 21(2), 95–101. doi: 10.1080/07421656.2004.10129551.

Kellogg, R. (1970). *Analyzing children's art*. Mountain View, CA: Mayfield Publishing.

Kim, J. (2015). Physical activity benefits creativity: Squeezing a ball for enhancing creativity. *Creativity Research Journal*, 27(4), 328–333. doi: 10.1080/10400419.2015.1087258

Killick, K. (1997). *Art, psychotherapy and psychosis*. New York, NY: Routledge/Taylor & Francis Group.

Kimport, E. R., & Hartzell, E. (2015). Clay and anxiety reduction: A one-group, pretest/post-test design with patients on a psychiatric unit. *Art Therapy: Journal of the American Art Therapy Association*, 32(4), 184–189. doi: 10.1080/07421656.2015.1092802

Kimport, E. R., & Robbins, S. J. (2012). Efficacy of creative clay work for reducing negative mood: A randomized controlled trial. *Art Therapy: Journal of the American Art Therapy Association*, 29(2), 74–79. doi: 10.1080/07421656.2012.680048

Kirby, D., Smith, K., & Wilkins, M. (2007). Muffler men. Available at: http://www.roadsideamerica.com/muffler/index.html

Klorer, P. G. (2003). Sexually abused children: Group approaches. In C. A. Malchiodi (Ed.), *Handbook of Art Therapy* (pp. 330–350). New York, NY: Guilford Press.

Klorer, P. G. (2016). Neuroscience and art therapy with severely traumatized children: The art is the evidence. In J. L. King (Ed.), *Art therapy, trauma, and neuroscience: Theoretical and practical perspectives* (pp. 139–156). New York, NY: Routledge/Taylor & Francis Group.

Koch, S. C. (2017). Arts and health: Active factors and a theory framework of embodied aesthetics. *The Arts in Psychotherapy*, 54, 85–91. doi: 10.1016/j.aip.2017.02.002

Kontra, C., Goldin-Meadow, S., & Beilock, S. L. (2012). Embodied learning across the life span. *Topics in Cognitive Science*, 4(4), 731–739. doi: 10.1111/j.1756-8765.2012.01221.x

Koppitz, E. M. (1968). *Psychological evaluation of children's human figure drawings*. Needham Heights, MA: Allyn and Bacon.

Koppitz, E. M. (1975). *The bender gestalt test for young children Volume II: Research and application, 1963–1973*. New York, NY: Grune & Stratton.

Kostyunina, N. Y., & Drozdikova-Zaripova, A. R. (2016). Adolescents` school anxiety correction by means of mandala art therapy. *International Journal of Environmental and Science Education*, 11(6), 1105–1116. doi: 10.12973/ijese.2016.380a

Kramer, E. (1971). *Art as therapy with children*. New York, NY: Schocken Press.

Kramer, E. (1975a). Art and emptiness. In E. Ulman & P. Dachinger (Eds.), *Art therapy in theory and practice* (pp. 33–42). New York, NY: Schocken.

Kramer, E. (1975b). The problem of quality in art. In E. Ulman & P. Dachinger (Eds.), *Art therapy in theory and practice* (pp. 43–59). New York, NY: Schocken.

Kramer, J. H., Mungas, D., Reed, B. R., Wetzel, M. E., Burnett, M. M., Miller, B. L., Weiner, M. W., & Chui, H. C. (2007). Longitudinal MRI and cognitive change in healthy elderly. *Neuropsychology*, 21(4), 412–418. doi: 10.1037/0894-4105.21.4.412.supp

Kruger, D., & Swanepoel, M. (2017). Gluing the pieces together: Female adolescents' construction of meaning through digital metaphoric imagery in trauma therapy. *The Arts in Psychotherapy*, 54, 92–104. doi: 10.1016/j.aip.2017.04.011

Kurihara, H., Chiba, H., Shimizu, Y., Yanaihara, T, Takeda, M., Kawakami, K., & Takai-Kawakami, K. (1996). Behavioral and adrenocortical responses to stress in neonates and the stabilizing effects of maternal heartbeat on them. *Early Human Development*, 46(1–2), 117–127. doi: 10.1016/0378-3782(96)01749-5

Lacroix, L., Peterson, L., & Verrier, P. (2001). Art therapy, somatization, and narcissistic iden- tification. *Art Therapy: Journal of the American Art Therapy Association*, 18(1), 20–26. doi: 10.1080/07421656.2001.10129452

Lambert, D. (1995). *The life and art of Elizabeth "Grandma" Layton*. Waco, TX: WRS Publishing.

Landgarten, H. B. (1981). *Clinical art therapy: A comprehensive guide*. New York, NY: Brunner/Mazel Publishers.

Landgarten, H. B. (1993). *Magazine photo collage*. New York, NY: Brunner/Mazel.

Lange, G., Leonhart, R., Gruber, R., & Koch, S. C. (2018). The effect of active creation on psycho- logical health: A feasibility study on (therapeutic) mechanisms. *Behavioral Sciences*, 8(2), 25–42. doi: 10.3390/bs8020025

Langer, S. K. (1967). *Philosophy in a new key: A study in the symbolism of reason, rite, and art*. Cambridge, MA: Harvard University Press.

Large, E. W., & Jones, M. R. (1999). The dynamics of attending: How people track time-varying events. *Psychological Review*, 106(1), 119–159. doi: 10.1037/0033-295X.106.1.119

Laurer, M., & van der Vennet, R. (2015). Effect of art production on negative mood and anxiety for adults in treatment for substance abuse. *Art Therapy: Journal of the American Art Therapy Association*, 32(4), 177–183. doi: 10.1080/07421656.2015.1092731

Lee, R., Wong, J., Shoon, W. L., Gandhi, M., Lei, F., Kua, E. H., Rawtaer, I., & Mahendran, R. (2018). Art therapy for the prevention of cognitive decline. *The Arts in Psychotherapy*, 62, doi: 10.1016/j.aip.2018.12.003

Lee, S-L. (2018). Why color mandalas? A study of anxiety-reducing mechanisms. *Art Therapy: Journal of the American Art Therapy Association*, 35(1), 35–41. doi: 10.1080/07421656.2018.1459105

Lee, S. Y. (2013). "Flow" in art therapy: Empowering immigrant children with adjustment difficulties. *Art Therapy: Journal of the American Art Therapy Association*, 30(2), 56–63. doi: 10.1080/07421656.2013.786978

Lee, S. Y. (2015). Flow indicators in art therapy: Artistic engagement of immigrant children with acculturation gaps. *Art Therapy: Journal of the American Art Therapy Association*, 32(3), 120–129. doi: 10.1080/07421656.2015.1060836

Lesiuk, T. (2010). The effect of preferred music on mood and performance in a high-cognitive demand occupation. *Journal of Music Therapy*, 47(2), 137–154. doi: 10.1093/jmt/47.2.137

Leung, A. K-Y., Kim, S., Polman, E., Ong, L. S., Qiu, L., Goncalo, J. A., & Sanchez-Burks, J. (2012). Embodied metaphors and creative "acts." *Psychological Science*, 23(5), 502–509. doi: 10.1177/0956797611429801

Levant, R. F. (2003). Treating male alexithymia. In L. B. Silverstein & T. G. Goodrich (Eds.), *Feminist family therapy: Empowerment in social context* (pp. 177–188). Washington, DC: American Psychological Association Press.

Levens, M. (1990). Borderline aspects in eating disorders: Art therapy's contribution. *Group Analysis*, 23(4), 277–284. doi: 10.1177/0533316490233008

Levick, M. F. (1983). *They could not talk so they drew: Children's styles of coping and thinking*. Springfield, IL: Charles C. Thomas Publisher.

Levin, I. P. (2004). *Relating statistics and experimental design: An introduction*. Thousand Oaks, CA: Sage Publications.

Leviton, C. D., & Leviton, P. (2004). What is guided imagery? The cutting-edge process in mind/ body medical procedures. *Annals of the American Psychotherapy Association*, 7(2), 22–29.

Lin, H., Chan, R. C. K., Zheng, L., Yang, T., & Wang, Y. (2007). Executive functioning in healthy Chinese people. *Archives of Clinical Neuropsychiatry*, 22(4), 501–511. doi: 10.1016/j. acn.2007.01.028.

Linden, D. J. (2015). *Touch: The science of hand, heart, and mind*. New York, NY: Viking.

Linehan, M. M. (1993). *Cognitive-behavioral treatment of borderline personality disorder*. New York, NY: Guilford Press.

Linehan, M. M., Bohus, M., & Lynch, T. R. (2007). Dialectical behavior therapy for pervasive emo- tion dysregulation: Theoretical and practical underpinnings. In J. J. Gross (Ed.), *Handbook of emotion regulation* (pp. 581–605). New York, NY: Guilford Press.

Linesch, D. S. (1988). *Adolescent art therapy.* New York, NY: Brunner/Mazel.

Linesch, D. S. (2016). Art therapy with adolescents. In D. E. Gussak & M. L. Rosal (Eds.), *The Wiley handbook of art therapy* (pp. 252–261). West Sussex, U.K.: John Wiley & Sons.

Lobel, T. (2014). *Sensation: The new science of physical intelligence.* New York, NY: Atria Books.

Lowenfeld, V. (1952). *Creative and mental growth* (2nd ed.). New York, NY: MacMillan.

Lowenfeld, V., & Brittain, W. L. (1987). *Creative and mental growth.* (8th ed.). New York, NY: Macmillan.

Lubbers, D. (1991). Treatment of women with eating disorders. In H. B. Landgarten & D. Lubbers (Eds.), *Adult art psychotherapy: Issues and applications* (pp. 49–82). New York, NY: Brunner/Mazel.

Lusebrink, V. B. (1990). *Imagery and visual expression in therapy.* New York, NY: Plenum Press.

Lusebrink, V. B. (1991a). Levels of imagery and visual expression. In R.G. Kunzendorf (Ed.), *Mental imagery: Proceedings of the 11th and 12th annual conferences of the American association for the study of mental images* (pp. 35–43). New York, NY: Plenum Press.

Lusebrink, V. B. (1991b). A systems oriented approach to the expressive therapies: The Expressive Therapies Continuum. *The Arts in Psychotherapy*, 18(5), 395–403. doi: 10.1016/0197-4556(91)90051-B

Lusebrink, V. B. (2004). Art therapy and the brain: An attempt to understand the underlying processes of art expression in therapy. *Art Therapy: Journal of the American Art Therapy Association*, 21(3), 125–135. doi: 10.1080/07421656.2004.10129496

Lusebrink, V. B. (2006). Per aspera ad astra or the path of an art therapist. In M. Borowsk Junge & H. Wadeson (Eds.), *Architects of art therapy: Memoirs and life stories* (pp. 273–289). Springfield, IL: Charles C. Thomas Publisher.

Lusebrink, V. B. (2010). Assessment and therapeutic application of the Expressive Therapies Continuum: Implications for brain structures and functions. *Art Therapy: Journal of the American Art Therapy Association*, 27(4), 168–177. doi: 10.1037/0003-066X.55.11.1196

Lusebrink, V. B. (2014). Art therapy and neural basis of imagery: Another possible view. *Art Therapy: Journal of the American Art Therapy Association*, 31(2), 87–90. doi: 10.1080/0742 1656.2014.903828

Lusebrink, V. B. (2016). Expressive Therapies Continuum. In D. E. Gussak & M. L. Rosal (Eds.), *The Wiley handbook of art therapy* (pp. 57–67). West Sussex, U.K.: John Wiley & Sons.

Lusebrink, V. B. (2018). *A Brief Review of the Symbolic Component of the Expressive Therapies Continuum.* Webinar presented to Riga Stradiņš University Master's of Art Therapy Program.

Lusebrink, V. B., & Hinz, L. D. (2016). The Expressive Therapies Continuum as a framework in the treatment of trauma. In J. L. King (Ed.), *Art therapy, trauma and neuroscience: Theoretical and practical perspectives* (pp. 42–66). New York, NY: Routledge/Taylor & Francis Group.

Lusebrink, V., Mārtinsone, K., & Dzilna-Šilova, I. (2013). The Expressive Therapies Continuum (ETC): Interdisciplinary bases of the ETC. *International Journal of Art Therapy*, 18(2), 75–85. doi: 10.1080/17454832.2012.713370

Mahon, B. Z. (2015). The burden of embodied cognition. *Canadian Journal of Experimental Psychology/Revue Canadienne de Psychologie Expérimentale*, 69(2), 172–178. doi: 10.1037/cep0000060

Makin, S. (2000). *More than just a meal: The art of eating disorders.* London, U.K.: Jessica Kingsley Publishers.

Malchiodi, C. A. (1998). *The art therapy sourcebook.* Los Angeles, CA: Lowell House.

Malchiodi, C. A. (2002). *The soul's palette: Drawing on art's transformative powers for health and well-being.* Boston, MA: Shambhala.

Malchiodi, C. A. (2012a). Art therapy and the brain. In C. A. Malchiodi (Ed.), *Handbook of art therapy* (2nd ed., pp. 17–27). New York, NY: Guilford Press.

Malchiodi, C. A. (2012b). Expressive arts therapy and multimodal approaches. In C. A. Malchiodi (Ed.), *Handbook of art therapy* (2nd ed., pp. 130–140). New York, NY: Guilford Press.

Malchiodi, C. A. (2012c). Psychoanalytic, analytic, and object relations approaches. In C. A. Malchiodi (Ed.), *Handbook of art therapy* (2nd ed., pp. 57–74). New York, NY: Guilford Press.

Malchiodi, C. A. (2012d). Using art with medical support groups. In C. A. Malchiodi (Ed.), *Handbook of art therapy* (2nd ed., pp. 397–408). New York, NY: Guilford Press.

Malchiodi, C. A. (2012e). Developmental art therapy. In C. A. Malchiodi (Ed.), *Handbook of art therapy* (2nd ed., pp. 114–129). New York, NY: Guilford Press.

Malone, J. C., Stein, M. B., Slavin-Mulford, J., Bello, I., Sinclair, S. J., & Blais, M. A. (2013). Seeing red: Affect modulation and chromatic color responses on the Rorschach. *Bulletin of the Menninger Clinic*, 77(1), 70–93.

Maner, J. K., & Schmidt, N. B. (2006). The role of risk avoidance in anxiety. *Behavior Therapy*, 37(2), 181–189. doi: 10.1016/j.beth.2005.11.003

Manheim, A. R. (1998). The relationship between the artistic process and self-actualization. *Art Therapy: Journal of the American Art Therapy Association*, 15(2), 99–106. doi: 10.1080/07421656.1989.10758720

Manzoni, G. M., Pagnini, F., Castelnuovo, G., & Molinari, E. (2008). Relaxation training for anxiety: A ten-years systematic review with meta-analysis. *BMC Psychiatry*, 8. doi: 10.1186/1471-244X-8-41

Martin, E. (2003). The symbolic graphic lifeline: A connection of line quality and feeling expression. *Art Therapy: Journal of the American Art Therapy Association*, 20(2), 100–105. doi: 10.1080/07421656.2003.10129390

Martin, N. (2009). Art therapy and autism: Overview and recommendations. *Art Therapy: Journal of the American Art Therapy Association*, 26(4), 187–190. doi: 10.1080/07421656.2009.10129616

Maslow, A. H. (1970). *Motivation and personality* (2nd ed.). New York, NY: Harper and Row.

Maslow, A. H. (1982). *Toward a psychology of being* (2nd ed.). New York, NY: Van Nostrand Reinhold.

Massimiliano, P. (2015). The effects of age on divergent thinking and creative objects production: A cross-sectional study. *High Ability Studies*, 26(1), 93–104. doi: 10.1080/13598139.2015.1029117

Matto, H., Corcoran, J., & Fassler, A. (2003). Integrating solution-focused and art therapies for substance abuse treatment: Guidelines for practice. *The Arts in Psychotherapy*, 30(5), 265–272. doi: 10.1016/j.aip.2003.08.003

Maxson, J. (2018). *Beauty out of brokenness: Mosaic art in art therapy*. Workshop presented at the 48th annual conference of the American Art Therapy Association, Miami, FL.

May, R. (1960). The significance of symbols. In R. May (Ed.), *Symbolism in religion and literature* (pp. 12–49). New York, NY: George Braziller.

May, R. (1975). *The courage to create*. New York, NY: W. W. Norton & Co.

McConeghey, H. (2003). *Art and soul*. Putnam, CT: Spring Publications.

McGilchrist, I. (2009). *The master and his emissary: The divided brain and the making of the western world*. New Haven, CT: Yale University.

McLeod, C. (1999). Empowering creativity with computer-assisted art therapy: An introduction to available programs and techniques. *Art Therapy: Journal of the American Art Therapy Association*, 16(4), 201–205. doi: 10.1080/07421656.1999.10129480.

McNamee, C. M. (2004). Using both sides of the brain: Experiences that integrate art and talk therapy through scribble drawings. *Art Therapy: Journal of the American Art Therapy Association*, 21(3), 136–142. doi: 10.1080/07421656.2004.10129495

McNiff, S. (1977). Motivation in art. *Art Psychotherapy*, 4(3), 125–136. doi: 10.1016/0090-9092(77)90028-X

McNiff, S. (1981). *The arts and psychotherapy*. Springfield, IL: Charles C. Thomas Publisher.

McNiff, S. (1998). *Trust the process: An artist's guide to letting go*. Boston, MA: Shambhala.

McNiff, S. (2001).The use of imagination in all the arts. In J. A. Rubin (Ed.), *Approaches to art therapy: Theory and technique* (2nd ed., pp. 318–325). New York, NY: Brunner-Routledge.

McNiff, S. (2004). *Art heals: How creativity cures the soul*. Boston, MA: Shambhala.

Meerlood, J. A. M. (1985). The universal language of rhythm. In J. J. Leedy (Ed.), *Poetry as healer: Minding the troubled mind* (pp. 3–16). New York, NY: Vanguard Press.

Meijer-Degen, F., & Lansen, J. (2006). Alexithymia – A challenge to art therapy: The story of Rita. *The Arts in Psychotherapy*, 33(3), 167–179. doi: 10.1016/j.aip.2005.10.002

Miller, A. (1986). *Pictures of a childhood: Sixty-six pictures and an essay*. New York, NY: Farrar, Straus & Giroux.

Miller, A. (1990). *The untouched key: Tracing childhood trauma in creativity and destructiveness*. New York, NY: Anchor/Doubleday.

Miller, L. J. (2006). *Sensational kids: Hope and help for children with sensory processing disorder*. New York, NY: G.P. Putnam's Sons.

Mills, A. (2003). The diagnostic drawing series. In C. A. Malchiodi (Ed.), *Handbook of art therapy* (pp. 401–409). New York, NY: Guilford Press.

Mills, A., Cohen, B. M., & Meneses, J. Z. (1993). Reliability and validity tests of the Diagnostic Drawing Series. *The Arts in Psychotherapy*, 20(1), 83–88. doi: 10.1016/0197-4556(93)90035-Z

Milne, L. D., & Greenway, P. (1999). Color in children's drawings: The influence of age and gender. *The Arts in Psychotherapy*, 26, 261–263. doi: 10.1016/S0197-4556(98)00075-6

Mohr, E. (2014). Posttraumatic growth in youth survivors of a disaster: An arts-based research project. *Art Therapy: Journal of the American Art Therapy Association*, 31(4), 155–162. doi: 10.1080/07421656.2015.963487

Monti, D. A., Peterson, C., Kunkel, E. S., Hauck, W. W., Pequignot, E., Rhodes, L., & Brainard, G. C. (2006). A randomized, controlled trial of mindfulness-based art therapy (MBAT) for women with cancer. *Psycho-Oncology*, 15(5), 363–373. doi: 10.1002/pon.988

Moon, B. L. (2007). Dialoguing with dreams in existential art therapy. *Art Therapy: Journal of the American Art Therapy Association*, 24(3), 128–133. doi: 10.1080/07421656.2007.10129428

Moon, B. L. (2015). *Ethical issues in art therapy* (3rd ed.). Springfield IL: Charles C. Thomas Publisher.

Moon, B. L. (2016). *Art-based group therapy: Theory and practice* (2nd ed.). Springfield, IL: Charles C. Thomas Publisher.

Moon, C. (2010). A history of materials and media in art therapy. In C. H. Moon (Ed.), *Materials and media in art therapy: Critical understandings of diverse artistic vocabularies* (pp. 3–47). New York, NY: Routledge/Taylor & Francis Group.

Morgan, L., Knight, C., Bagwash, J., & Thompson, F. (2012). Borderline personality disorder and the role of art therapy: A discussion of its utility from the perspective of those with a lived experience. *International Journal of Art Therapy*, 17(3), 91–97. doi: 10.1080/1745 4832.2012.734836

Morra, S. (2008). Memory components and control processes in children's drawing. In C. Milbrath & H. M. Trautner (Eds.), *Children's understanding and production of pictures, drawings, and art: Theoretical and empirical approaches.* (pp. 53–85). Ashland, OH: Hogrefe & Huber Publishers.

Moxley, D. P., Feen-Calligan, H. R., Washington, O. M., & Garriott, L. (2011). Quilting in self-efficacy group work with older African American women leaving homelessness. *Art Therapy: Journal of the American Art Therapy Association*, 28(3), 113–122. doi: 10.1080/07421656.2011.599729

Munley, M. (2002). Comparing the PPAT drawings of boys with AD/HD and age-matched controls using the Formal Elements Art Therapy Scale. *Art Therapy: Journal of the American Art Therapy Association*, 19(2), 69–76. doi: 10.1080/07421656.2002.10129340.

Muri, S. A. (2007). Beyond the face: Art therapy and self-portraiture. *The Arts in Psychotherapy*, 34(4), 331–339. doi: 10.1016/j.aip.2007.05.002

Muthard, C., & Gilbertson, R. (2016). Stress management in young adults: Implications of mandala coloring on self-reported negative affect and psychophysiological response. *Psi Chi Journal of Psychological Research*, 21(1), 16–28.

Naff, K. (2014). A framework for treating cumulative trauma with art therapy. *Art Therapy: Journal of the American Art Therapy Association*, 31(2), 79–86. doi: 10.1080/07421656.2014.903824

Nan, J. K. M., & Hinz, L. D. (2012). Applying the Formal Elements Art Therapy Scale (FEATS) to adults in an Asian population. *Art Therapy: Journal of the American Art Therapy Association*, 29(3), 127–132. doi: 10.1080/07421656.2012.701602

Nan, J. K. M., & Ho, R. T. H. (2017). Effects of clay art therapy on adult outpatients with major depressive disorder: A randomized controlled trial. *Journal of Affective Disorders*, 271, 237–245. doi: 10.1016/j.jad.2017.04.013.

Naumburg, M. (1966). *Dynamically oriented art therapy: Its principles and practice.* New York, NY: Grune & Stratton, Inc.

Neale, E., & Rosal, M. E. (1993). What can art therapists learn from the research on projective drawing techniques for children: A review of the literature. *The Arts in Psychotherapy*, 20(1), 37–49. doi: 10.1016/0197-4556(93)90030-6

Nickerson, R. S. (1999). Enhancing creativity. In R. J. Sternberg (Ed.), *Handbook of creativity* (pp. 392–430). Cambridge, U.K.: Cambridge University Press.

Northcott, J. L., & Frein, S. T. (2017). The effect of drawing exercises on mood when negative affect is not induced. *Art Therapy: Journal of the American Art Therapy Association*, 34(2), 92–95. doi: 10.1080/07421656.2017.132622

Oakley, R. (2004). How the mind hurts and heals the body. *American Psychologist*, 59(1), 29–40. doi:

10.1037/0003-066X.59.1.29

Oberle, C. D., Watkins, R. S., & Burkot, A. J. (2018). Orthorexic eating behaviors related to exercise addiction and internal motivations in a sample of university students. *Eating and Weight Disorders*, 23(1), 67–74. doi: 10.1007/s40519-017-0470-1

O'Neill, A., & Moss, H. (2015). A community art therapy group for adults with chronic pain. *Art Therapy: Journal of the American Art Therapy Association*, 32(4), 158–167. doi: 10.1080/07421656.2015.1091642

Orr, P. (2005). Technology media: An exploration for inherent qualities. *The Arts in Psychotherapy*, 32, 1–11. doi: 10.1016/j.aip.2004.12.003

Orr, P. (2010). Social remixing: Art therapy media in the digital age. In C. H. Moon (Ed.), *Materials and media in art therapy: Critical understandings of diverse artistic vocabularies* (pp. 89–100). New York, NY: Routledge/Taylor & Francis Group.

Orr, P. (2016). Art therapy and digital media. In D. E. Gussak & M. L. Rosal (Eds.), *The Wiley handbook of art therapy* (pp. 188–197). West Sussex, U.K.: John Wiley & Sons.

Orr, T. J., Myles, B. S., & Carlson, J. K. (1998). The impact of rhythmic entrainment on a person with autism. *Focus on Autism and other Developmental Disabilities*, 13(3), 163–166. doi: 10.1177/108835769801300304

Oster, G. D., & Gould Crone, P. (2004). *Using drawings in assessment and therapy* (2nd ed.). New York, NY: Brunner/Routledge.

Pagnini, F., Manzoni, G. M., Castelnuovo, G., & Molinari, E. (2013). A brief literature review about relaxation therapy and anxiety. *Body, Movement and Dance in Psychotherapy*, 8(2), 71–81. doi: 10.1080/17432979.2012.750248

Panter, B. M., Panter, M. L., Virshup, E., & Virshup, B. (1995). *Creativity and madness: Psychological studies of art and artists*. Burbank, CA: AIMED Press.

Parker-Bell, B. (1999). Embracing a future with computers and art therapy. *Art Therapy: Journal of the American Art Therapy Association*, 16(4), 180–185. doi: 10.1080/07421656.1999.10129482

Peacock, K. (2012). Museum education and art therapy: Exploring an innovative partnership. *Art Therapy: Journal of the American Art Therapy Association*, 29(3), 133–137. doi: 10.1080/07421656.2012.701604

Pénzes, I., van Hooren, S., Dokter, D., Smeijsters, H., & Hutschemaekers, G. (2014). Material interaction in art therapy assessment. *The Arts in Psychotherapy*, 41(5), 484–492. doi: 10.1016/j.aip.2014.08.003

Pénzes, I., van Hooren, S., Dokter, D., Smeijsters, H., & Hutschemaekers, G. (2016). Material interaction and art product in art therapy assessment in adult mental health. *Arts & Health*, 8(3), 213–228. doi: 10.1080/17533015.2015.1088557

Pesso-Aviv, T., Regev, D, & Guttmann, J. (2014). The unique therapeutic effect of different art materials on psychological aspects of 7- to 9-year-old children. *The Arts in Psychotherapy*, 41, 293–301. doi: 10.1016/j.aip.2014.04.005

Peterson, B. C. (2010). The media adoption stage model of technology for art therapy. *Art Therapy: Journal of the American Art Therapy Association*, 27(1), 26–31. doi: 10.1080/07421656.2010.10129565

Peterson, B. C., Stovall, K., Elkins, D. E., & Parker-Bell, B. (2005). Art therapies and computer technology. *Art Therapy: Journal of the American Art Therapy Association*, 22(3), 139–149. doi: 10.1080/07421656.2011.622683

Piaget, J. (1962). *Play, dreams, and imitation in childhood*. New York, NY: W. W. Norton & Co.

Piaget, J. (1969). *The psychology of the child*. New York, NY: Basic Books.

Picard, D., & Lebaz, S. (2010). Symbolic use of size and color in freehand drawing of the tree: Myth or reality? *Journal of Personality Assessment*, 92(2), 186–188. doi: 10.1080/00223890903510464

Pifalo, T. (2009). Mapping the maze: An art therapy intervention following disclosure of sexual abuse. *Art Therapy: Journal of the American Art Therapy Association*, 26(1), 12–18. doi: 10.1080/07421656.2009.10129313

Pike, A. A. (2014). *Improving memory through creativity: A professional's guide to culturally sensitive cognitive training with older adults*. London, U.K.: Jessica Kingsley Publishers.

Plutchik, R. (2003). *Emotions and life: Perspectives from psychology, biology, and evolution*. Washington, DC: American Psychological Association Press.

Potash, J. S., Burnie, M., Pearson, R., & Ramirez, W. (2016). Restoring Wisconsin Art Therapy Association in art therapy history: Implications for professional definition and inclusivity, *Art Therapy:*

Journal of the American Art Therapy Association, 33(2), 99–102. doi: 10.1080/07421656.2016.1163994

Price, K. A., & Tinker, A. M. (2014). Creativity in later life. *Maturitas,* 78(4), 281–286. doi :10.1016/j. maturitas.2014.05.025

Price, S., Jewitt, C., & Crescenzi, L. (2015). The role of iPads in pre-school children's mark making development. *Computers & Education,* 87, 131–141. doi: 10.1016/j.compedu.2015.04.003

Quinlan, E. (2016). Potentials for cancer survivors: Experimentation with the popular expressive arts of drumming, mask-making and voice activation. *Arts & Health: An International Journal of Research, Policy and Practice,* 8(3), 262–271. doi: 10.1080/17533015.2015.1078824

Raffaelli, T., & Hartzell, E. (2016). A comparison of adults' responses to collage versus drawing in an initial art-making session. *Art Therapy: Journal of the American Art Therapy Association,* 33(1), 21–26. doi: 10.1080/07421656.2016.1127115

Rasmussen, M., & Laumann, K. (2013). The academic and psychological benefits of exercise in healthy children and adolescents. *European Journal of Psychology of Education,* 28(3), 945–962. doi: 10.1007/s10212-012-0148-z

Ratey, J. J., & Hagerman, E. (2008). *Spark: The revolutionary new science of exercise and the brain.* New York, NY: Little, Brown, & Company.

Redish, A. D. (1999). *Beyond the cognitive map: From place cells to episodic memory.* Cambridge, MA: The MIT Press.

Regev, D., & Snir, S. (2018). *Parent-child art psychotherapy.* New York, NY: Routledge/Taylor & Francis Group.

Reiter, M. D. (2016). Solution-focused sculpting. *Journal of Systemic Therapies,* 35(3), 30–41. doi: 10.1521/jsyt.2016.35.3.30

Reynolds, F. (1999). Cognitive behavioral counseling of unresolved grief through the therapeutic adjunct of tapestry making. *The Arts in Psychotherapy,* 26(3), 165–171. doi: 10.1016/S0197-4556(98)00062-8

Reynolds, F. (2000). Managing depression though needlecraft creative activities: A qualitative study. *The Arts in Psychotherapy,* 27(2), 107–114. doi: 10.1016/S0197-4556(99)00033-7

Reynolds, F. (2002). Symbolic aspects of coping with chronic illness through textile arts. *The Arts in Psychotherapy,* 29, 99–106. doi: 10.1016/S0197-4556(01)00140-X

Reynolds, F., Lim, K. H., & Prior, S. (2008). Images of resistance: A qualitative enquiry into the meanings of personal artwork for women living with cancer. *Creativity Research Journal,* 20(2), 211–220. doi: 10.1080/10400410802060059.

Rhyne, J. (1973). *The Gestalt art therapy experience.* Monterrey, CA: Brooks/Cole Publishing Company.

Rhyne, J. (2001). Gestalt art therapy. In J. A. Rubin (Ed.), *Approaches to art therapy* (pp. 134–148). New York, NY: Brunner-Routledge.

Riccardi, M. (2013). *Worry canvases: The effectiveness of combining art therapy with cognitive behavioral therapy in the treatment of anxiety disorders.* Paper presented at the 44th annual American Art Therapy Association conference, Seattle, WA.

Rich, J. M., & Devitis, J. L. (1996). *Theories of moral development* (2nd ed.). Springfield, IL: Charles C. Thomas Publisher.

Richards, R. (2014). A creative alchemy. In S. Moran, D. Cropley, & J. C. Kaufman, (Eds.), *The ethics of creativity* (pp. 119–136). New York, NY: Palgrave Macmillan.

Richardson, J. F. (2016). Art therapy on the autism spectrum: Engaging the mind, brain, and senses. In D. E. Gussak & M. L. Rosal (Eds.), *The Wiley handbook of art therapy* (pp. 306–316). West Sussex, U.K.: John Wiley & Sons.

Rider, M. S. (1987). Treating chronic disease and pain with music-mediated imagery. *The Arts in Psychotherapy,* 14(2), 113–120. doi: 10.1016/0197-4556(87)90044-X.

Riley, S. (1999). *Contemporary art therapy with adolescents.* London, U.K.: Jessica Kingsley Publishers.

Riley, S. (2004). The creative mind. *Art Therapy: Journal of the American Art Therapy Association,* 21(4), 184–190. doi: 10.1080/07421656.2004.10129694.

Robbins, A., & Sibley, L. B. (1976). *Creative art therapy.* New York, NY: Brunner/Mazel.

Rochford, J. S. (2017). Art therapy and art museum education: A visitor-focused collaboration. *Art Therapy: Journal of the American Art Therapy Association,* 34(4), 209–214. doi: 10.1080/07421656.2017.1383787

Rockwell, P., & Dunham, M. (2006). The utility of the Formal Elements Art Therapy Scale in assessment for substance use disorder. *Art Therapy: Journal of the American Art Therapy Association*, 23(3), 104–111. doi: 10.1080/07421656.2006.10129625

Rogers, N. (1999). The creative connection: A holistic expressive arts process. In S. K. Levine & E. G. Levine (Eds.), *Foundations of expressive arts therapies: Theoretical and clinical perspectives* (pp. 113–131). London, U.K.: Jessica Kingsley Publishers.

Rominger, R. (2010). Postcards from Heaven and Hell: Understanding the near-death experience through art. *Art Therapy: Journal of the American Art Therapy Association*, 27(1), 18–25. doi: 10.1080/07421656.2010.10129561

Root, M. P. P. (1989). Family sculpting with bulimic families. In L. M. Hornyak & E. K. Baker (Eds.), *Experiential therapy for eating disorders* (pp. 78–100). New York, NY: Guilford Press.

Rosal, M. (2016a). Cognitive-behavioral art therapy revisited. In D. E. Gussak & M. L. Rosal (Eds.), *The Wiley handbook of art therapy* (pp. 68–76). West Sussex, U.K.: John Wiley & Sons.

Rosal, M. L. (2016b). Rethinking and reframing group art therapy: An amalgamation of British and US models. In D. E. Gussak & M. L. Rosal (Eds.), *The Wiley handbook of art therapy* (pp. 231–241). West Sussex, U.K.: Wiley-Blackwell.

Rosal, M., & Lehder, D. M. (1982). The effect of tempo upon form and reflective distance. *Proceedings of the thirteenth annual conference of the American Art Therapy Association*, 13, 142–144.

Roth, E. A. (2001). A behavioral approach to art therapy. In J. A. Rubin (Ed.), *Approaches to art therapy* (2nd ed., pp. 195–209). New York, NY: Brunner-Routledge.

Rubin, J.A. (2005). *Child art therapy* (2nd ed.). New York, NY: John Wiley & Sons.

Runco, M. A., & Jaeger, G. J. (2012). The standard definition of creativity. *Creativity Research Journal*, 24(1), 92–96. doi :10.1080/10400419.2012.650092

Safran, D. S. (2012). An art therapy approach to attention-deficit/hyperactivity disorder. In C. A. Malchiodi (Ed.), *Handbook of art therapy* (2nd ed., pp. 192–204). New York, NY: Guilford Press.

Sakaki, T., Ji, Y., Ramirez, S. Z. (2007). Clinical application of color inkblots in therapeutic storytelling. *The Arts in Psychotherapy*, 34(3), 208–213. doi: 10.1016/j.aip.2007.01.007.

Samuels, E. R., & Szabadi, E. (2008). Functional neuroanatomy of the noradrenergic locus coeruleus: Its roles in the regulation of arousal and autonomic function part I: Principles of functional organisation. *Current Neuropharmacology*, 6(3), 235–253. doi: 10.2174/157015908785777229

Sandmire, D. A., Gorham, S. R., Rankin, N. E., & Grimm, D. R. (2012). The influence of art making on anxiety: A pilot study. *Art Therapy: Journal of the American Art Therapy Association*, 29(2), 68–73. doi: 10.1080/07421656.2012.683748

Sarid, O., Cwikel, J., Czamanski-Cohen, J., & Huss, E. (2017). Treating women with perinatal mood and anxiety disorders (PMADs) with a hybrid cognitive behavioural and art therapy treatment (CB-ART). *Archives of Women's Mental Health*, 20(1), 229–231. doi :10.1007/s00737-016-0668-7

Schmanke, L. (2017). *Art therapy and substance abuse: Enabling recovery from alcohol and other drug addiction*. London, U.K.: Jessica Kinsley Publishers.

Schrade, C., Tronsky, L., & Kaiser, D. H. (2011). Physiological effects of mandala making in adults with intellectual disability. *The Arts in Psychotherapy*, 38(2), 109–113. doi: 10.1016/j.aip.2011.01.002

Schore, A. N. (2002). Dysregulation of the right brain: A fundamental mechanism of traumatic attachment and the psychopathogenesis of posttraumatic stress disorder. *Australian and New Zealand Journal of Psychiatry*, 36(1), 9–30. doi: 10.1046/j.1440-1614.2002.00996.x.

Schore, A. N. (2012). *The science of the art of psychotherapy*. New York, NY: W. W. Norton & Co.

Schwartz, A. E. (1995). *Guided imagery for groups: Fifty visualizations that promote relaxation, problem-solving, creativity, and well-being*. Duluth, MN: Whole Person Associates.

Schweizer, C., Spreen, M., & Knorth, E. J. (2017). Exploring what works in art therapy with children with autism: Tacit knowledge of art therapists. *Art Therapy: Journal of the American Art Therapy Association*, 34(4), 183–191. doi: 10.1080/07421656.2017.1392760

Seiden, D. (2001). *Mind over matter: The uses of materials in art, education and therapy*. Chicago, IL: Magnolia Street Publishers.

Shaked, R. (2009). *The influence of culturally familiar art materials on the effectiveness of art therapy with multicultural clients*. Unpublished Master's thesis, Saint Mary-of-the-Woods College, Saint Mary-of-the-Woods, IN.

Sharma, S., & Babu, N. (2017). Interplay between creativity, executive function and working memory in middle-aged and older adults. *Creativity Research Journal*, 29(1), 71–77. doi:

10.1080/10400419.2017.1263512

Shella, T. A. (2018). Art therapy improves mood, and reduces pain and anxiety when offered at bedside during acute hospital treatment. *The Arts in Psychotherapy*, 57, 59–64. doi: 10.1016/j.aip.2017.10.003

Sher, K. J., & Grekin, E. R. (2007). Alcohol and affect regulation. In J. J. Gross (Ed.), *Handbook of emotion regulation* (pp. 560–580). New York, NY: Guilford Press.

Sholt, M., & Gavron, T. (2006). Therapeutic qualities of clay-work in art therapy and psychotherapy: A review. *Art Therapy: Journal of the American Art Therapy Association*, 23(2), 66–72. doi: 10.1080/07421656.2006.10129647.

Siano, J., & Weiss, H. (2014). Person meets object: A phenomenological observation. *Canadian Art Therapy Association Journal*, 27(2), 31–35. doi: 10.1080/08322473.2014.11415597

Siegel, D. J., & Hartzell, M. (2003). *Parenting from the inside out*. New York, NY: Jeremy P. Tarcher/Putnam.

Silver, R. A. (2001). Assessing and developing cognitive skills through art therapy. In J. A. Rubin (Ed.), *Approaches to art therapy* (2nd ed., pp. 241–253). New York, NY: Brunner-Routledge.

Silver, R. A. (2002). *Three art assessments*. New York, NY: Brunner/Routledge.

Silveri, M.D., Reali, G., Jenner, C., & Puopolo, M. (2007). Attention and memory in the preclinical stage of dementia. *Journal of Geriatric Psychiatry and Neurology*, 20(2), 67–75.

Silverman, I. W. (2016). In defense of the play-creativity hypothesis. *Creativity Research Journal*, 28(2), 136–143. doi: 10.1080/10400419.2016.1162560

Simon, R. M. (1992). *The symbolism of style: Art as therapy*. New York, NY: Routledge/Taylor & Francis Group.

Simonton, D. K. (2000). Creativity: Cognitive, personal, developmental, and social aspects. *American Psychologist*, 55(1), 151–158.

Simonton, D. K. (2018). Creative ideas and the creative process: Good news and bad news for the neuroscience of creativity. In R. E. Jung & O. Vartanian (Eds.), *The Cambridge handbook of the neuroscience of creativity* (pp. 9–18). New York, NY: Cambridge University Press.

Singer, J. L. (2006). *Imagery in psychotherapy*. Washington, DC: American Psychological Association Press.

Slepian, M. L., & Ambady, N. (2012). Fluid movement and creativity. *Journal of Experimental Psychology: General*, 141(4), 625–629. doi: 10.1037/a0027395

Smith, J. C. (2005). *Relaxation, meditation, and mindfulness: A mental health practitioner's guide to new and traditional approaches*. New York, NY: Springer.

Smucker, M. R., Dancu, C., & Foa, E. B. (2002). Imagery rescripting: A new treatment for survivors of childhood sexual abuse suffering from posttraumatic stress. In R. L. Leahy & E. T. Dowd (Eds.), *Clinical advances in cognitive psychotherapy: Theory and Application* (pp. 294–310). New York, NY: Springer Publishing.

Snir, S., & Regev, D. (2013a). A dialog with five art materials: Creators share their art making experiences. *The Arts in Psychotherapy*, 40(1), 94–100.

Snir, S., & Regev, D. (2013b). ABI – Arts-based intervention questionnaire. *The Arts in Psychotherapy*, 40(3), 338–346. doi :10.1016/j.aip.2012.11.004

Snir, S., Regev, D., & Shaashua, Y. H. (2017). Relationships between attachment avoidance and anxiety and responses to art materials. *Art Therapy: Journal of the American Art Therapy Association*, 34(1), 20–28. doi: 10.1080/07421656.2016.1270139

Spring, J. A., Baker, M., Dauya, L., Ewemade, I., Marsh, N., Patel, P., Scott, A., Stoy, N., Turner, H., Viera, M., & Will, D. (2011). Gardening with Huntington's disease clients – creating a programme of winter activities. *Disability and Rehabilitation*, 33(2): 159–164. doi: 10.3109/09638288.2010.487924

Stace, S. M. (2014). Therapeutic doll making in art psychotherapy for complex trauma. *Art Therapy: Journal of the American Art Therapy Association*, 31(1), 12–20. doi: 10.1080/07421656.2014.873689

Stace, S. M. (2016). The use of sculptural lifelines in art psychotherapy. *Canadian Art Therapy Association Journal*, 29(1), 21–29. doi: 10.1080/08322473.2016.1176813

Stallings, J. W. (2010). Collage as therapeutic modality for reminiscence in patients with dementia. *Art Therapy: Journal of the American Art Therapy Association*, 27(3), 136–140. doi: 10.1080/07421656.2010.10129667

Stanko-Kaczmarek, M., & Kaczmarek, L. D. (2016). Effects of tactile sensations during finger painting on mindfulness, emotions, and scope of attention. *Creativity Research Journal*, 28(3), 283–288. doi: 10.1080/10400419.2016.1189769

Steele, W., & Kuban, C. (2012). Using drawings in short-term trauma resolution. In C. A. Malchiodi (Ed.), *Handbook of art therapy* (2nd ed., pp. 162–174). New York, NY: Guilford Press.

Steinhardt, L. (2017). From dot to line to plane: Constellating unconscious imagery in art therapy. *Art Therapy: Journal of the American Art Therapy Association*, 34(4), 159–166. doi: 10.1080/07421656.2017.1392118

Stewart, E. G. (2004). Art therapy and neuroscience blend: Working with patients who have dementia. *Art Therapy: Journal of the American Art Therapy Association*, 21(3), 148–155. doi: 10.1080/07421656.2004.10129499

Stewart, E. G. (2006). *Kaleidoscope. . . Color and form illuminate darkness: An exploration of art therapy and exercises for patients with dementia.* Chicago, IL: Magnolia Street Publishers.

Stinckens, N., Lietaer, G., & Leijssen, M. (2013a). Working with the inner critic: Therapeutic approach. *Person-Centered and Experiential Psychotherapies*, 12(2), 141–156. doi: 10.1080/14779757.2013.767751

Stinckens, N., Lietaer, G., & Leijssen, M. (2013b). Working with the inner critic: Process features and pathways to change. *Person-Centered and Experiential Psychotherapies*, 12(1), 59–78. doi: 10.1080/14779757.2013.767747

Stinley, N. E., Norris, D. O., & Hinds, P. S. (2015). Creating mandalas for the management of acute pain symptoms in pediatric patients. *Art Therapy: Journal of the American Art Therapy Association*, 32(2), 46–53. doi: 10.1080/07421656.2015.1028871

Stokes, P. D. (2014). Thinking inside the tool box: Creativity, constraints, and the colossal portraits of Chuck Close. *The Journal of Creative Behavior*, 48(4), 276–289. doi: 10.1002/jocb.52

Stone, H., & Stone, S. (1993). *Embracing your inner critic: Turing self-criticism into a creative asset.* San Francisco, CA: Harper Collins.

Sugiyama, T., & Liew, S-L. (2017). The effects of sensory manipulations on motor behavior: From basic science to clinical rehabilitation. *Journal of Motor Behavior*, 49(1), 67–77. doi: 10.1080/00222895.2016.1241740

Swados, E. (2015). *My depression: A picture book.* New York, NY: Hyperion.

Talwar, S. (2015). Culture, diversity, and identity: From margins to center. *Art Therapy: Journal of the American Art Therapy Association*, 32(3), 100–103. doi: 10.1080/07421656.2015.1060563

Tang, Y., Fu, F., Gao, H., Shen, L., Chi, I., & Bai, Z. (2018). Art therapy for anxiety, depression, and fatigue in females with breast cancer: A systematic review. *Journal of Psychosocial Oncology*. doi: 10.1080/07347332.2018.1506855

Taylor, G. J., Bagby, M., & Parker, J. D. A. (1997). *Disorders of affect regulation: Alexithymia in medical and psychiatric illness.* Cambridge, U.K.: Cambridge University Press.

Taylor, J. B. (2006). *My stroke of insight: A brain scientist's personal journey.* New York, NY: Viking.

Tedeschi, R. G., & Calhoun, L. G. (2004). Posttraumatic growth: Conceptual foundations and empirical evidence. *Psychological Inquiry*, 15(1), 1–18. doi: 10.1207/s15327965pli1501_01

Tedeschi, R. G., Shakespeare-Finch, J., Taku, K., & Calhoun, L. G. (2018). *Post traumatic growth: Theory, research and applications.* New York, NY: Routledge/Taylor & Francis Group.

Thaler, L., Drapeau, C-E., Leclerc, J., Lajeunesse, M., Cottier, D., Kahan, E., Ferenczy, N, & Steiger, H. (2017). An adjunctive, museum-based art therapy experience in the treatment of women with severe eating disorders. *The Arts in Psychotherapy*, 56, 1–6. doi: 10.1016/j.aip.2017.08.002

Thomas, G. V., & Silk, A. M. J. (1990). *An introduction to the psychology of children's drawings.* Washington Square, NY: New York University Press.

Timm-Bottos, J. (2011). Endangered threads: Socially committed community arts action. *Art Therapy: Journal of the American Art Therapy Association*, 28(2), 57–63. doi: 10.1080/0742 1656.2011.578234

Tobin, J. A., & Tisdell, E. J. (2015). "I know down to my ribs": A narrative research study on the embodied adult learning of creative writers. *Adult Education Quarterly*, 65(3) 215–231. doi: 10.1177/0741713615574901

Treadon, C. B. (2016). Bringing art therapy into museums. In D. E. Gussak & M. L. Rosal (Eds.), *The Wiley handbook of art therapy* (pp. 487–497). West Sussex, U.K.: Wiley-Blackwell.

Trombetta, R. (2007). Art therapy, men and the expressivity gap. *Art Therapy: Journal of the American Art Therapy Association*, 24(1), 29–32. doi: 10.1080/07421656.2007.10129362

Tucker-Drob, E. M. (2011). Neurocognitive functions and everyday functions change together in old age. *Neuropsychology*, 25(3), 368–377. doi: 10.1037/a0022348

Ulman, E. (1975a). Art therapy: Problems of definition. In E. Ulman & P. Dachinger (Eds.), *Art therapy: In theory and practice* (pp. 3–13). New York, NY: Schocken.

Ulman, E. (1975b). Therapy is not enough: The contribution of art to general hospital psychiatry. In E. Ulman & P. Dachinger (Eds.), *Art therapy: In theory and practice* (pp.14–32). New York, NY: Schocken.

Ulman, E., & Levy, B. I. (1973). Art therapists as diagnostician. *American Journal of Art Therapy*, 13(1), 35–38.

Ulman, E., & Levy, B. I. (1975). An experimental approach to the judgment of psychopathology from paintings. In E. Ulman & P. Dachinger (Eds.), *Art therapy: In theory and practice* (pp. 393–402). New York, NY: Schocken.

Ugurlu, N., Akca, L., & Acarturk, C. (2016). An art therapy intervention for symptoms of post-traumatic stress, depression and anxiety among Syrian refugee children. *Vulnerable Children and Youth Studies*, 11(2), 89–102. doi: 10.1080/17450128.2016.1181288

van Buren, B., Bromberger, B. Potts, D., Miller, B., & Chatterjee, A. (2013). Changes in painting styles of two artists with Alzheimer's Disease. *Psychology of Aesthetics, Creativity, and the Arts*, 7(1), 89–94. doi: 10.1037/a0029332

van der Kolk, B. A. (2014). *The body keeps the score: Brain, mind, and body in the healing of trauma*. New York, NY: Viking Press.

van der Vennet, R., & Serice, S. (2012). Can coloring mandalas reduce anxiety? A replication study. *Art Therapy: Journal of the American Art Therapy Association*, 29(2), 87–92. doi: 10.1080/07421656.2012.680047

Van Lith, T., Stallings, J. W., & Harris, C. E. (2017). Discovering good practice for art therapy with children who have Autism Spectrum Disorder: The results of a small scale survey. *The Arts in Psychotherapy*, 54, 78–84. doi: 10.1016/j.aip.2017.01.002

Van Meter, M. (2018). *Creativity as an agent of neural integration: The Expressive Therapies Continuum*. Paper presented at the 49th Conference of the American Art Therapy Association, Miami, FL.

Verhaeghen, P., Joormann, J., & Aikman, S. N. (2014). Creativity, mood, and the examined life: Self-reflective rumination boosts creativity, brooding breeds dysphoria. *Psychology of Aesthetics, Creativity, and the Arts*, 8(2), 211–218. doi: 10.1037/a0035594

Verkuil, B., Brosschot, J. F., & Thayer, J. F. (2007). A sensitive body or a sensitive mind? Associations among somatic sensitization, cognitive sensitization, health worry, and subjective health complaints. *Journal of Psychosomatic Research*, 63(6), 673–681. doi: 10.1016/j.jpsychores.2007.08.010

Vezzani, S., Marino, B. F. M., & Giora, E. (2012). An early history of the Gestalt factors of organisation. *Perception*, 41(2), 148–167. doi: 10.1068/p7122

Vick, R. M., & Sexton-Radek, K. (2005). Art and migraine: Researching the relationship between artmaking and pain experience. *Art Therapy: Journal of the American Art Therapy Association*, 22(4), 193–204. doi: 10.1080/07421656.2005.10129518

Vinter, A., Fernandes, V., Orlandi, O., & Morgan, P. (2013). Verbal definitions of familiar objects in blind children reflect their peculiar perceptual experience. *Child: Care, Health and Development*, 39(6), 856–863. doi: 10.1111/cch.12002

Visser, M., & du Plessis, J. (2015). An expressive art group intervention for sexually abused adolescent females. *Journal of Child and Adolescent Mental Health*, 27(3), 199–213. doi: 10.2989/17280583.2015.1125356

Wadeson, H. (2000). *Art therapy practice: Innovative approaches with diverse populations*. New York, NY: John Wiley & Sons.

Wadeson, H. (2002). The anti-assessment devil's advocate. *Art Therapy: Journal of the American Art Therapy Association*, 19(4), 168–170. doi: 10.1080/07421656.2002.10129684

Wadeson, H. (2010). *Art psychotherapy* (2nd ed.). New York, NY: John Wiley & Sons.

Wald, J. (1984). The graphic representation of regression in an Alzheimer's disease patient. *The Arts in Psychotherapy*, 11(3), 165–175. doi: 10.1016/0197-4556(84)90036-4

Wald, J. (2003). Clinical art therapy with older adults. In C. A. Malchiodi (Ed.), *Handbook of art therapy* (pp. 294–307). New York, NY: Guilford Press.

Wallace, E. (1990). *A queen's quest: Pilgrimage for individuation*. Santa Fe, NM: Moon Bear Press.

Waller, E., & Scheidt, C. E. (2006). Somatoform disorders as disorders of affect regulation: A development perspective. *International Review of Psychiatry*, 18(1), 13–24. doi: 10.1080/09540260500466774

Warriner, E. (1995). Anger is red. In D. Dokter (Ed.), *Arts therapies and clients with eating disorders: Fragile board* (pp. 21–28). London, U.K.: Jessica Kingsley Publishers.

Westrich, C. A. (1994). Art therapy with culturally different clients. *Art Therapy: Journal of the American Art Therapy Association*, 11(3), 187–190. doi: 10.1080/07421656.1994.10759082

Wilson, A. D., & Golonka, S. (2013). Embodied cognition is not what you think it is. *Frontiers in Psychology*, 4, doi: 10.3389/fpsyg.2013.00058

Wilson, L. (2001). Symbolism and art therapy: Theory and clinical practice. In J. A. Rubin (Ed.), *Approaches to art therapy* (2nd ed., pp. 40–53). New York, NY: Brunner-Routledge.

Winkelman, M. (2003). Contemporary therapy for addictions: Drumming out drugs. *American Journal of Public Health*, 93(4), 647–651. doi: 10.2105/AJPH.93.4.647

Wood, M. M., Molassiotis, A., & Payne, S. (2011). What research evidence is there for the use of art therapy in the management of symptoms in adults with cancer? A systematic review. *Psycho-Oncology*, 20(2), 135–145. doi: 10.1002/pon.1722

Wysuph, C. L. (1970). *Jackson Pollock: Psychoanalytic drawings*. New York, NY: Horizon Press.

Yates, W. R. (1999). Medical problems of the athlete with eating disorder. In P. S. Mehler & A. E. Andersen (Eds.), *Eating disorders: A guide to medical care and complications* (pp. 153–166). Baltimore, MD: Johns Hopkins University Press.

Zaidel, D. W. (2005). *Neuropsychology of art: Neurological, cognitive and evolutionary perspectives*. New York, NY: Psychology Press.

Zeff, T. (2004). *The highly sensitive person's survival guide*. Oakland, CA: New Harbinger Press.

Zubala, A., MacIntyre, D. J., & Karkou, V. (2017). Evaluation of a brief art psychotherapy group for adults suffering from mild to moderate depression: Pilot pre, post and follow-up study. *International Journal of Art Therapy*, 22(3), 106–117. doi: 10.1080/17454832.2016.1250797

索　引

著者紹介／監訳者・訳者紹介

【著者紹介】

リサ・ハインツ（Lisa D. Hinz）
ノートルダム・ド・ナムール大学でアートセラピーの非常勤教授を務め，アドベンティスト・ヘルス・ナパバレー病院の Residential Lifestyle Medicine プログラムのコンサルタント，および個人開業をしている。アートセラピーに関する3冊の著書がある。

【監訳者紹介】

市来 百合子（いちき ゆりこ）
M.A. in Art therapy, The George Washington University
甲子園大学大学院人間文化学科博士課程後期修了，博士（人間文化学）
奈良教育大学 ESD・SDGs センター教授，臨床心理士・公認心理師

【訳者紹介】

市川 雅美（いちかわ まさみ） 担当：第9，10章
M.S. in Art Therapy, Nazareth College of Rochester
表現アートスタジオいろいろの木代表, ATR-BC（アメリカアートセラピー資格認定委員会登録・認定アートセラピスト），
公認心理師，臨床発達心理士

井上 里美（いのうえ さとみ） 担当：第5，8章
M.A. in Art Therapy, Seton Hill University
児童養護施設別府平和園，心理療法担当職員，ATR（アメリカアートセラピー資格認定委員会登録アートセラピスト），
臨床心理士，公認心理師

金井 菜穂子（かない なおこ） 担当：第3，4，6章
Graduate Certificate Program in Art Therapy, The George Washington University 修了
富山大学附属病院総合がんセンター，臨床心理士，公認心理師

内藤 あかね（ないとう あかね） 担当：第2，7章
M.A. in Art therapy, The George Washington University
兵庫県立ひょうごこころの医療センター，甲南大学人間科学研究所客員特別研究員，臨床心理士，公認心理師

協力：
大久保 Cheryl（おおくぼ しぇりる）
HEARTH Art Studio 代表，ATR-BC（アメリカアートセラピー資格認定委員会登録・認定アートセラピスト）
栗本 美百合（くりもと さゆり）
奈良女子大学生活環境学部特任教授，臨床心理士，公認心理師

＊所属は初版刊行時のもの。

リサ・ハインツ著

アートセラピー実践ガイド
──クライエントに合わせた素材の選択から活用まで

2023年9月1日　第1刷発行

監 訳 者　市 来 百 合 子
発 行 者　柴 田 敏 樹
印 刷 者　藤 森 英 夫

発 行 所　株式会社　誠 信 書 房
〒112-0012 東京都文京区大塚3-20-6
電話 03(3946)5666
https://www.seishinshobo.co.jp/

学校でできる アート・アズ・セラピー
心をはぐくむ「ものづくり」

栗本 美百合 著

スクールカウンセラーや養護教諭が、今日から活かせるアートセラピーの楽しいアイディアを、豊富なイラストや写真とともに多数紹介。

B5判並製　定価（本体1900円＋税）

描画療法入門

高橋依子・牧瀬英幹 編

描画療法のさまざまな理論から学校・病院・高齢者・家族における実践まで、事例をあげながら具体的・実践的に解説。高密度の概説書。

A5判並製　定価（本体2500円＋税）